UNIVERSITY OF NORTH CAROLINA AT CHAPEL HILL
DEPARTMENT OF ROMANCE LANGUAGES

NORTH CAROLINA STUDIES
IN THE ROMANCE LANGUAGES AND LITERATURES

Founder: URBAN TIGNER HOLMES
Editor: FRANK A. DOMÍNGUEZ

Distributed by:

UNIVERSITY OF NORTH CAROLINA PRESS

CHAPEL HILL
North Carolina 27515-2288
U.S.A.

NORTH CAROLINA STUDIES IN THE
ROMANCE LANGUAGES AND LITERATURES
Number 290

MONSTRUOS QUE HABLAN:
EL DISCURSO DE LA MONSTRUOSIDAD
EN CERVANTES

MONSTRUOS QUE HABLAN: EL DISCURSO DE LA MONSTRUOSIDAD EN CERVANTES

POR
ROGELIO MIÑANA

CHAPEL HILL

NORTH CAROLINA STUDIES IN THE ROMANCE
LANGUAGES AND LITERATURES
U.N.C. DEPARTMENT OF ROMANCE LANGUAGES

2007

Library of Congress Cataloging-in-Publication Data

Miñana, Rogelio.
　　Monstruos que hablan: el discurso de la monstruosidad en Cervantes / por Rogelio Miñana.
　　p. cm. – (North Carolina Studies in the Romance Languages and Literatures ; no. 290).
　　Includes bibliographical references and index.
　　ISBN 978-0-8078-9294-7 (alk. paper)
　　1. Cervantes Saavedra, Miguel de, 1547-1616 – Criticism and interpretation. 2. Monsters in literature. I. Title.

PQ6351.M54 2007
863'.3–dc22   2007037282

Cover design: Heidi Perov

© 2007. Department of Romance Languages. The University of North Carolina at Chapel Hill.

ISBN 978-0-8078-9294-7

DEPÓSITO LEGAL: V. 5.019 - 2007

ARTES GRÁFICAS SOLER, S. L. - LA OLIVERETA, 28 - 46018 VALENCIA
www.graficas-soler.com

ÍNDICE

	Pág.
Agradecimientos	11
Introducción	13
Capítulo 1: MONSTRUOS Y LECTORES: LA FIGURA DEL RECEPTOR CRÉDULO	31
Capítulo 2: PERROS QUE HABLAN: LENGUAJE Y MONSTRUOSIDAD EN "EL COLOQUIO DE LOS PERROS"	71
Capítulo 3: "VERÉIS EL MONSTRUO": LOPE, CERVANTES Y LA NUEVA COMEDIA	103
Capítulo 4: DON QUIJOTE Y EL MONSTRUO MODERNO	137
Conclusión: EL DISCURSO DE LA MONSTRUOSIDAD EN CERVANTES	204
Obras citadas	211
Índice temático y onomástico	221

Para quienes me han sustentado durante mis años en Minnesota:
Arturo Steely y Galo González, Cheryl Loesch y Cassandra González-Loesch

Y para quien me ha enseñado que incluso
los monstruos son apenas ángeles leídos al revés:

Para María Elena, con todo mi amor

AGRADECIMIENTOS

EL presente estudio ha sido financiado en gran medida por varias becas de investigación concedidas por Macalester College, y en su tramo final he recibido el generoso apoyo de Mount Holyoke College y del Programa de Cooperación Cultural entre el Ministerio español de Cultura y universidades norteamericanas para cubrir costos de publicación. Versiones parciales y primitivas de este trabajo han aparecido a lo largo de los últimos años en varias revistas especializadas y volúmenes colectivos: *Cervantes, Bulletin of Comediantes, Vanderbilt e-Journal of Luso-Hispanic Studies, Teatro. Revista de estudios teatrales, Monographic Review/Revista Monográfica, Universitas Humanistica,* Don Quixote *Across the Centuries* (coord. John P. Gabriele) y *"Esas primicias del ingenio": jóvenes cervantistas en Chicago* (eds. Francisco Caudet y Kerry Wilks). Agradezco a sus editores el permiso para reproducir al menos partes o nuevas versiones de lo que publiqué entonces. Mi trabajo se ha enriquecido enormemente del diálogo intelectual establecido con colegas, estudiantes y público en general a lo largo de las varias charlas, seminarios y conferencias en las que he diseminado partes de mi estudio. Estoy particularmente agradecido en ese sentido a la doctora Carmen Millán de Benavides, a quien profeso tanta admiración como amistad; gracias por tu estímulo permanente y por compartir Sante Fe de Bogotá conmigo. También estoy muy agradecido a todo el personal de la University of North Carolina Press y, en particular, al editor de esta serie, Frank Domínguez, y a los lectores de mi manuscrito, por sus excelentes comentarios, profesionalidad y paciencia conmigo.

En el plano personal, mi gran familia sigue siendo mi mayor apoyo: mis padres, María Luisa y José, Julio González, Patricia y Jorge Cepeda, Julie Gagnon-Riopel, Zara Fernández y Àngel Ibáñez. Todos, en capacidades y lugares muy distintos, me han ayudado en lo esencial de mi estudio: a aprender y disfrutar incluso de los monstruos.

INTRODUCCIÓN

en este mundo no se topa sino una monstruosidad tras otra
Baltasar Gracián, *El Criticón*, libro I, crisi VII

Es posible que nunca lleguemos a apreciar a Baltasar Gracián por su optimismo, pero su valor como figura clave del pensamiento barroco español es incuestionable. Decía Miguel Batllori que Gracián es "quien mejor representa la retórica barroca de España" (114); y más recientemente, Edward H. Friedman ha aseverado que "he serves to epitomize, and to characterize, the Baroque" ("Constructing Gracián" 359). Representativo de una época que Cervantes contribuyó a formar, Gracián nos ofrece en su obra los rasgos definitorios de su momento histórico e ideológico. Si a principios del siglo XVII Cervantes está abriendo las puertas a la novela y el sujeto modernos con *Don Quijote*, en Gracián encontramos la culminación y las limitaciones de una época, el Barroco, que experimenta según William Egginton "the epistemological traumas marking the dawn of modernity" (152). Como símbolo quizás más prominente de esos traumas epistemológicos (y sociales, estéticos, económicos), el monstruo ocupa en mi opinión un papel central en las obras de Cervantes y Gracián. En el contexto de esa "era de monstruos" que para Elena del Río Parra es el Barroco, y a pesar de la miríada de textos en que abundan las monstruosidades, elijo a Gracián como introducción a mi análisis de Cervantes porque sus ideas sobre el monstruo condensan y hacen explícitas las esbozadas de manera más o menos implícita por el autor del *Quijote*. Al repasar con cierto detenimiento las monstruosidades de *El Criticón* en particular y en la obra de Gracián en general, pretendo delimitar el territorio epistemológico del monstruo: su complejidad semántica, su naturaleza predominantemente discursiva y metaficcional, sus implicaciones estéticas y políticas. En capítulos posteriores utilizaré ese mapa epistemológico para guiar mi lectura de la monstruosidad en Cervantes.

En el mundo literario típicamente barroco de Gracián, el lector se topa con una monstruosidad tras otra. Lejos de sentirse repugnado por tantos monstruos, Gracián retrata de manera ambivalente los seres anormales, positivos y negativos, que atiborran las páginas de, especialmente, *El Criticón*. Se regodea en el empleo de una retórica no menos excesiva que los monstruosos personajes descritos, disfruta hinchando su lenguaje y su producción literaria con una multitud de personajes extraños, extraordinarios, híbridos hasta la esquizofrenia, con rasgos tan opuestos como las mezclas imposibles que forman monstruos mitológicos como la sirena o el Minotauro. Para leer a Gracián, la definición del monstruo que ofrece Harry Vélez-Quiñones me parece imprescindible: "In a semantic field that extends from the prodigious to the abject, the monstrous stands, above all, as a sign – a being, an artifact, a construct or an event – that demands to be seen and, simultaneously, to be read ... the monster is both abominable and enticing" (IX). Signo de una época, el monstruo puebla las páginas barrocas de *El Criticón* mostrando su excepcionalidad, su hibridez y una ambivalencia moral que define lo bueno y lo malo sólo a través de la más radical subjetividad. Frente a definiciones reduccionistas del lenguaje coloquial de hoy día, el monstruo que fascina a escritores barrocos como Gracián, Cervantes, Lope de Vega y Calderón no es solamente un ser perverso, deforme y feo; es un signo que expone las incertidumbres del mundo, la relatividad moral que el hombre enfrenta a cada paso. El monstruo, con su carácter extremo y fuera de lo ordinario, despierta al hombre a la verdad de la interpretación. Para alcanzar el conocimiento, debemos interpretar signos; necesitamos leer las señales de la realidad si aspiramos a comprender la hibridez y complejidad del mundo.

Cuando Gracián reflexiona en *El Criticón* sobre el mundo terrenal, lo describe en un principio como un breve y doloroso tránsito hacia la muerte, un viaje espiritual en el cual la pureza del alma se ve amenazada por monstruos. En el segundo libro, dedicado al "otoño de la varonil edad," la crisi Nona sitúa la acción en un "Anfiteatro de monstruosidades." En peregrinaje por las tres etapas de la vida (niñez/juventud, madurez y vejez), los dos protagonistas del libro, Andrenio y Critilo, se encuentran en el otoño de la vida a puertas de un palacio espléndido, dentro del cual los hombres que lo habitan se han abandonado a sus vicios y apetitos. La descripción del interior del palacio es muy gráfica:

> No se sentía otro dentro que malas voces y bramidos de fieras, ni se oían sino monstruosidades. Era intolerable la hediondez que despedía.
> –¡Oh casa engañosa –exclamó Andrenio–, por fuera toda maravillas, y por dentro monstruosidades. (458)

El palacio representa una metáfora de la dualidad y la hibridez más estridentes: como el cuerpo monstruoso de una sirena –mujer y pez, encanto absoluto y peligro mortal–, la casa es por fuera "toda maravillas" y dentro esconde los vicios más repugnantes. El lascivo, el infiel, el soldado que participa en duelos, el sátiro, el necio, y otros seres corrompidos presentan cuerpos deformes y cometen actos propios de fieras. Una mujer convirtió a dos muchachas en demonios ("dos rapazas endiabladas"), y a continuación las desolló y "las metió a asar a un gran fuego, y comenzó a comer dellas sin ningún horror, tragando muy buenos bocados" (460). Al que trabajaba para la Justicia, se le describe –quizás apropiadamente– como "monstruo horrible porque tenía las orejas de abogado, la lengua de procurador, las manos de escribano, los pies de alguacil" (459). Estos compuestos, híbridos de diferentes partes y personas, demonios varios a cuál más cruel, son tan monstruosos como el palacio que los envuelve: una trampa que esconde peligros y maldades extremas bajo una fachada en extremo hermosa.

En la juventud, también el Engaño se presenta como una figura monstruosa que viaja en carroza de lujo por los incómodos caminos de la vida. Según el narrador, en la carroza venía "un monstruo, digo, muchos en uno, porque ya era blanco, ya negro; ya mozo, ya viejo; ya pequeño, ya grande; ya hombre, ya mujer; ya persona y ya fiera" (153). Es un "monstruo coronado," "espantoso rey," "es el señor de la mitad del año, primero, y de la otra mitad después" (183). Es un rey híbrido, de identidades múltiples gracias a sus poderes mutantes. Mediante cambios extraordinarios en su morfología de opuestos (blanco y negro, mozo y viejo, hombre y mujer), el Engaño domina todo el año y viaja en carroza de lujo. Tan dual y contradictorio como el monstruo mutante resulta el propio lenguaje que Gracián utiliza en su descripción: al mismo tiempo que critica el Engaño, lo presenta mediante un discurso exuberante repleto de maravillas retóricas, de encantos irresistibles que repulsan tanto como atraen.

Estos y los muchos monstruos que pueblan *El Criticón* rinden pleito en último término al ser más repugnante y temible de todos: Satanás. El príncipe de las tinieblas se dirige en la crisi nona del libro III a los dos "peregrinos de la vida" que protagonizan la obra, y les pide que confiesen también ellos sus pecados "para que rindan vasallaje de monstruosidad, que ni hay bestia sin tacha, ni hombre sin crimen" (467). La amenaza implícita de Satanás hacia Andrenio y Critilo no es inocente; les obliga a reconocer que el ser humano está sujeto a los mismos vicios que las bestias, y por lo tanto les advierte de su vulnerabilidad al Mal. Todos estamos sujetos al "vasallaje de monstruosidad," nadie escapa a las tentaciones y vicios del lado oscuro de la vida. Monstruos, somos todos.

Más interesante todavía resulta la intervención de Satanás si tenemos en cuenta cómo el narrador presenta al principio de la obra a sus dos protagonistas. Critilo es un refinado náufrago que recaba en una isla perdida, donde encuentra a un hombre en estado salvaje, criado entre animales. El sabio Critilo intentará educar mediante una peregrinación por las tres edades del hombre al buen salvaje a quien llamará Andrenio, derivado la palabra griega *andros*, hombre. Alegóricamente, la civilización y la fe educan al hombre en estado salvaje para transformarlo de bestia en ser culto y cristiano. Lo más llamativo es que, aunque uno representa la sabiduría y el otro los instintos, los dos son presentados al lector como monstruos en las primeras páginas del libro. No sorprende que el semisalvaje Andrenio pudiera "imitar con tanta propiedad los bramidos de las fieras y los cantos de las aves, que parecía entenderse mejor con los brutos que con las personas" (68); pero sí resulta llamativo que también el sabio Critilo sea descrito como "monstruo de la naturaleza y de la suerte" (66). Mediante el poder del lenguaje humano, que Critilo enseña a Andrenio, el buen cristiano ayuda al hombre primitivo e ignorante en el aprendizaje de la vida. Pero no sólo Andrenio es bestial, monstruoso; también Critilo, con su sabiduría, su dominio del lenguaje humano y su fe cristiana, es "monstruo de la naturaleza" por lo excepcional de su suerte en sobrevivir al naufragio. Un monstruo le enseña al otro la facultad del habla y de la razón.

Otros monstruos de *El Criticón* ofrecen ese mismo aspecto dual que combina vicios y virtudes, barbarie y civilización, rasgos horribles y amables. El caso probablemente más impactante es el de la Muerte, hacia el final del libro. Tras encontrar en una plaza a un monstruo que representa la temeridad (763), los dos protagonistas cenan en un albergue en extremo agradable. Uno de los huéspedes les advierte que la encargada del albergue "es de nación troglodita, hija del más fiero caribe, aquel que se chupa los dedos tras sus propios hijos" (766). En efecto, en el mesón hay un agujero que conduce al reino de la Muerte, donde en lugar de "multitud de larvas y un escuadrón de funestos monstruos" (770), los dos protagonistas encuentran a gente risueña que lo está pasando bien. Cuando finalmente entra la Muerte misma, los peregrinos observan

> su tan extraño aspecto a media cara; de tal suerte, que era de flores la una mitad y la otra de espinas, la una de carne blanda y la otra de huesos ... Dixo Andrenio:
> –¡Qué cosa tan fea!
> Y Critilo:
> –¡Qué cosa tan bella!
> –¡Qué monstruo!
> –¡Qué prodigio! (773)

El guía de los dos peregrinos confirma el aspecto dual de la muerte, positiva para los buenos, negativa para los pecadores y ricos. La Muerte se sienta entonces en un

> trono de cadáveres, en una silla de costillas mondas, con brazos de canillas secas y descarnadas, sitial de esqueletos, y por cojines calaveras ... Y cuando la imaginaran terrible fiera, horrenda y espantosa, al fin de residencia, la experimentaron al revés, gustosa, placentera y entretenida y muy de recreo. (774)

Es evidente que Gracián interpreta la Muerte desde una perspectiva moralista y cristiana; tras el paso a la vida eterna, el pecador resultará castigado y el virtuoso será recompensado para siempre. Al mismo tiempo, sin embargo, el autor abre una brecha en el concepto monolítico de la vida que parece defender. A priori, esperaríamos encontrar en Gracián una división radical entre el bien a un lado y los monstruos –el mal– en el opuesto, pero en última instancia la monstruosidad es híbrida, contradictoria. Con los casos del Engaño, de la Muerte y de los mismos Andrenio y Critilo, se demuestra que el concepto de "monstruo" abarca mucho más que la simple corrupción moral y espiritual encerrada en un cuerpo deforme. La Muerte, ser supuestamente horrible, se comporta casi como una comediante: "gustosa, placentera y entretenida y muy de recreo." El anfiteatro de monstruosidades es horrible por dentro, pero maravilloso por fuera, y el Engaño viaja en carroza de lujo y es rey todo el año. Incluso los dos personajes que representan a la humanidad, Andrenio y Critilo, diferentes de las bestias gracias al lenguaje que les ayuda a comprender la verdad cristiana sobre la vida, son también, los dos, monstruos.

El carácter dual del monstruo tiene su reflejo igualmente en la retórica que Gracián propone en la *Agudeza y arte de ingenio*. Allí afirma que el ingenio puede recurrir con gran efecto a la semejanza entre dos términos, pero que "si la contingencia [o característica peculiar de uno de los términos] lleva consigo la deformidad, se glosa con más acierto y sutileza" (I: 140). Como ejemplo de este tipo de concepto o figura literaria, Gracián cita a Juan Rufo, quien describe a dos prostitutas en casa de un noble como "moscas que se pasan de un vuelo del estiércol a la mesa del Rey" (I: 141). Gracián reconoce la superioridad literaria de una semejanza entre dos términos (en este caso las prostitutas y las moscas) que lleve implícita algún tipo de deformidad, de monstruosidad. Al igual que las prostitutas cohabitan con el vicio y la obscenidad, las moscas pueden vivir en el estiércol. Animalizando y llevando a un extremo gráfico y repulsivo los vicios de las prostitutas-moscas, Juan Rufo escribe para el gusto de Gracián con gran "acierto y sutileza."

Para encontrar una explicación a esta aparente contradicción estética, debemos regresar a *El Criticón*. En la juventud (libro I, crisi VIII), Gracián recurre a una retórica extrema para describir a Artemia, uno de los personajes sin duda más positivos de toda la obra. La "gran reina" es "una valiente maga, una grande hechicera," que el autor insiste en diferenciar de Circe, la hechicera peligrosa y malvada por excelencia del mundo clásico. Artemia, en oposición a Circe, "no convertía los hombres en bestias, sino al contrario, las fieras en hombres" (172); de "unos horribles monstruos hacía ángeles" (173). Dado que Artemia representa al arte de forma alegórica, Gracián comienza el capítulo con una digresión sobre el poder inmenso y beneficioso del arte sobre el mundo:

> Es el arte complemento de la naturaleza y un otro segundo ser que por extremo la hermosea y aun pretende excederla en sus obras. Préciase de haber añadido un otro mundo artificial al primero; suple de ordinario los descuidos de la naturaleza, perficionándola en todo: que sin este socorro del artificio, quedara inculta y grosera. Este fue sin duda el empleo del hombre en el paraíso cuando le revistió el Creador la presidencia de todo el mundo [para que] con el arte lo aliñase y puliese. De suerte que es el artificio gala de lo natural, realce de su llaneza; obra siempre milagros. (171)

Gracián concede al arte unos poderes espectaculares. Dobla al mundo, lo perfecciona, "obra siempre milagros." Si la característica principal del monstruo es su capacidad de cambio respecto a lo normal (el monstruo es diferente, es "el otro" prodigioso, extraordinario), el arte es el discurso por excelencia de lo monstruoso: multiplica el mundo, convierte lo cotidiano en una experiencia única, maravillosa; no en vano este capítulo se titula "Las maravillas de Artemia." Mediante el arte, la bestia se convierte en ser humano, a quien Dios encomendó en el Paraíso que "aliñase y puliese" el mundo, que embelleciese las monstruosidades con que topamos a diario en nuestras vidas. Al metamorfosear fieras en hombres, Artemia se presenta como una hechicera poderosa, un indicio de la voluntad divina de hacer al ser humano superior a los animales. Como hará Critilo con Andrenio, les dota del poder del lenguaje, les convierte en monstruos que hablan, perfecciona la realidad doblándola mediante palabras e imágenes creadas de manera artificial.

Así, Gracián opone las bondades de Artemia al rey más corrupto posible, el Engaño (crisi VII) y a las maldades de Circe; pero admite igualmente que "se hablaba de ella con grande variedad" (172). Gracián es consciente de que, por sus poderes extraordinarios y su capacidad de mutación, Artemia quedaba tan cerca del monstruo como los personajes híbridos y de identidades múltiples comentados con anterioridad: el palacio maravilloso con un anfiteatro de monstruosidades dentro, la Muerte dual, y el propio binomio Andrenio/Critilo que representa la intrínseca multiplicidad de la condición humana. ¿A quién le corresponde interpretar qué parte del monstruo cae en el terreno de lo moral y cuál en lo inmoral? ¿Quién determina la maldad intrínseca del Engaño y la bondad infinita de Artemia, si ambos modifican la realidad mediante extraordinarias metamorfosis? Sin duda, desde esta perspectiva "art and politics are not yet clearly separate disciplines and activities" (Beverley 220), pues al denostar al Engaño y ensalzar a Artemia, Gracián expone el proceso de interpretación subjetiva que todo sistema totalitario intenta controlar. El individuo, y no las instituciones, decide si los monstruos son criaturas prodigiosas o seres detestables.

El caso de Artemia, presentada a todas luces de manera positiva por Gracián, no es muy diferente al de los monstruos que pueden encarnar los vicios y peligros más extremos. Contra la opinión del escritor jesuita, el arte en general y la literatura de ficción en particular eran vistos como demoníacos y potencialmente subversivos por muchos gobernantes, moralistas e intelectuales neoplatónicos de la España imperial. Sin entrar en detalles ahora, no podemos olvidar que, además de la asfixiante censura inquisitorial, durante los siglos XVI y XVII se llegó incluso a prohibir las representaciones teatrales y la circulación de libros de ficción en múltiples ocasiones, según documentan Barry Ife y Marc Vitse en sus magníficos estudios. Maravillosa acción artificial de embellecer el mundo para Gracián, el arte y la literatura son detestados por muchos otros, sin embargo, a causa de su satánica influencia sobre las masas. Fuentes de inmoralidades y perversiones ideológicas, el arte y la ficción duplican la realidad mediante la falsa apariencia de lo bello y lo espectacular, y obligan a sus consumidores a interpretar, un ejercicio poco deseable para los sistemas autoritarios. En otras palabras: el arte es también un palacio maravilloso por fuera con un anfiteatro de monstruosidades dentro, por parafrasear al propio Gracián. Artemia convertida en Engaño, según el ojo con que se mire.

Esta asombrosa dualidad, compartida por el monstruo y el concepto gracianesco del mundo y el arte, reaparece en la primera crisis del tercer libro. Dedicada a la vejez, esta crisis se abre con Andrenio y Critilo caminando por un paraje inhóspito que simboliza el final de la vida. Pronto, los dos personajes divisan a un individuo que les mira de frente pero camina en dirección opuesta. Al darle alcance, se dan cuenta de que tiene dos caras. El monstruoso personaje les calma con las siguientes palabras:

> No os espantéis, que en este remate de la vida todos discurrimos a dos luces y andamos a dos haces; ni se puede vivir de otro modo que a dos caras: con la una nos reímos cuando con la otra regañamos, con la una boca decimos de sí y con la otra de no ... Todos en la vejez somos Janos. (545-46)

Al adentrarse en el reino de Vejecia, Andrenio y Critilo descubren cada uno las dos caras de la vejez. Andrenio, por su parte, se topa con personajes monstruosos que no aceptan su edad, como la mujer hermosa a quien se le cayó "la cabellera y quedó monstruo la que fue prodigio, y la que había atraído tantos, sirena, ahora los ahuyentaba, coco" (549), o el caballero que al desvestirse se quita la peluca quedando "en calavera," se quita un ojo y, con los zapatos, se le sale una de las piernas (549-50). Pero el aspecto de Vejecia misma es el más aterrador: "una furia o una fiera, prototipo de monstruos, espectro de fantasmas, idea de trasgos, y lo que es más que todo, una vieja" (554-55). Por el contrario, Critilo avanza por una sala llena de ancianos sabios, cargados con la experiencia de la vida y premiados por una vejez amable que les trata respetuosamente. Al cabo de su andadura, Andrenio y Critilo se ven uno al otro alrededor del trono de Vejecia,

> Andrenio entre horrores, y desta otra [parte], Critilo entre honores, asistiendo entrambos ante la duplicada presencia de Vejecia, que como tenía dos caras januales podía muy bien presidir a entrambos puestos, premiando en uno y apremiando en otro. (562)

Además de la lección moral que Gracián nos comunica en este episodio (la vejez premia al sabio que la acepta y castiga a quien la intenta evitar), el reino de Vejecia se describe desde una perspectiva completamente escindida, dual. En un ambiente espectacular, lleno de monstruos y de sabios, la dualidad se ofrece como la única forma de conocimiento: Andrenio y Critilo representan las dos mitades complementarias del hombre, al igual que Jano y Vejecia tienen dos rostros. Gracián lanza así el poderoso mensaje de que todos somos monstruos con dos caras, pues el mundo se aprehende sólo mediante una combinación equilibrada entre los extremos, y que nos corresponde escoger, desde nuestra intrínseca monstruosidad, entre el bien y el mal, lo apropiado y lo inapropiado. La monstruosa multiplicidad de perspectivas y opiniones es para Gracián, en última instancia, la única forma posible de sabiduría. Frente a la verdad absoluta de los dogmáticos, Jano resume su filosofía de vida en una frase tan enigmática como su aspecto bifronte. Ante las diferentes opiniones sobre Vejecia expresadas por Andrenio y Critilo, Jano responde: "Esto es tener dos bocas, y advierte que ambas dicen verdad" (548). Los dos caminos de la vejez, uno lleno de horribles monstruos y el otro de honorables sabios, confluyen en realidad en un mismo ser (Vejecia) dual, de dos caras, monstruo ella misma al igual que Jano. Gracián implica en consecuencia la multiplicidad no sólo del cuerpo del monstruo (formado por partes distintas), sino también de la identidad: el monstruo puede ser tanto horrible como maravilloso. No representa sólo lo espantoso, sino también lo honorable; por su dualidad, repele y atrae, amenaza y da ejemplo por igual. El monstruo no es intrínsecamente terrible ni simboliza sólo la maldad, sino que adoctrina al hombre en la multiplicidad del mundo y del ser humano. Es un signo que hay que interpretar, que se produce en toda acción humana, es parte de la realidad y de nosotros mismos. Una vez más, el mensaje ideológico y atrevido de Gracián se repite: todos somos monstruos.

El discurso de lo monstruoso se erige así en la única esperanza de conocimiento. No sólo representa al pecado y al vicio, sino que también simboliza la sabiduría última, la capacidad de desdoblamiento que caracterizan tanto al instinto animal como a la filosofía cristiana. La verdad es múltiple, la percepción del mundo es circunstancial, los cuerpos deformes de la Muerte, el Engaño, pero también de Artemia, Vejecia, Jano o la personalidad escindida de Andrenio/Critilo, representan para Gracián el único camino por el que peregrinar por las etapas de la vida. En este mundo, al fin y al cabo, "no se topa sino una monstruosidad tras otra," y aunque algunas encarnan el mal en sus peores manifestaciones, otras mejoran al hombre mediante la maravilla y el perfeccionamiento artístico, lingüístico del mundo. De ahí que esa gran maga que duplica y embellece el mundo, Artemia, represente "el empleo del hombre en el paraíso cuando le revistió el Creador la presidencia de todo el mundo [para que] con el arte lo aliñase y puliese." El arte y el lenguaje se convierten en el instrumento supremo del hombre para demostrar su "presidencia de todo el mundo," su capacidad para transformar las maldades del mundo en monstruos aliñados y pulidos. La monstruosidad se transforma en maravilla mediante conceptos extremos como lo admirable, lo raro y lo peregrino, pero retiene su dualidad, siempre a expensas de la interpretación que se haga del monstruo. El bien y el mal son las dos caras de una misma moneda.

Más allá de la exploración teológica, filosófica del mundo, Gracián oculta a través de toda su obra al monstruo más enigmático de todos. La publicación de *El Criticón* le ocasionó a Gracián enormes quebraderos de cabeza. A pesar de que firmó la mayor parte de sus obras, incluida esta, con seudónimo, el jesuita escritor fue permanentemente acosado por la Compañía y forzado a permanecer en silencio. Su obra era un peligroso monstruo estético e ideológico que sus superiores querían exterminar. Ante la terquedad de Gracián en seguir con su actividad literaria, y especialmente en 1658 tras la publicación del tercer libro de *El Criticón*, la Compañía le castiga con "una represión pública, con ayuno a pan y agua, el cese en su cátedra de Escritura y el salir 'desterrado' de Zaragoza. Estos hechos malean su salud" (Alonso 15) y precipitan su muerte a finales de ese mismo año. El monstruo de su obra devora la vida de Gracián.

Quizás consciente de los peligros que le acarreaba el placer de la escritura, en el prólogo al libro primero de *El Criticón* Gracián nos recuerda la personalidad escindida que domina todo el libro. El autor expone desde el principio el carácter intrínsecamente contradictorio de su producción literaria:

> Esta filosofía cortesana, el curso de tu vida en un discurso, te presento hoy, lector juicioso, no malicioso, y aunque el título [*El Criticón*] está ya provocando ceño, espero que todo entendido se ha de dar por desentendido, no sintiendo mal de sí. He procurado juntar a lo seco de la filosofía con lo entretenido de la invención, lo picante de la sátira con lo dulce de la épica. (62-63)

Como Andrenio/Critilo o Jano, el escritor nos conduce de la mano por los caminos variados de la vida, nos lanza a la aventura del conocimiento partiendo de opuestos aparentemente irreconciliables: entendido y desentendido, seco y entretenido, filosofía e invención, picante y dulce, sátira y épica. Los dos rostros que deforman (¿o simplemente forman?) al ser humano se hallan en la misma concepción de un libro dual, que pretende unir opuestos y elaborar un híbrido admirable, extremo, que le costará a Gracián su cátedra, su bienestar personal y, en última instancia, la vida misma.

La obra entera de Gracián se nos presenta bajo la forma de un monstruo agradable y provechoso. En el prólogo "Al que leyere" del libro tercero de *El Criticón*, Gracián saca a colación la crítica de Horacio contra la obra monstruosa, mal compuesta por unir partes diferentes entre sí (*Epístola a los Pisones*, vv. 1-13; 129). No obstante, Gracián introduce un matiz quizás sutil, pero en cierto sentido radical, a la premisa horaciana:

Cualquier empleo del discurso y de la invención, sea lo que quisieres, o épica o cómica u oratoria, se ha de procurar que sea una, que haga un cuerpo, y no cada cosa de por sí, que vaya unida, haciendo un todo perfecto. (539)

La unidad de la obra, ese "todo perfecto," es un fin que sí puede lograrse mediante la unión de géneros y estilos completamente diferentes, a gusto del escritor; vale "cualquier empleo del discurso y de la invención, sea lo que quisieres." Mientras se mantenga una cierta coherencia y "no cada cosa de por sí," Gracián no se opone a la mezcla de elementos diferentes, sino todo lo contrario. No olvidemos que Gracián practica la unión de opuestos en el prólogo al primer libro de *El Criticón*, y que las monstruosidades de la vida descritas en su obra son siempre duales, múltiples. La producción escrita de Gracián, igualmente, presenta múltiples caras: la retórica conceptista de *Agudeza y arte de ingenio*; los manuales de príncipes *El héroe*, *El político* y *El discreto*; los aforismos del *Oráculo manual y arte de prudencia*; el tratado religioso *El Comulgatorio*; y el conocimiento global de la vida en la obra alegórica *El Criticón*. Elementos literarios tan diferentes contienen además una miríada de elementos que abarcan casi cualquier aspecto posible del conocimiento: el abrumador afán categorizador de la *Agudeza y arte de ingenio*, las reglas de buena conducta cívica y religiosa en los tratados sobre la formación del ciudadano, la mezcla de lo "picante" y lo serio en *El Criticón*, donde el humor aparece incluso en la descripción de los monstruos más horribles. Como un ser deforme de múltiples partes contradictorias, reflejo fiel de la variedad del mundo, la obra literaria de Gracián simboliza en sí misma la monstruosidad agradable y cruel con que uno se topa en la vida a cada paso.

La última reflexión que propongo sobre las monstruosidades en *El Criticón* da pie al libro que tiene mi lector en sus manos. El mundo, como el monstruo en la definición de Harry Vélez-Quiñones, es un gigantesco signo cuyas "cifras" y "contracifras" nos corresponde decodificar (Checa 180-81). El sujeto moderno está escindido, "split" porque sólo puede constituirse cuando alcanza "that place from which the subject is seen by the big Other" (Egginton 159). Ese "big Other" es nuestro opuesto, un Dios o un monstruo –un ser radicalmente diferente y poderoso– que nos define por oposición. Pero si, según Gracián, la monstruosidad no es solamente lo horrible y maligno, sino que la dualidad, la multiplicidad intrínseca al monstruo lo convierte en terrible y maravilloso, en sublime y aterrador a la vez, ¿cómo determinar quién o qué es un monstruo, y por lo tanto qué no lo es? ¿Quién es el "Otro" –el diferente a mí, el que me amenaza porque lo desconozco– y quién soy yo? ¿Cuál es el poder del discurso –el lenguaje y, más en concreto, la ficción –para proponer una alternativa al orden natural y social? ¿Por qué esa fascinación de Gracián y, como se verá en este estudio, de Cervantes y otros por un discurso de la monstruosidad en el que se unen opuestos, se persiguen extremos y se busca el efecto de admiración en el lector o espectador? Si el arte (Artemia) crea según Gracián realidades alternativas y fuerza interpretaciones ambivalentes, ¿no sería verdad, como defiende Alban K. Forcione, que Gracián "encourages man's expression of his individual subjectivity, and permits his freedom to intervene in cosmic construction" ("At the Threshold of Modernity" 38, 43)? Y si eso fuera así, ¿no sería el hombre-artista, desde una perspectiva contrarreformista, el mayor monstruo de todos por asumir los poderes creadores reservados exclusivamente a Dios? Sólo la ambivalencia y la multiplicidad de significados del monstruo, su carácter de "signo" abierto que debe ser interpretado, explicaría las monstruosidades con que nos topamos en la vida según Gracián, así como el hecho de que nosotros mismos, todos, somos también monstruos.

Sobre las características del discurso de la monstruosidad no quiero adelantar ninguna por el momento. Este libro se dedica a esa tarea, y recogeré en la conclusión los rasgos más significativos del monstruo discursivo que irá emergiendo de mis análisis de diferentes obras cervantinas. Lo que me interesa por ahora es sólo delimitar el objeto de mi estudio y ofrecer un pequeño resumen de cada capítulo.

Históricamente, han existido dos tipos principales de monstruo: el biológico, físicamente deforme o, en años recientes, genéticamente manipulado como los clones; y el imaginado, el que o bien se inventa (los monstruos mitológicos, por ejemplo) o bien se emplea metafóricamente para describir a alguien cruel y terrible (un Hitler, pongamos por caso) o excepcional en alguna habilidad (Pelé en el fútbol). Este libro se dedica principalmente al estudio del monstruo imaginado, símbolo de la ficción y el proceso creativo en autores como Lope, Cervantes, Calderón y Gracián. Mi monstruo es, ante todo, metafórico y discursivo. Pretendo explorar los límites discursivos de la monstruosidad que los escritores del Siglo de Oro explotan en una combinación irrepetible de calidad artística y comercialidad. Si, como intento demostrar, el monstruo es una metáfora esencial de la nueva literatura moderna, ¿cómo se utiliza el discurso de la monstruosidad para articular la revolución literaria y cultural de Cervantes y sus contemporáneos? ¿Por qué el monstruo se convierte en una imagen clave para representar el paso literario, cultural y social a la modernidad? En suma, estudio el discurso de lo extremo utilizado para representar la monstruosidad y convertido él mismo en monstruoso, un discurso híbrido, radical, amenazante, admirable, único. Me interesa del monstruo sobre todo su aspecto más meta-discursivo: ¿qué nos dice el lenguaje del monstruo y por qué? ¿Cómo habla el monstruo, cuál es el fin de una retórica extrema que a nadie deja indiferente y cuyo efecto sobre el lector o espectador es igualmente extremo? ¿Cómo se interpreta el monstruo y qué nos dice sobre el proceso mismo de interpretación? Si la identidad del monstruo es inestable, como lo son otros conceptos fundamentales de la sociedad tales como el bien y el mal, ¿cómo fijar significados, cómo establecer y comunicar la identidad propia? ¿Cómo me defino yo, si no en oposición a quien "no-soy-yo"?

En el primer capítulo, "Monstruos y lectores: la figura del receptor crédulo," ofrezco un marco teórico de la monstruosidad y sus conexiones con la producción cultural de la modernidad temprana. Comienzo por el análisis del episodio de los leones en que don Quijote se enfrenta a un verdadero monstruo y culmina así su transformación heroica de hidalgo en Caballero de los Leones (parte II, capítulo 17; página 677; cito por la edición de Francisco Rico del 2005). En el proceso de esta metamorfosis, la obra maestra de Cervantes explora las conexiones entre monstruosidad y ficción. Por una parte, el monstruo se relaciona, desde Aristóteles a los intentos de clonación de hoy día, al exceso de imaginación y creatividad del ser humano; y por otra, es un ser ambivalente sin identidad –biológica, social, legal– fija porque se sale de lo normal, queda fuera del orden. A partir de estas dos premisas, examino la amenaza que monstruosidad y ficción suponen para una sociedad absolutista tanto por su a-normalidad como por su capacidad para atraer a las masas. Repaso la figura del receptor crédulo a la manera de Alonso Quijano –incapaz de distinguir con claridad entre realidad y ficción– poseído por las maravillas, portentos y monstruos que le dejan absorto. Y, por último, ofrezco un breve panorama de diferentes perspectivas teóricas sobre el monstruo –desde la teratología a los estudios culturales, feministas y psicoanalíticos–, para concluir que la ficción y el monstruo son discursos que desestabilizan los significados y la identidad. Ambos amenazan los órdenes establecidos al abrir brechas en las sociedades monolíticas mediante el cuestionamiento de sus leyes biológicas, sociales y religiosas.

En los siguientes capítulos centro mi análisis en la obra de Miguel de Cervantes, aunque no hago una recopilación exhaustiva de la presencia del monstruo en todas sus obras. He optado por una selección de los personajes y textos que creo representan con mayor exactitud y complejidad las conexiones entre monstruosidad y discurso que son, en mi opinión, esenciales al concepto cervantino de modernidad. Dejo fuera de mi análisis a personajes fascinantes como el licenciado Vidriera, Monipodio y episodios, por ejemplo, del *Persiles* donde aparece la licantropía y otros prodigios; pero igualmente dejo fuera de mi trabajo a autores del siglo XVII que no son Cervantes (desde Calderón a Quevedo, Zayas, Zabaleta y tantos otros), cuya producción literaria también concede al monstruo una importancia central. Ante este panorama inagotable de monstruosidades barrocas (recordando a Gracián, uno se topa una tras otra en esta vida), he optado por una selección –como toda selección, subjetiva y personal– de lo que en mi opinión son los personajes y tex-. tos claves en el discurso cervantino de la monstruosidad. Nada me honraría más que, aun por incompleto y parcial, el presente trabajo animara a otros críticos a llenar los vacíos y corregir las imprecisiones de mis lecturas.

En el capítulo 2, "Perros que hablan: lenguaje y monstruosidad en 'El coloquio de los perros,'" analizo la última de las *Novelas ejemplares* de Cervantes, protagonizada por dos perros parlantes. Narrada por un alférez enfermo de sífilis que cree escuchar el coloquio entre dos perros durante una noche en el hospital, la novelita se adentra de lleno en el terreno de lo maravilloso para desplegar todo un discurso de la monstruosidad. Se examina la credibilidad de estos monstruos parlantes desde múltiples ángulos y con un carácter autorreflexivo que convierte el texto en un metadiscurso sobre cómo hablar del lenguaje, cómo escribir sobre la escritura, y cómo admirar mediante dos protagonistas híbridos y una historia "pulpo" (319) llena de contradicciones y prodigios. Partiendo de Alban K. Forcione y el "deformed discourse" que según David Williams caracteriza a la Edad Media, discuto el origen monstruoso –divino y satánico– del lenguaje en el texto. Por último, examino las diversas estrategias con que los narradores intentan afianzar la credibilidad del monstruo, la última de las cuales, atrevidamente, afirma que sólo importa lo "bien compuesto" de un texto y no si sus hechos son verídicos o incluso posibles. El monstruo literario de Cervantes acaba justificándose sólo por su buena apariencia: su espectacularidad (el juego de esconder y mostrar), hibridez (mezcla de géneros y de hombre/bestia) y carácter prodigioso (dos perros parlantes).

En el capítulo tercero, "'Veréis el monstruo': Lope, Cervantes y la nueva comedia," abordo el estudio del teatro áureo desde el diálogo que establece Cervantes con el "monstruo cómico" de la nueva comedia de Lope de Vega. En *El rufián dichoso*, Cervantes escenifica la historia de Cristóbal Lugo, un rufián sevillano bravo, apuesto y monstruoso (varios personajes lo califican de "Satanás" y el "malino," vv. 844 y 855, página 157 en la edición de Jenaro Talens y Nicholas Spadaccini para Cátedra), que brama por Sevilla su condición de rufián insuperable. Sin más transición que un diálogo metateatral entre Comedia y Curiosidad, Lugo aparece en la segunda jornada transformado en fray Cristóbal de la Cruz. Contagiado de lepra para redimir el alma de la pecadora doña Ana, el rufián/santo sufre otra metamorfosis y es visto como "espectáculo horrendo" (v. 2769; 244). Paradójicamente, con su comportamiento virtuoso el criminal Lugo se ha convertido en un personaje silencioso y humilde a quien el pueblo llama monstruo por su aspecto físico: "Volved los ojos, y veréis el monstruo" (v. 2221; 220). Frente al bravucón monstruo teatral de Lope, de marcada orientación comercial, Cervantes propone un teatro no menos libre, pero más raro y con menos concesiones a las convenciones del momento. Su teatro se desarrolla con una mezcla contradictoria de humildad, ausencia en los escenarios y atrevimiento técnico e ideológico, que nunca llega a ganar el favor pleno del público.

Abro el cuarto capítulo, "Don Quijote y el monstruo moderno," con el análisis de un Quijano, de quien apenas sabemos nada, poseído por sus lecturas y con la imaginación habitada por monstruos, según lo representan las famosas ilustraciones de Doré y Goya. Su auto-creación como héroe me da pie, a partir de las teorías científicas de la época, a interpretar el capítulo 1 como el nacimiento de un monstruo –una desviación de la norma causada por el exceso de imaginación. Personaje múltiple, héroe para pocos y amenaza para muchos en la propia novela, irreverente en su uso social de un "don" que no le corresponde y de una palabra creadora que el *Génesis* bíblico atribuye sólo a Dios, el protagonista cervantino se metamorfosea a su placer con el objetivo abstracto de "el servicio de su república" y la meta concreta de ser famoso (I, 1; 31). El hidalgo/caballero aprovecha su imagen extravagante y un comportamiento fuera de lo normal para llamar la atención, hacerse escuchar y defender causas o a personas en apuros, incluyendo quizás a él mismo, un aburrido hidalgo venido a menos que decide transformarse en caballero andante. Cuando hablo de don Quijote como monstruo moderno no lo hago, pues, desde un prisma moral, sino para argumentar que el personaje múltiple Quijano/Quijote desarrolla un discurso de la monstruosidad que consolida la era moderna con una actitud individualista inconforme con el "normal" estado de las cosas. Ante don Quijote, los significados se tambalean, los molinos se convierten en gigantes, las bacías en yelmos o "baciyelmos," y las identidades sufren mutaciones: de Quijano a Quijote a Caballero de la Triste Figura y de los Leones. El monstruo, como la ficción, es un enigma que necesita ser (ad)mirado, pero para el que nadie tiene una lectura única y definitiva.

En la conclusión, "El dicurso de la monstruosidad en Cervantes," recojo los rasgos más significativos del discurso de la monstruosidad que, en mi opinión, caracteriza la revolución literaria y cultural del Siglo de Oro hispano: la hibridez, la amenaza, la espectacularidad, la inestabilidad de identidad y significados, y las complejas relaciones de poder que se activan a la hora de reaccionar e interpretar al monstruo.

En suma, este libro propone todo un ejercicio de tolerancia intelectual. Intento transitar los extremos de la producción posiblemente más fértil y más señalada de la cultura española de todos los tiempos, combinando textos canónicos y otros menos conocidos, unos literarios y otros médicos, científicos y teóricos, con el objeto de reconstruir el discurso de la monstruosidad. Desisto de las connotaciones más cómodas de la palabra "monstruo" (ser completamente perverso y temible) y de entrar en profundidad en magníficos estudios teológicos, médicos, psicoanalíticos y de género sexual sobre el monstruo. Me centro más bien en los aspectos (meta)discursivos de la monstruosidad, así como en sus significados en la producción cultural de figuras como Gracián, Lope y, sobre todo, Cervantes. Por último, trato de familiarizar a mis lectores con el espacio mismo de la ficción aurisecular, que, como veremos, es intrínsecamente monstruoso: extraordinario, excesivo, admirable, amenazante, y, a veces, incluso deliciosamente perverso.

Discúlpenme si no emerge de mi estudio un discurso del bien y del mal que aplicar a la rocambolesca ética de nuestro tiempo. Espero, en todo caso, que mi estudio ayude a exponer algunos de los mecanismos subversivos que escritores áureos como Cervantes utilizan para cuestionar el sistema opresivo y autoritario en el que se hallan inmersos. La España imperial que estudio y el Estados Unidos imperial donde vivo comparten una extraña obsesión por el monstruo, y una similar necesidad de llevar al extremo la lucha del bien contra el mal y la diseminación de los ideales propios. En última instancia, la monstruosidad señala las quiebras del sistema, se sale de los órdenes sociales, religiosos y científicos, y mediante la desestabilización del significado y la identidad nos recuerda que todos somos libres, todos únicos, todos expuestos al "vasallaje de monstruosidad" que reclama Satanás en *El Criticón* de Gracián. Sólo el discurso monstruoso del arte y la literatura (extremo, admirable, peligroso y nocivo para algunos, irresistible para otros) duplica y embellece el mundo. Consabida la multiplicidad del mundo, la relatividad del arte y de la realidad misma, nada mejor que admirarse porque "en este mundo no se topa sino una monstruosidad tras otra." Ante todo, el discurso del monstruo es un ejercicio de interpretación, un reconocimiento de la asombrosa variedad que nos rodea y de sus extraordinarias combinaciones de opuestos. Y, ¿acaso no vive esa maravillosa y contradictoria multiplicidad dentro de nosotros mismos?

Monstruos, como sugería Gracián, somos todos.

Capítulo 1

MONSTRUOS Y LECTORES: LA FIGURA DEL RECEPTOR CRÉDULO

Plus fécond que le sommeil de la raison,
le livre engendre peut-être l'infini des monstres
Michel Foucault

Quae insania est, iis duci, aut teneri?
(¿Qué locura es verse poseído y arrrastrado por estos libros?)
Juan Luis Vives

El propósito fundamental de Alonso Quijano cuando se transforma en don Quijote de la Mancha es cambiar su vida monótona por una que le permita tanto "el aumento de su honra como ... el servicio de su república" (parte I, capítulo 1; páginas 30-31 en la edición de Francisco Rico). Para lograr este fin, "vino a dar en el más extraño pensamiento": "hacerse caballero andante y irse por todo el mundo con sus armas y caballo a buscar las aventuras ... deshaciendo todo género de agravio y poniéndose en ocasiones y peligros donde, acabándolos, cobrase eterno nombre y fama" (I, 1; 30-31). Con esta metamorfosis de hidalgo a caballero, Quijano/Quijote entra en el territorio de lo extremo. Para adquirir la fama deseada debe combatir enemigos fenomenales, por lo que el mundo fantástico y poblado de monstruos de los libros de caballería se convierte para él en una necesidad. Al fin y al cabo, todos los caballeros alcanzaban su nombre venciendo no débiles enemigos, sino todo género de gigantes, dragones, encantadores y otros seres extraordinarios (I, 1; 30). Como afirma Claudette Oriol-Boyer, "le monstre, principe d'énergie, suscite le héros qui s'opposera à lui" (30). Don Quijote necesita monstruos para metamorfosearse en héroe, y por eso convierte molinos en gigantes y rebaños en ejércitos de temibles guerreros sobrehumanos.

En un momento de la novela, sin embargo, el viejo caballero sí reta a un enemigo real e inmensamente poderoso: un león macho traído de África para la Corte real. Antes de entrar en el análisis de este momento culminante en la transformación del hidalgo en héroe, no obstante, debo repasar el contexto en el que se produce. Junto al peligro mortal que supone la desigual batalla con el león, don Quijote se enfrenta en el capítulo anterior a un peligro no menos amenazante y potencialmente devastador para él. En el capítulo 16 de la segunda parte, don Quijote se encuentra con un hidalgo similar a él, pero radicalmente opuesto: el Caballero del Verde Gabán. Mucho se ha escrito sobre la caracterización cervantina de don Diego Miranda. Para algunos (Marcel Bataillon y, con matices, Augustin Redondo, por ejemplo), don Diego representa las virtudes del caballero erasmista perfecto; para muchos otros (Américo Castro, Francisco Márquez Villanueva, Randolph Pope, Helena Percas de Ponseti, entre otros), el narrador denuncia la hipocresía y la cobardía de Miranda mediante halagos con doble sentido; y para una minoría, como Edward C. Riley y Charles Presberg, a pesar de las fallas de don Diego hay elementos positivos en el caballero que no dejan de intimidar a don Quijote (un estado de la cuestión en Redondo 513, nota 1). Aquí me interesa, sobre todo, medir el contraste entre los dos hidalgos a partir de la reacción que don Diego provoca en don Quijote. El del Verde Gabán actúa como "fellow 'reader' (judge) of Don Quixote" (Presberg, "'Yo sé quién soy'" 64), y como tal le obliga al hidalgo-caballero andante a confrontar su *alter ego*, "un otro"; en estos capítulos, "don Quijote ya no es él mismo sino en referencia al Caballero del Verde Gabán" (Fernández-Morera 106, 108). El hacendado es sensato en extremo, tiene esposa y un hijo, es "más que medianamente rico," y no sale de su aldea buscando aventuras, sino todo lo contrario: invita a Sancho y don Quijote a que coman con él en su casa. Lee libros, sí, pero con moderación; tiene una colección imponente de "hasta seis docenas de libros, cuáles de romance y cuáles de latín." Posee libros de historia y de devoción y, aunque "hojeo más los que son profanos que los devotos, como sean de honesto entretenimiento," afirma con orgullo que "los de caballería aún no han entrado por los umbrales de mis puertas." Más importante todavía, el Caballero del Verde Gabán tiene nombre y apellido: "Yo, señor Caballero de la Triste Figura, soy un hidalgo ... y es mi nombre don Diego de Miranda" (II, 16; 664).

Los contrastes entre uno y otro hidalgo son numerosos y significativos, a pesar de las fallas de don Diego que la crítica ha deducido de los dobles sentidos en la descripción cervantina: don Quijote es el Caballero de la Triste Figura, don Diego es el del Verde Gabán; uno no tiene nombre conocido para el lector, el otro sí; uno es hidalgo de poca hacienda, el otro es rico y "don"; uno no tiene descendencia, el otro sí. La amenaza que don Diego supone para Quijano/Quijote es fenomenal, pues el primero respeta el orden social y se ve recompensado con una hacienda abundante, familia propia y nombre, mientras que el segundo abandonó el orden social mediante una serie de subversiones que se originan en su ansia de excepcionalidad. El físico y la apariencia de ambos personajes refleja la distancia que les separa. Uno, vestido con verde gabán; el otro, extravagante y descompuesto. No sorprende, pues, que don Quijote haga un alarde de cordura para admitir que su propia "figura ... por ser tan nueva y tan fuera de las que comúnmente se usan, no me maravillaría yo de que le hubiese maravillado" (II, 16; 662). Preparado debía estar el del Verde Gabán para ser maravillado, pues según recuerda Charles Presberg su propio apellido, Miranda, deriva del latín *mirabilia*, y se relaciona con mirar, admirar, milagro ("'Yo sé quién soy'" 60). Apellido aparte, Presberg destaca la predisposición de don Diego para maravillarse, "his *admiratio* and reflectiveness" (68), lo cual le atrae hacia un don Quijote que causa extrañeza por su mera figura. Don Diego no ignora simplemente al loco hidalgo que se cree caballero; le mira, se admira, e intenta comprenderle. Y tampoco don Quijote responde sólo con el silencio a la curiosidad de don Diego, sino que agudiza su perceptividad y afronta de pleno el tema de su extraña apariencia. Como advierte Andrew Hock-soon Ng, "the monster is both being gazed at *and* gazing back" (12).

Tal vez loco, lo cierto es que don Quijote no sólo reconoce su extraño porte, sino también que su oficio resulta anacrónico y queda fuera de lo razonable para un hidalgo en sus cincuenta, pues pretende ni más ni menos "resucitar la ya muerta andante caballería" (662). Y si está ya muerta, ¿cómo es que se encuentra a cada paso gigantes, encantamientos y otras aventuras caballerescas? En suma, don Quijote se ve obligado ante la presencia del caballero del Verde Gabán a reconocer su figura absurda, su extraño oficio, aunque "ni todas juntas estas armas, ni la amarillez de mi rostro, ni mi atenuada flaqueza, os podrá admirar de aquí adelante, habiendo ya sabido quién soy y la profesión que hago" (663). Si por una parte don Diego aspira a la normalidad, por otra el hidalgo Quijano es consciente de que se ha transformado en el caballero andante don Quijote de la Mancha (sabe "quién soy y la profesión que hago") con el objetivo de vivir aventuras extraordinarias, llenas de monstruos a los que vencer. En suma, Quijano se salió de los parámetros de la normalidad cuando renunció a la posición social de un don Diego de Miranda, también "de cincuenta años" (662), para enfrentarse a sus demonios. Sabido esto, que la figura extraña de don Quijote es consecuencia lógica del oficio caballeresco, su porte no deberá admirar a don Diego a partir de ese momento. Por primera y única vez quizás, don Quijote no busca admirar, sino la normalidad; le incomoda su diferencia.

El salirse de lo ordinario, el romper los órdenes sociales establecidos e ir a contracorriente, confiere a Quijano/Quijote un carácter subversivo, fuera del orden natural y social, que el contraste con don Diego hace aún más evidente. La imagen pública y la sensatez personal del Caballero del Verde Gabán le convierten en un índice acusador de las transgresiones y los pecados del hidalgo autotransformado en caballero andante. Esta dimensión religiosa de la oposición entre Miranda y Quijano es destacada por el propio Sancho Panza, quien se lanza al estribo de don Diego "y con devoto corazón y casi lágrimas le besó los pies una y muchas veces." Ante la sorpresa del Caballero del Verde Gabán, Sancho justifica así su devoción por don Diego: "Déjenme besar, porque me parece vuesa merced el primer santo a la jineta que he visto en todos los días de mi vida" (II, 16; 665). De nuevo, e incluso si Sancho actuara con ironía, su devoción por don Diego contrasta con su actitud cada vez más abiertamente burlona (recordemos el encantamiento de Dulcinea unos capítulos antes) hacia don Quijote.

En apenas un par de páginas, ese "santo a la jineta" cuyos pies besa con devoción Sancho, ataca indirectamente los dos elementos fundacionales de la nueva vida del Quijano transformado en don Quijote. Primero, don Diego lamenta que su único hijo se halle "embebido en la [ciencia] de la poesía," cuando él preferiría que aprovechara mejor su formación dedicándose a las leyes o la teología (II, 16; 665). Para disgusto de su padre, el muchacho está obsesionado con la poesía clásica, de Homero a Virgilio y Horacio, y pasa las horas interpretando versos y componiendo otros. El paralelismo con el caso de don Quijote es obvio: a la mención de que los libros de caballería no entran en casa del cabal don Diego, se añade ahora su crítica contra el lector obsesivo que pierde el tiempo enfrascado en sus lecturas y cavilaciones, como le ocurre a su hijo con la poesía clásica, y le ocurría al hidalgo Quijano con las aventuras de los caballeros andantes. Quijano/Quijote responde con elegancia, pero con un discurso contundente sobre las virtudes de la poesía y de la ficción en general (*poiesis* significa en griego clásico "creación"): "La poesía, señor hidalgo, a mi parecer es como una doncella ... a quien tienen cuidado de enriquecer, pulir y adornar otras muchas doncellas, que son todas las otras ciencias, y ella se ha de servir de todas, y todas se han de autorizar con ella" (II, 16; 666). Quien "del vientre de su madre ... sale poeta," y aunque siempre necesitará la ayuda de los preceptos y reglas de la poética, "hace verdadero al que dijo: 'Est Deus in nobis'" (667). Quien dijo que un dios vive en nosotros fue Ovidio (*Fastos* VI, 5; nota 58 en la edición de Rico), concediéndole al quehacer poético un hálito divino: como un dios, el poeta crea, sugiere don Quijote. Conglomerado de saberes, "alquimia de ... virtud" (666), la poesía aglutina a todas las ciencias y, por ello, quien sea docto en versos, alcanzará un conocimiento fuera de lo normal y "será famoso y estimado su nombre en todas las naciones" (667). De nuevo el tema de la fama une las dos facetas principales del nuevo ser extraordinario creado por Quijano al principio de la novela: el lector/creador y el caballero andante. Al igual que el hidalgo pretendía cobrar fama eterna con sus hazañas caballerescas, Quijano/Quijote revela a don Diego que también los poetas pueden ganar nombre mediante sus creaciones. Con las continuas y humillantes derrotas militares de don Quijote, sería legítimo plantearse si el éxito de Quijano como creador no supera con creces al de don Quijote como guerrero.

Este segundo elemento fundacional del nuevo ser prodigioso Quijano/Quijote, su faceta caballeresca, también es cuestionado por don Diego Miranda durante la aventura de los leones que se desarrolla a lo largo del capítulo 17. Don Quijote se ve abocado a una situación más que comprometida. Tras su tensa conversación con el del Verde Gabán, el Caballero de la Triste Figura parece sentir la necesidad de autoafirmarse en respuesta a las demoledoras, aunque quizás involuntarias, críticas de don Diego de Miranda. En la distancia divisa un carro y anuncia una aventura. Le pide a Sancho la celada donde el escudero ha puesto unos requesones que acaba de comprar y, sin llegar a verlos, "con toda priesa," el caballero se la coloca en la cabeza. De inmediato le resbalan los requesones por la cara y barbas, quedando en ridículo ante el ya de por sí escéptico hidalgo don Diego. ¿Quién podría tomar en serio a aquel loco, hidalgo como Miranda, tan irresponsable y temerario como para abandonar su hacienda, su sobrina, y dedicarse a un oficio imposible?

De nuevo, a Sancho le corresponde estrechar el cerco sobre su amo. Antes llamó "santo" a Miranda; ahora utiliza el lenguaje y los códigos caballerescos de forma que don Quijote no pueda culparlo de lo ocurrido. Cuando el caballero le acusa de "traidor, bergante y malmirado escudero," Sancho retoma el discurso demoníaco de los encantadores con el fin de justificar sus descuidos. Según él, si había requesones en la celada "cómalos el diablo, que debió de ser el que allí los puso." Como en el encantamiento de Dulcinea unos capítulos antes, Sancho aprovecha el recurso a los encantadores (tan necesario para don Quijote en los primeros avatares de su carrera caballeresca) para evadir la realidad: "también debo yo de tener encantadores que me persiguen" (II, 17; 670). Cuando los hechos de la realidad no les favorecen, don Quijote y ahora también Sancho encuentran en la intervención de malignos encantadores una forma incontestable de eludir sus responsabilidades. Tan eficaz es este recurso, y tan querido a don Quijote mismo, que cuando lo utiliza Sancho no puede sino ceder y descargar a su escudero de cualquier culpa. "Todo puede ser," responde escuetamente ante las disculpas de Sancho.

Criticado indirectamente y ridiculizado, don Quijote se agita ante la visión del carromato que trae alguna posesión perteneciente al Rey de España. El carretero le informa que transporta dos leones enjaulados que el general de Orán envía a la Corte, y, a pregunta de don Quijote, añade el leonero que "no han pasado mayores, ni tan grandes, de África a España jamás." Además, los leones están hambrientos, lo cual les hace todavía más peligrosos. Por fin don Quijote tiene ante sí no falsos gigantes u otro tipo de peligro fingido o provocado por sus ataques inmotivados, sino dos auténticas fieras; don Quijote ha entrado por fin, y en el momento justo, en el territorio de lo extremo. Ante la mirada incrédula de carretero, leonero, Sancho y, por supuesto, el propio don Diego de Miranda, don Quijote hace los mayores alardes de toda la novela, excediendo los límites de la valentía y entrando en el campo de la temeridad: "¿Leoncitos a mí? ¿A mí leoncitos y a tales horas? ... Abrid esas jaulas y echadme esas bestias fuera." Con este acto casi suicida, pretende que otros vean "si soy yo hombre que se espanta de leones" y dar "a conocer quién es don Quijote de la Mancha" (II, 17; 671). El espectáculo de su valor extraordinario conseguirá aumentar la fama y el nombre del caballero andante, quien abandonó la vida cómoda de un don Diego de Miranda para convertirse en un ser excepcional, capaz de vencer a unos monstruos... esta vez reales.

Sancho, tras ver entre los barrotes de la jaula "una uña de león," deduce que la fiera ha de ser "mayor que una montaña." El escudero "lloraba la muerte de su señor," consciente de que "aquí no hay encanto ni cosa que lo valga," y que el peligro es más inmediato y real que nunca (II, 17; 673-74). No una vez, ni dos, sino hasta seis veces, los distintos personajes presentes en la escena imploran a don Quijote que desista de su temerosa hazaña. Primero, y más significativamente, lo intentará el propio hidalgo don Diego de Miranda, en lo que yo interpreto como el segundo ataque a la esencia del protagonista cervantino. Frente a la acción innecesaria y atrevida de don Quijote, el del Verde Gabán intenta imponer su sentido común. Mesuradamente, don Diego recurre al código caballeresco para lograr que don Quijote desista de una aventura poco menos que suicida y en la que no ha sufrido provocación alguna por parte de los leones, pues "la valentía que se entra en la jurisdicción de la temeridad, más tiene de locura que de fortaleza" (II, 17; 672). Al acusar a don Quijote de temeridad más que valentía, y locura más que fortaleza, don Diego pone el dedo en la llaga. ¿A qué vienen las intervenciones caballerescas de un Quijano viejo, autoinvestido don Quijote, sin poder ni derecho alguno sino como consecuencia de la locura? ¿Por qué adentrarse en el territorio del monstruo, cuando el hidalgo podría haberse dedicado más bien a cuidar de su hacienda y a crear una familia, como hizo el del Verde Gabán? La reacción de don Quijote es airada, cuando no insolente: "Váyase vuesa merced, señor hidalgo, a entender con su perdigón manso y con su hurón atrevido y deje a cada uno hacer su oficio." Y a continuación, apremia amenazante al leonero: "¡Voto a tal, don bellaco, que si no abrís luego luego las jaulas que con esta lanza os he de coser con el carro!" (II, 17; 672). Don Diego desiste de continuar oponiéndose a don Quijote, pues "viose desigual en las armas y no le pareció cordura tomarse con un loco" (673). Frente a don Quijote, pues, don Diego cumple con el orden social, le sobra la cordura, critica la dedicación exclusiva a las letras y la temeridad que muestra don Quijote con las armas. Su oposición al de la Triste Figura es absoluta, y empuja inconscientemente a don Quijote a justificar su descabellada personalidad con un enfrentamiento, inédito hasta ese momento, contra un auténtico monstruo.

Todos los testigos, incluyendo el escudero, don Diego y el carretero con sus mulas buscan refugio, alejándose del lugar del desafío. Sólo el leonero es obligado a quedarse para que pueda, muy a su pesar, abrir la jaula del león macho y propiciar así el enfrentamiento con don Quijote. Mientras todos huyen, don Quijote piensa que "Rocinante se espantaría con la vista de los leones," por lo que descabalga y queda en pie, espada y escudo en alto, esperando al león macho. Por si muere, recuerda a Sancho "nuestro antiguo concierto: acudirás a Dulcinea, y no te digo más" (673). Consciente del verdadero peligro de muerte ante el que se enfrenta esta vez, don Quijote se queda solo, incluso sin Rocinante, en preparación para la desigual batalla. Entonces, el narrador congela la acción para introducir al lector en otro territorio extremo: el lenguaje hiperbólico –y mentiroso por provenir de un árabe– del "verdadero" autor de la "historia," Cide Hamete Benengeli. Para articular el discurso de la monstruosidad, el "historiador" Benengeli sólo puede recurrir a las preguntas y las hipérboles: "¿Con qué palabras contaré esta tan espantosa hazaña o con qué razones la haré creíble a los siglos venideros, o qué alabanzas habrá que no te convengan y cuadren, aunque sean hipérboles sobre todos los hipérboles?" (674). Dado que los animales eran "los dos más fieros leones que jamás criaron las africanas selvas," los hechos que va a narrar Benengeli son tan fenomenales que no encuentra "palabras con que encarecerlos" (675). En el discurso de la monstruosidad, las palabras parecen insuficientes para verbalizar extremos y racionalizar imposibles.

Pero no lo son; a pesar de todas las dificultades para expresar lo hiperbólico de que se lamenta Benengeli, el narrador continúa la historia. El leonero abre la primera jaula y el león macho que la ocupa asoma su "grandeza extraordinaria y de espantable y fea catadura." Primero tiende la garra y se despereza; luego abre la boca y exhibe "dos palmos de lengua," y al sacar la cabeza de la jaula muestra sus "ojos hechos brasas, vista y ademán para poner espanto a la misma temeridad." Ante tal visión monstruosa (extraordinario tamaño, fiereza, ojos ardientes), don Quijote no retrocede, sino todo lo contrario: él "lo miraba atentamente [al león], deseando que saltase ya del carro." El narrador reconoce que don Quijote se enfrenta ahora a un monstruo verdadero cuyo poder de destrucción es real, y por ello explica la temeraria acción de don Quijote como "el extremo de su jamás vista locura," el momento culminante de su sed de excepcionalidad (II, 17; 675).

En un alarde sin duda imprudente y temerario, quizás empujado por la amenaza implícita que representa para él su opuesto, el hidalgo rico don Diego de Miranda, Quijano/Quijote entra ahora en el dominio del monstruo. Según reconocerá inmediatamente después del enfrentamiento con el león, la obligación de don Quijote como caballero andante es acometer "a cada paso lo imposible" con el fin de "alcanzar gloriosa fama y duradera." Cuanto más irracional, innecesaria y peligrosa sea la acción de un caballero, más renombre le proporcionará. Según don Quijote, el caballero andante debe resistir condiciones climáticas adversas, incomodidades de todo tipo, pero sobre todo debe conseguir que "no le asombren leones, ni le espanten vestiglos, ni atemoricen endriagos" (II, 17; 678). Don Quijote mismo une en su discurso extremo los leones, fieras verdaderas, con los vestiglos y endriagos, criaturas fantásticas que pueblan el mundo monstruoso de los libros de caballerías. Ya en el capítulo 31 de la primera parte, entre otros lugares, se señala que los caballeros andantes pelean a menudo con "algún endriago o con algún fiero vestiglo" (313), lista de monstruos a la que se añaden ahora los leones del capítulo 17 de la segunda parte. En la canción de Grisóstomo, el desdeñado joven pide que "El rugir del león [y] el espantable / baladro de algún monstruo ... salgan con la doliente ánima fuera" a través de su canto desesperado (I, 14; 120). Cuando un grupo de lanceros a caballo rodean a don Quijote y Sancho para llevarlos al castillo de los duques, donde participarán en la fingida resurrección de Altisidora, los soldados les increpan así: "¡No os quejéis ... Polifemos matadores, leones carniceros!" (II, 68; 1068). En el ambiente extremo de la caballería, los leones y los monstruos son un peligro tan real el uno como el otro, pues la fiereza y la crueldad de ambos suponen una amenaza similar para el caballero que se les enfrente. Si de verdad, como reclama, don Quijote es también "uno del número de la andante caballería," esa "temeridad exorbitante" (678) que acaba de cometer al desafiar a un león-monstruo es necesaria para demostrar al hidalgo don Diego su inquebrantable coraje y determinación.

En abierto contraste, cuando en la aventura de los rebuznos Sancho es apaleado y don Quijote huye aterrado porque los del pueblo le apuntan con arcabuces (II, 28; 766), el caballero justifica su retirada –que no huida, recalca– alegando "que la valentía que no se funda sobre la basa de la prudencia se llama temeridad ... Y así, yo confieso que me he retirado, pero no huido" (767). También en el episodio de las galeras en Barcelona, y ante la presencia de don Quijote, el general de la capitana reprende al arráez o capitán del bajel moro capturado por permitir que dos arcabuceros turcos disparasen contra la tripulación de la galera: "¿No sabes tú que no es valentía la temeridad?" (II, 63; 1038). Enfrentado ante el hidalgo don Diego, no obstante, don Quijote opta por excederse en la valentía e incluso llegar a la temeridad, antes que quedarse corto y parecer cobarde (679). Al fin y al cabo, buscar y acometer leones, endriagos y vestiglos son según don Quijote los "principales y verdaderos ejercicios" de un caballero andante. Cuanto mayor el peligro que representa don Diego, cuanto mayor la amenaza contra su propia existencia, Quijano/Quijote necesita llevar hasta el extremo su valentía y caer en la absurda temeridad de enfrentarse a un león. En el momento en que ambos se encuentran, ¿de qué otra manera podía el hidalgo Quijano, de figura extrañísima y ridícula, autentificar frente al del Verde Gabán su transformación en el caballero andante don Quijote? En cierto sentido, cuando los leones se cruzan en su camino a don Quijote no le quedaba otra opción que luchar contra la sensata normalidad de don Diego mediante la temeridad. Debía combatir a las bestias enjauladas para exceder, en marcado contraste con don Diego, los límites de la valentía y la razón.

En esta aventura de excesos, en esta profesión de imposibles, el mundo de monstruos y gigantes de las caballerías imaginadas por Quijano se ha materializado en un monstruo muy real: un descomunal y hambriento león africano al que se enfrenta don Quijote sin un asomo de pánico. Durante un instante, el león sacó la cabeza de la jaula y miró a quien le esperaba espada en mano, pero la fiera en último término "volvió las espaldas y enseñó sus traseras partes a don Quijote, y con gran flema y remanso se volvió a echar en la jaula" (675). El caballero andante todavía le pide al leonero que intente sacar al animal de su jaula a base de palos, pero el leonero convence a don Quijote de que su valentía ha quedado ya de sobra constatada, y que si el león rehúye la batalla es por su cobardía y no por falta alguna de quien le reta. Cuando regresan los demás, el leonero da testimonio de la hazaña de don Quijote, y el caballero decide llamarse "el Caballero de los Leones, que de aquí adelante quiero que en éste se trueque, cambie, vuelva y mude el que hasta aquí he tenido del Caballero de la Triste Figura," a la manera de otros caballeros andantes "que se mudaban los nombres cuando querían" (677). El cambio, mudanza, transformación, metamorfosis que experimenta el hidalgo Quijano en el primer capítulo del libro cuando se convierte en don Quijote de la Mancha, ha alcanzado ahora su máximo desarrollo. Si en un primer momento le apodaron de la Triste Figura, don Quijote se ha transformado tras su enfrentamiento con el león-monstruo en el Caballero de los Leones. El ciclo de la construcción de su identidad parece haberse completado: de humilde hidalgo, de vida tan ordinaria como puede ser la de don Diego, ha pasado a flamante caballero, capaz de acobardar a monstruos como el león africano. Mediante una batalla que nunca ocurrió, pero que confirmó la valentía de don Quijote, y un trueque lingüístico más (de don Quijote de la Mancha a Caballero de la Triste Figura a Caballero de los Leones), la metamorfosis de Quijano en un ser tan excepcional como el león africano, al que de algún modo ha vencido, se ha consumado. El mundo de los monstruos le ha invadido la personalidad, convirtiéndole a él mismo en un ser extraordinario. Como advierte Claudette Oriol-Boyer, "il devienne souvent impossible de distinguer le héros du monstre: le héros possède presque toujours un caractère monstrueux, car il est surhumain" (31); al fin y al cabo, "le monstre n'est que l'image de la vie ... combat de soi contre soi" (33). En combate contra sí mismo, en busca desesperada de afianzar su identidad caballeresca ante don Diego, don Quijote ha vencido a un león y se ha transformado en Caballero de los Leones él mismo.

Ya antes, en al menos dos ocasiones, se había asociado la imagen del león a la de don Quijote, pero en circunstancias muy distintas. En primer lugar, el barbero, disfrazado durante el enjaulamiento de don Quijote al final de la primera parte, predice que el encantamiento que trae al caballero emprisionado "se acabará cuando el furibundo león manchado con la blanca paloma tobosina yoguieren en uno" (I, 46; 481), donde el "furibundo león manchado" es obviamente el hidalgo manchego y la "blanca paloma tobosina" es Dulcinea. Unas páginas después, el canónigo contempla al derrotado don Quijote en la jaula y se lamenta de que le tienen como "quien trae o lleva algún león o algún tigre de lugar en lugar, para ganar con él dejando que le vean" (I, 49; 504). Estas dos primeras caracterizaciones del caballero-león surgen o bien de la burla del barbero o bien de la lástima que siente el canónigo por ver a un hidalgo, aunque loco, tratado como león o tigre para ser exhibido por dinero. Tras el enfrentamiento con los leones africanos en el capítulo 17 de la segunda parte, don Quijote ya es un caballero de los Leones con toda su dignidad, enmendando las burlas del barbero y la cruda compasión del canónigo al final de la primera parte. De un hidalgo viejo y sin una historia digna de contar, Quijano/Quijote se ha igualado ahora a famosos caballeros que también pelean contra leones (en el *Palmerín de Oliva*, el *Primaleón*, el *Belianís de Grecia*) o llamados "de los leones," como el Yvain de *Li chevaliers au lion*, de Chrétien de Troyes, Amadís de Gaula (por el emblema de su escudo), Galaor, armado por Amadís como caballero de los leones, y don Lucidaner de Tesalia y don Clarudeo de España en el *Belianís de Grecia* (ed. Riquer, II, 17; 697, nota a pie de página). No olvidemos que, como señala James F. Burke, en el *Cantar del Mio Cid* el encuentro entre el Cid y el león "is emblematic of the idea of *tristiagaudium*, of falling to rise," pues mediante este episodio el Cid es "recognized, defined by the lion as a *true* prince" (123; mi énfasis). Y gracias a esa tradición de "epic animal-human duos" (126) –tradicionalmente caballos o leones y el hombre que los domina–, el caballero adquiere su condición de verdadero héroe.

En el caso del *Quijote* cervantino, además de la temeridad del hidalgo/caballero andante, destaca el hecho de que la pelea nunca se produce. Más que asombrarse por lo ocurrido y por la inexplicable mansedumbre o indiferencia del hambriento león enjaulado, sin embargo, los personajes reflexionan sobre el fenomenal coraje de don Quijote, lo cual aprovecha el de la Mancha para afianzar su identidad frente al cabal hidalgo don Diego de Miranda. En general, la visión de un monstruo plantea siempre una serie de enigmas y preguntas acuciantes que por la sensación de amenaza inminente no se pueden posponer: ¿quién es, de dónde viene, cómo nació, es peligroso, puede dominarse...? En este caso, la aventura de don Quijote provoca también el asombro y curiosidad de quienes contemplan el desafío a los leones, pero no tanto en torno a la indiferencia de las bestias como a la temeridad del hidalgo loco que los desafía. Sancho es el único que pregunta si los leones "son muertos o vivos," a lo que el leonero responde con una descripción algo exagerada de cómo "el león acobardado" rehuyó el enfrentamiento con don Quijote (676). Los demás personajes reflexionan más bien sobre el comportamiento extraordinario del "otro" monstruo, el autoproclamado caballero andante. De particular interés es la actitud de don Diego, quien "en todo este tiempo no había hablado palabra ... todo atento a mirar y a notar los hechos y palabras de don Quijote" (677). Don Diego de Miranda, quien recordemos supone una amenaza tácita al nombre y fama de Quijano/Quijote, no se interroga sobre el extraño comportamiento de la fiera enjaulada, sino que se maravilla por "la admiración en que lo ponían sus [los de don Quijote] hechos y palabras" (677). El enigma para el Caballero del Verde Gabán no es el león-monstruo, sino ese otro ser híbrido, extraordinario, metamorfoseado de hidalgo Alonso Quijano en Caballero de los Leones.

A Don Quijote no se le escapan los pensamientos y dudas interiores de don Diego: "¿Quién duda, señor don Diego de Miranda, que vuestra merced no me tenga en su opinión por un hombre disparatado y loco?" (677). Si está loco, a lo menos es un loco muy consciente de cómo le perciben los demás, y del análisis que otros pueden hacer de sus actos y palabras. Y no sólo eso: don Quijote es capaz también de articular un razonamiento perfectamente coherente de por qué actúa con temeridad, alegando que el caballero andante debe preferir el exceso de valentía a la cobardía. En último término, don Diego no tiene más remedio que reconocer la sólida coherencia del comportamiento de don Quijote, quien si actúa entre extremos y persigue imposibles es por "las ordenanzas y leyes de la caballería andante," las cuales encuentran en el valiente pecho del Caballero de los Leones "su mismo depósito y archivo" (679). Quijano/Quijote ha conseguido arrancar del hidalgo un reconocimiento de que la locura de don Quijote es ante todo una locura coherente: una ciega voluntad de vivir en primera persona los monstruosos mundos de la caballería andante.

Con esa última metamorfosis que transforma a Alonso Quijano en Caballero de los Leones, el viejo hidalgo ha entrado por completo en el territorio hiperbólico, titánico de las caballerías, y ha consumado su dominio de una retórica de lo extremo con que narrar hechos tan fuera de lo ordinario. Extrañamente, la exultante nueva identidad de don Quijote de la Mancha (el Caballero de los Leones) ha vuelto al mismo punto de donde partió (o, incluso podría decirse, nació): el exceso de la imaginación. Las lecturas exaltadas de mundos imposibles provocaron en el hidalgo Quijano una sequedad en el cerebro que le alteró la personalidad; ahora, esas mismas lecturas se han transformado en una realidad narrativa (el enfrentamiento con el león) y han culminado en una última transformación lingüística del caballero. Con su nuevo nombre, altisonante y grave, tan diferente de los ridículos "Quijote de la Mancha" y "Caballero de la Triste Figura," Quijano/Quijote alcanza la mayor victoria de todas: una identidad a su gusto, una correspondencia exacta de nombre y realidad, de palabra y cosa. En efecto, don Quijote se llama Caballero de los Leones porque quiso enfrentarse a uno y le venció, pues la fiera rehuyó la pelea. Realidad y lenguaje, historia y ficción, se han unido de nuevo en una incontestable victoria lingüística y militar para el hidalgo/caballero.

Esta relación problemática entre las palabras y las cosas, en la famosa expresión de Michel Foucault, o como se llamaba en la época entre "Historia" y "poesía," fue traída al primer plano crítico ya al menos desde la publicación en 1965 de "*Don Quixote*: Story or History?" de Bruce W. Wardropper, y resulta agudizada en el dominio extremo de los libros de caballería. De particular relevancia para el discurso de la monstruosidad es la conversación sobre Historia y ficción entre el ventero y el cura en el capítulo 32 de la primera parte. Aunque él mismo no sabe leer, el ventero reconoce que las lecturas colectivas de libros de caballería "verdaderamente me han dado la vida, no sólo a mí, sino a otros muchos." En cierto modo, el ventero recuerda el caso del propio don Quijote, quien nació de la imaginación del hidalgo Quijano por su obsesiva lectura de los libros de caballería. Podría decirse que el *Amadís* y sus imitadores literalmente dieron la vida a don Quijote. Al ventero las historias de los caballeros andantes también le causan fascinación, tanta que "querría estar oyéndolos noches y días"; como se apresta a señalar la ventera, sólo descansa de su marido cuando él está "escuchando leer" y queda "embobado." También Maritornes reconoce que recibe "gusto mucho de oír aquellas cosas" (321), y lo mismo la hija de los venteros.

Los libros que se guardan en la venta son tres: *Don Cirongilio de Tracia*, el *Felixmarte de Hircania* y la *Historia del Gran Capitán*. Por supuesto, el ventero se siente deslumbrado por las hazañas de Felixmarte, quien "de un revés solo partió cinco gigantes por la cintura" y venció solo a un ejército de "un millón y seiscientos mil soldados" (323-24); y de don Cirongilio, quien peleó con "una serpiente de fuego" en el mar (324). Como Quijano/Quijote, el ventero cree a pies juntillas en este mundo de gigantes y serpientes que pintan los libros de caballería, hasta tal punto que Dorotea bromea: "Poco le falta a nuestro huésped para hacer la segunda parte de don Quijote," lo cual confirma Cardenio, convencido de que el dueño de la venta "tiene por cierto que todo lo que estos libros cuentan pasó" (324). También el cura advierte al ventero "que no cojeéis del pie que cojea ... don Quijote," denunciando que el mundo monstruoso de las caballerías ha borrado las fronteras entre Historia y ficción en su mente. Ni siquiera con tanta advertencia el ventero cede: se desmarca de la locura de Quijano/Quijote porque "ahora no se usa lo que se usaba en aquel tiempo" (325), pero sigue creyendo literalmente en la verdad de la ficción caballeresca.

Pero no es la credulidad del ventero y su familia, ni siquiera la credulidad de Quijano/Quijote, lo que me interesa remarcar ahora, sino la credulidad de quien afirma conocer y separar los acontecimientos históricos de la ficción: el cura. Este representante de la Iglesia, de arbitrario gusto a la hora de quemar o salvar libros de la biblioteca del hidalgo Quijano en el capítulo 6 de la primera parte, opone al descabellado mundo de las caballerías el rigor histórico de la biografía del Gran Capitán que posee el ventero. De un caballero que luchaba a su lado, don Diego García de Paredes, el cura afirma que era tan fuerte "que detenía con un dedo una rueda de molino en la mitad de su furia" y que él solo "detuvo a todo un innumerable ejército" en un puente (323). No nos deben sorprender afirmaciones tan descabelladas en un texto supuestamente histórico, pues la interacción entre ficción e Historia se sabía muy problemática en la época (Blasco 147). Junto a las acusaciones que se cruzan diferentes cronistas de Indias –el caso de Bernal Díaz denunciando las falsedades de López de Gómara es particularmente virulento–, Diego Gracián también se queja en su *Historia de la entrada de Ciro Menor en Asia* (1552) que "las patrañas disformes y desconcertadas que en estos libros [de caballerías] de mentiras se leen, derogan el crédito a las verdaderas hazañas que se leen en la historia de verdad" (*Don Quijote*, introd. Riquer XXXV-XXXVI). ¿Por qué "las patrañas disformes y desconcertadas" de la ficción caballeresca afectan la credibilidad de "la historia de verdad"? ¿No acrecentarían, por el contrario, las diferencias entre una y otra, ensanchando la brecha que las separa?

La respuesta a estas preguntas la encontramos en la actitud del propio cura, quien de manera crédula defiende la historicidad de unos hechos tan fenomenales e improbables como los que embotan el buen juicio del ventero. Si los héroes del ventero parten gigantes en dos, el del cura detiene una rueda de molino con un dedo. Las patrañas caballerescas y las históricas comparten el mismo discurso extremo que obligó a don Quijote a desafiar a un hambriento león africano –un monstruo "real"– para afianzar su nueva identidad ante un doble suyo premiado por el orden social y económico: el buen hidalgo don Diego de Miranda, a quien nadie discute su "don" ni su cordura. De endriagos y vestiglos a leones, de gigantes a un innumerable ejército detenido por un solo caballero, el mundo hiperbólico del monstruo y la retórica extrema que lo describe han invadido tanto ficción como Historia.

Junto al ventero, el cura y, por supuesto, el propio Quijano/Quijote, al que volveremos por extenso en el capítulo 4, la novela cumbre cervantina despliega ante su lector todo un catálogo de diferentes formas de entender la ficción. Una pléyade de lectores y consumidores de ficción inunda las páginas del *Quijote*, dibujando un panorama matizado y riquísimo de reacciones distintas al fenómeno relativamente nuevo de la literatura ficcional. Casi todos los personajes del libro se mueven en ese terreno cenagoso y a veces caótico de la credulidad, viviendo las ficciones de los libros tanto como leyendo en clave de ficción sus vidas. Afirma el narrador en el capítulo 5 de la primera parte que la historia de Valdovinos que trastorna a don Quijote ante su vecino Pedro Alonso era "celebrada y aun creída de los viejos" (555); bordeando los cincuenta, el buen Alonso Quijano comparte la credulidad con que otros "viejos" leen el romancero tradicional. Aunque aborrece de las ficciones caballerescas que empañaron el juicio de su señor Quijano, el ama le pide al cura durante el escrutinio de la librería en el capítulo 6 que "rocíe este aposento, no esté aquí algún encantador de los muchos que tienen estos libros" (60-61). Marcela, Grisóstomo y, de otra manera, Cardenio y Dorotea, viven las ficciones pastoriles voluntariamente, y en el caso de Grisóstomo el desdén de su enamorada le lleva a la muerte, como a Cardenio le sobrevenían accesos de locura por el compromiso de Luscinda con don Fernando. Curiosamente, nadie les acusa ni a ellos ni a quienes participan en la Arcadia fingida en el capítulo 58 de la segunda parte, de haber enloquecido por vivir los mundos extremos de los libros. Incluso el propio Sancho, ejemplo paradigmático para los lectores románticos del realismo que ve molinos y no gigantes, es acusado por los lectores de la primera parte "de crédulo en creer que podía ser verdad" la ínsula prometida por don Quijote, según cuenta Sansón Carrasco en el capítulo 3 de la segunda parte (570). El bachiller mismo, supuesto representante de la cordura socarrona en abierto contraste con el alocado idealismo de don Quijote, no duda en jugarse la vida convertido en caballero de los Espejos primero, y de la Blanca Luna después, e intenta sin éxito emular el poder creador de don Quijote cuando contribuye nombres a la construcción de un mundo pastoril para el agonizante Quijano/Quijote (II, 73; 1097). Los duques, en los capítulos centrales de la segunda parte, no resisten la tentación de montar ficciones costosísimas y sumergir a don Quijote y Sancho en ellas, en perjuicio tanto de criados respondones como Tosilos y la dueña Rodríguez (II, 66; 1058), como sobre todo del caballero manchego y su escudero, atrapados en la cruel maraña de burlas y humillaciones a los que son sometidos en el castillo ducal.

Es precisamente en el universo literario recreado por los duques donde don Quijote es visto posiblemente por primera vez como auténtico caballero andante por un personaje. Se trata del episodio en que la dueña Rodríguez le pide ayuda para convencer al muchacho que deshonró a su hija para que se case con la joven (II, 48; 912-16; ejemplos similares en II, 55; 971, II, 58; 992 y, con respecto al Sancho gobernador de una ínsula, II, 50; 935-36). Después de tantos sufrimientos y penalidades, por fin una dueña es tan crédula como para pedir ayuda al supuesto caballero andante; la ficción de Quijano se ha hecho finalmente realidad, pues la Rodríguez ve en don Quijote a un verdadero reparador de injusticias. Poco importa que, unos capítulos después, la fingida Altisidora –igual que antes el lacayo Tosilos (II, 66; 1058)– termine por confesar a don Quijote y Sancho que toda su historia no es más que una patraña urdida por los duques para burlarse del caballero: "¿Pensáis por ventura, don vencido y don molido a palos, que yo me he muerto por vos? Todo lo que habéis visto esta noche ha sido fingido" (II, 70; 1080). Más preocupados por salvar su ficción que por averiguar la "verdad" de sus aventuras, Sancho y especialmente don Quijote simplemente ignoran la advertencia de Altisidora y continúan viviendo de manera crédula en su universo fingido.

Tan descabellada la actitud de los unos como de los otros, incapaces todos de distinguir en sus propias vidas entre el rigor histórico y el detalle ficcional, absorbidos por lecturas de hechos fenomenales, los receptores crédulos en la novela de Cervantes transitan un mismo universo inflamado, excesivo, en el cual la línea divisoria entre Historia y ficción se borra. Así, la novela de Cervantes se convierte en un mosaico donde se refleja de manera matizada y diversa el enfrentamiento entre ficción e Historia a principios de la Edad Moderna, o mejor dicho: la connivencia de ambos, lo histórico y lo ficticio, en una misma y heterogénea actitud crédula (Miñana, *La verosimilitud*, cap. 2, "Historia contra ficción, Historia como ficción" 52-70). El poder del discurso y, en concreto, del discurso radical de lo monstruoso, conquista las mentes de todos por igual, hidalgos y venteros, curas y licenciados, labradores ricos y bachilleres. La ficcionalidad extrema del monstruo es la que, quizás paradójicamente, más induce a la credulidad. Atrapados por la curiosidad que sienten hacia lo excepcional, embebidos en credulidad, "curious people thus appeared as monsters, 'queers,' and curiosities" (Benedict 2) ellos mismos, hechizados todos –el ventero y el cura, don Quijote y los duques– por ficciones excesivas y un deseo irreprimible de excepcionalidad.

Durante el Siglo de Oro la ficción sigue siendo atacada por sus enemigos como un peligro social monstruoso, pero que al mismo tiempo –y de ahí su amenaza– fascina a masas y élites intelectuales precisamente por su carácter extremo. La ficción repugna a unos y encanta a otros, y en la mayoría de los casos provoca los dos sentimientos opuestos a la vez, de similar modo a como el propio personaje de don Quijote es admirado y tomado por loco al mismo tiempo. Asimismo, el monstruo es odiado y buscado ávidamente por quienes le necesitan para convertirse, como los héroes de las caballerías o Quijano/Quijote, en seres extraordinarios ellos mismos. El monstruo se interpreta como amenaza y se asocia a elementos perturbadores del orden social, pero de modo paralelo existe una auténtica fascinación por lo extraño. Edmond Valton, en una descripción útil para entender este carácter paradójico del monstruo, lo define como "toute figuration d'un être vivant modifiant à un degré quelconque les lois ordinaires de la nature" (11). La característica principal de lo monstruoso es el hecho de que se aparta de las leyes naturales en algún sentido, y esa excepcionalidad, ese ir contra la naturaleza, le confiere al monstruo un carácter dual. No supone únicamente una amenaza, un peligro; también fascina, atrae, e incluso puede interpretarse de forma positiva. En el *Oxford English Dictionary*, junto a la acepción más conocida hoy de lo cruel, feo, desproporcionado, temible, se describe así al monstruo: "something extraordinary or unnatural: a prodigy, a marvel." Cabe recordar que todavía en el lenguaje actual de hoy día quedan huellas de esa otra acepción de la palabra "monstruo" (en el sentido más positivo de maravillarse ante algo o alguien extraordinario), como cuando se dice "Pelé fue un monstruo del fútbol" ("Monstruo: Persona que destaca en una actividad," *Gran diccionario usual de la lengua española* de Larousse).

El territorio extremo del monstruo, bien sea interpretado como amenaza o prodigio, hace más evidente el problema de la credulidad que afecta al hidalgo Quijano, al ventero, y también hasta cierto punto al cura; en esos parámetros fuera de lo normal es donde la ficción debe esforzarse más por encontrar una forma de justificarse a sí misma, un modo de legitimarse contra quienes la acusan de mentir y engañar a las masas. En este libro arguyo que el monstruo es una figura central de una revolución literaria y cultural que hoy llamamos el Siglo de Oro de las letras hispanas. Los más importantes escritores barrocos de la época, de Lope de Vega a Calderón, Góngora, Gracián, Quevedo y el propio Cervantes, sitúan al monstruo en un primer plano en su producción literaria y lo utilizan para legitimar la ficción frente a quienes reclaman su prohibición. Para defender a prosa, poesía y teatro contra los ataques de los moralistas, los escritores tensan la credibilidad de sus textos al límite y, no sin ironía y gran habilidad, explotan el carácter dual del monstruo, un ser amenazante pero extraordinario en algún sentido, una irresistible desviación de las normas, un ser que no es intrínsecamente negativo ni positivo, cuyo poder de atracción sobre las masas es incomparable. La figura del monstruo se constituye en una metáfora ideal del inmenso poder de la imaginación que los escritores del Siglo de Oro utilizan para persuadir y lograr el éxtasis de sus públicos (Miñana, *La verosimilitud*, "El poder de la imaginación" 192-97).

Para Cervantes, si un escritor quiere tener éxito debe seguir la receta literaria que formula el canónigo en la famosa conversación sobre libros de caballería que mantiene con el cura y con don Quijote en el capítulo 47 de la primera parte:

> tanto la mentira es mejor cuanto más parecen verdades y tanto más agrada cuanto tiene más de lo dudoso y posible. Hanse de casar las fábulas mentirosas con el entendimiento de los que las leyeren, escribiéndose de suerte que facilitando los imposibles, allanando las grandezas, suspendiendo los ánimos, admiren, sus-

pendan, alborocen y entretengan, de modo que anden a un mismo paso la admiración y la alegría juntas. (490-91)

Admiración y alegría van juntas, e imposibles, grandezas y ánimos suspendidos son esenciales incluso para el canónigo, quien se presenta en estos capítulos, en contraste con un don Quijote enjaulado, como moderado lector culto a quien el cura describe como "hombre de buen entendimiento y que tenía razón en cuanto decía" (I, 47; 491). Los puntos de vista de Quijano/Quijote y el canónigo no difieren, pues, en cuanto al contenido de la ficción (fábulas admirables, imposibles y grandezas), sino en cuanto al uso que el receptor hace de las maravillas del texto. Los monstruos, por lo tanto, son necesarios a la ficción, sugiere el canónigo; pero sin que nos invadan la mente en exceso, sin que nos conviertan a nosotros mismos en seres extraordinarios al límite de la credulidad y de la locura, como le ocurrió a Quijano. Al fin y al cabo, el canónigo es lector confeso de libros de caballería, e incluso "he tenido cierta tentación de hacer un libro de caballerías .... [y] tengo escritas más de cien hojas" (I, 48; 493); también él debe cuidarse de caer en extremos, pues a pesar de todo gusta casi tanto de la caballería como el propio Quijano/Quijote.

Los ataques de moralistas y neoplatónicos contra la ficción durante el Siglo de Oro hispano se basan según Barry Ife en dos puntos fundamentales que podrían ser igualmente aplicados al caso del monstruo. Primero, se critica el carácter mentiroso, falso, no-verdadero de la ficción; y segundo, se denuncia la inmoralidad intrínseca de una literatura que presenta personajes imperfectos en lucha contra sus debilidades (Ife, *Reading* 24, Miñana, *La verosimilitud* 21-30, y Vitse 29-250 para el caso del teatro). Como la ficción, el monstruo también tensiona al máximo los límites de la credibilidad, de la relación entre lo cierto y lo falso, al tiempo que generalmente provoca sentimientos de horror y repulsa por sus imperfecciones físicas, asociadas en la mayoría de casos a una inmoralidad evidenciada a través de la deformidad. Cuando Rosemarie Garland Thomson afirma que el monstruo "sustains narrative, exists socially in a realm of hyper-representation" (3), no sólo señala el poder narrativo, comunicativo del ser deforme. Lo sitúa, además, en un territorio, el de la "hyper-representation," compartido igualmente por la ficción en general y, muy marcadamente, por la ficción barroca de Cervantes y sus contemporáneos. Como apunta Julia Kristeva, el arte participa de lo abyecto porque "the writer, fascinated by the abject ... perverts language –style and content" (16). Entroncado al poder desestabilizador del arte, lo abyecto y monstruoso es "what disturbs identity, system, order. What does not respect borders, positions, rules. The in-between, the ambiguous, the composite" (6).

En ese espacio ambiguo del "in-between" que cuestiona identidades y sistemas, el monstruo y la ficción de la modernidad temprana proponen un discurso de lo extremo cuyo carácter hiperbólico se refleja en el gusto por lo maravilloso y sus consecuencias desestabilizadoras (Knoppers and Landes 6). La poética de la maravilla y lo admirable, que ha sido estudiada ampliamente para el caso de Europa (un resumen panorámico en Miñana, *La verosimilitud* 148-57), desborda la imaginación de Quijano/Quijote y la de otros lectores dentro la novela: por ejemplo, el ventero vive de las hazañas de Cirongilio y Felixmarte y el cura cree las de Diego García de Paredes. Pero por otro lado, esa sed de maravilla hace que la novela de Cervantes *Don Quijote de la Mancha* tenga interés igualmente para sus lectores, quienes podrían potencialmente cuestionar los mismos principios fundamentales que Quijano desestabiliza con su extraordinaria creación, don Quijote: cuál es mi identidad, cómo la formo, quién interviene en la fijación de significados, qué órdenes y sistemas pueden ser modificados y cuáles no.

Esta obsesión por lo extremo y la apertura de espacios de lo ambiguo en la sociedad autoritaria y dogmática de los siglos XVI y XVII se extiende por todas las áreas del saber y de la vida cotidiana. Más allá de la literatura, en la época de Cervantes el gusto por lo raro y los monstruos es constatable a todos los niveles sociales y culturales; con razón Elena del Río Parra titula su magnífico estudio sobre teratología barroca *Una era de monstruos*. Desde la introducción de lo deforme y grotesco en la pintura de Velázquez (sus retratos de enanos y seres deformes de la Corte) o Ribera (la mujer barbuda), por dar sólo dos ejemplos, hasta la insaciable curiosidad intelectual, médica y científica de los coleccionistas de gabinetes de maravillas (ver Morán Turina y Checa Cremades para el caso español, y Benedict para el europeo en general), el siglo XVII demuestra una fascinación por lo extremo –una "fashion for curiosity" en palabras de Wilson (193)– que causa furor en toda Europa (Wilson, cap. 2 en general, y Canepa 222).

Más allá de las connotaciones negativas del término, Juan Nieremberg define al monstruo en su *Curiosa y oculta filosofía* de 1649 como producto espectacular de una naturaleza hermosa en su variedad:

> Es tan hermosa la naturaleza y tan cabal en sus obras, que aun no le falta deformidad en algunas, un lunar suele causar más gracias. Los monstruos son parte de su hermosura, y lo deben ser de su noticia ... Tan lejos están los monstruos de infamar por diforme [*sic*] la naturaleza que antes por ellos la respetaron más los antiguos. (63 y 87)

Tanto en la ciencia como en el arte y el imaginario popular, el monstruo puede contemplarse con horror, pero también con admiración, pues forma parte de la hermosura y variedad de la naturaleza. Este gusto por lo excepcional y deforme se produce durante la época de Cervantes y Lope en el contexto de una etapa de la historia de la literatura particularmente decisiva, por cuanto se consolida de forma novedosa y perdurable un fenómeno socio-literario inédito: la lectura privada. Desde la invención de la imprenta y la popularización del teatro, las obras ficcionales encuentran una acogida excepcional entre el público, que pronto comienza –según veremos en el caso de la nueva comedia de Lope– a dictar el proceder monstruoso, libre, del artista. En paralelo al arte, el monstruo también se beneficia de la imprenta: "the print revolution greatly facilitated the dissemination and circulation of monstrous representations in texts as well as images," convirtiendo estas representaciones en "a rhetorical weapon in political and religious polemic and debate" (Knoppers and Landes 13). En la multiplicidad intrínseca a los fenómenos de masas encuentran el arte y la difusión de prodigios un canal idóneo para la interrogación de las normas y el tensionamiento de los cánones establecidos. Según Roger Chartier, el terror que el consumo de literatura produce en parte de las autoridades hispanas de la época, enemigos declarados de la ficción, se debe a "una práctica de lectura [la privada] que borra en los lectores la frontera entre lo real y lo imaginario" ("Del libro" 318). Al igual que el monstruo, lectores como Quijano provocan un tensionamiento de la realidad y la normalidad casi insostenible. Junto a la sed de maravilla y monstruosidad que caracteriza a esta época, el fenómeno del receptor (lector, oyente o espectador) crédulo encarnado en la figura de Quijano/Quijote se convierte en la mejor prueba de que la obra literaria y el monstruo comparten un mismo universo hiperbólico, una misma finalidad: la de cuestionar los principios ordenadores del mundo. ¿Qué es lo real y lo imaginario, qué es la normalidad, la perfección, el bien, o sus opuestos lo anormal, lo imperfecto y el mal?

Y es que en la base de la monstruosidad está, según Rafael Ángel Herra, su carácter dual, aglutinador, múltiple. El monstruo representa lo horrible y lo bello al mismo tiempo, el miedo y el deseo, "oculta y desoculta" (30). El monstruo es "un sucio símbolo de descargo, el basurero moral, el hombre-animal y fantasma que devora mis basuras morales" (31), y como tal desnuda el alma del hombre hasta descubrir sus pasiones más secretas y reprimidas. La creación de monstruos "arranca ya desde sus orígenes con sentimientos de culpa y huida; tiene un clímax angustioso, y acaba en la desculpabilización artificial" (40). A partir de sus necesidades más íntimas, el hombre crea seres monstruosos, les tiene miedo y les venera, hasta tal punto que puede ver en Dios mismo a un monstruo sagrado a quien adora, pero también teme (60). Como explica Rosemarie Garland Thomson,

> by challenging the boundaries of the human and the coherence of what seemed to be the natural world, monstrous bodies appeared as sublime, merging the terrible with the wonderful, equalizing repulsion with attraction. (3)

Más que por su negatividad o ferocidad, el intrínseco desafío a las leyes naturales que implica el monstruo consigue atraer al ser humano tanto como puede repelerle o, como acuña Judith Halberstam, puede provocar "fear and desire at the same time" (13). Por encima de sentimientos como pánico o repugnancia, el cuerpo monstruoso lo califica Thomson de sublime, terrible y maravilloso a la vez, mientras que David Gilmore señala como característico del monstruo "this issue of dualism, of emotive ambivalence, in which the monster stands for both the victim and the victimizer" (5). No debemos olvidar que el nacimiento de un ser con, por ejemplo, dos cabezas o cualquier otro tipo de anomalía era penado por las leyes romanas con la muerte (Ingebretsen 1, Riva 285). Indudablemente, los seres prodigiosos más populares del imaginario actual (el Yeti en el Himalaya o Big Foot en Norteamérica, el monstruo del lago Ness, los dinosaurios del jurásico, King Kong) nos fascinan tanto como nos asustan. Son parte de nosotros mismos, les huimos pero no podemos resistir su encanto: ¿cuántos medios personales y económicos se han invertido en su búsqueda, en su difusión, en la resolución de su misterio, en su presencia en las pantallas de cine y televisión? ¿Cuántos de nosotros acudimos a cines, zoológicos, laboratorios, acuarios... en busca de esos monstruos que nos repelen y atraen a partes iguales? ¿Quién no quisiera ver un perro que habla o un auténtico hombre-lobo (personajes, por cierto, utilizados por Cervantes en "El coloquio de los perros" y el *Persiles*, respectivamente)? ¿Quién se negaría el placer de topar con un ser tan excepcional como don Quijote, por terrible e impredecible que sea su comportamiento en ciertos momentos de la novela?

De los monstruos nos atrae sobre todo, volviendo a Herra, su ficcionalidad. Según él, "la ficción prodigiosa tranquiliza," "es el yo irreverente, repudiado, doble maldito, en el cual se deponen angustias" (42). Cuando el ser humano necesita expresar sentimientos extremos que le alteran, cuando necesita comprender el carácter único e irrepetible, heterogéneo, de lo que ocurre en su vida, recurre al monstruo y al arte. Lo excepcional toma cuerpo en una criatura que refleja en su forma externa la increíble gama de matices de la naturaleza y del hombre, la asombrosa multiplicidad a la que todos nos enfrentamos en nuestras vidas. Imaginamos, fingimos que lo raro y lo extremo nos abandonan para conformar, fuera de nosotros mismos, la deformidad del ser monstruoso. En este sentido, Herra explica cómo "las bellas artes pertenecen a una serie infatigable de esfuerzos cuyo fin es desarticularse del mundo, ponerlo en crisis, evadirlo, transformarlo, trascenderlo o reconstruirlo" (86). En ese esfuerzo por comprender la excepcionalidad, el arte se identifica con el monstruo de múltiples caras capaz de transformar lo cotidiano en extraordinario, de cuestionar lo establecido, el orden del mundo:

> La literatura excede y amenaza tanto lo que somos como el conjunto de las relaciones estables, ordenadas, razonables que constituyen el orden moral ... La literatura, como la infancia, pone en cuestión la validez del mundo común. (Larrosa 87)

La literatura y la infancia cuestionan la realidad, pero además ambas están unidas al monstruo; decía Paul Valéry que el cerebro de un niño es el complemento necesario de un monstruo (Riva 281). Las conexiones entre literatura y monstruosidad son tales que Michel Foucault, en la cita que abre este capítulo, llega a plantearse si no serán los libros, más que el sueño de la razón propuesto por Goya, los que engendran una estirpe de monstruos (*La Bibliothèque fantastique* 13). En esa línea de pensamiento, Fred Botting, en su estudio sobre la obra de Mary Shelley, señala el hecho de que "*Frankenstein*'s brood of monsters is still very much at large in popular culture, proliferating and reduplicating on cinema screens and in science fiction stories" (3). El discurso del monstruo, como el libro, produce una reacción extrema que hace proliferar lo extremo en sus diferentes manifestaciones; se repite hasta el infinito, nunca se extingue.

La literatura se alimenta del conflicto, de la tensión que provocan las deformidades de los seres humanos. No somos perfectos, todos nos desviamos de la norma en algún sentido, a todos nos fascina y nos repele lo excepcional, lo fuera de lo común. El monstruo, su anormalidad y su multiplicidad, su poder destructivo y seductor, se encuentra en nosotros mismos: no somos héroes perfectos. En algún momento se produjo una metamorfosis que, como al monstruo, nos alejó de una utópica "normalidad." Y si, como afirma Jorge Larrosa, la literatura "imita la metamorfosis, la enajenación y la discordia interior," será inevitable que el acto de escribir, leer, ver ficción, amenace "el orden diurno, racional y razonable, de la identidad instituida" (86) de modo similar a como lo hace el monstruo. Particularmente entre 1660 y 1820, aunque extensible a todo el período pre-moderno, Barbara M. Benedict califica a quienes reflexionan sobre "forbidden topics" ("physical generation and sex, the motion of the spheres and religion, social customs and human nature") de "social reformers [who] asked questions that challenged the status quo" (2). Pero no sólo los intelectuales que investigan el orden natural y sus transgresiones son una amenaza para el *status quo*: también el medio de representación que utilizan se convierte en un elemento de subversión y curiosidad a un tiempo. "'Curious' books perpetrate the experience of transgression by themselves transgressing genres or taboos, by documenting examples of such transgressions, or both" (245). El libro que habla de monstruos se convierte en monstruoso él mismo, en un elemento desestabilizador que cuestiona los órdenes tanto como el cuerpo deforme o antinatural. La transgresión de los valores establecidos se basa no sólo en contenidos anormales, sino también en los medios de representación de la anormalidad.

El escritor es un ser mutante, proteico, cuya identidad fluye entre la de sus personajes, pues actúa como un dios de la creación capaz de formar a su imagen y semejanza un nuevo mundo imaginado. Las transgresiones del monstruo no sólo existen afuera del individuo, en una confrontación con el otro; se internalizan y terminan convirtiéndose en un combate del "yo" contra el "yo." Aunque, según tipificó Georges Canguilhem en un estudio fundacional sobre la monstruosidad, "le monstre c'est le vivant de valeur négative" (30) –el "Otro" contra el que se define mi "yo"–, lo cierto es que la construcción del "Otro" no puede separarse de la del "yo." Advierte Jean Burgos, en otro estudio clásico sobre el tema, que "avant d'être l'autre, hors de nous ou en nous, le monstre pourrait bien être le même ... mais un même toujours à conquérir, et qu'il n'est guère possible de reconnaître et moins encore d'admettre d'abord" (18). En el "Otro" monstruoso es posible que veamos reflejado nuestro "yo" más oculto, más difícil de reconocer y de admitir.

Como el monstruo, la ficción se convierte en la prueba, que necesita ser mostrada y vista para convencer a los incrédulos, de que lo múltiple y lo prodigioso no son meros accidentes de la naturaleza, sino sus elementos más intrínsecos, sus más fieles reflejos. La naturaleza es de por sí variada, a veces caótica, siempre capaz de admirar por sus extrañezas y sus anormalidades. De ahí que los monstruos y portentos se hayan interpretado siempre como signos que revelan hechos futuros u ocultos. Etimológicamente, la palabra recoge las connotaciones derivadas del verbo latino "monere," esto es, advertir, señalar, hacer una profecía. Según Rosemarie Garland Thomson, el monstruo "becomes revelatory" (3) por su naturaleza sobrenatural, extraordinaria. En los siglos XVI y XVII abundan los ejemplos de profecías y revelaciones basadas en el nacimiento de monstruos y la ocurrencia de hechos naturales extraordinarios (cometas, eclipses, catástrofes...). En palabras de Roger Chartier, "los desórdenes de la naturaleza (cometas, diluvios, monstruos) son presagios o castigos que enuncian la voluntad divina, o la maldad del diablo que a su vez es deseada por la cólera de Dios" ("Del libro" 322).

La naturaleza reveladora del monstruo le asocia una vez más a la ficción, por cuanto ésta es entendida, a la manera aristotélica, como una forma codificada, falsa a un nivel literal, de comunicar las verdades universales. Contra las acusaciones platónicas de que la ficción es doblemente mentirosa, copia imperfecta de una realidad que es a la vez reflejo inexacto de la Idea, los neoaristotélicos defienden en el Siglo de Oro la superioridad de la ficción sobre la Historia. Para los apologetas de la ficción, la Historia transmite sólo hechos concretos, mientras que la ficción utiliza mentiras literales para condensar las verdades universales sobre la vida. De lo falso a lo verdadero media un proceso interpretativo, exegético, similar al que se realiza con el monstruo. Como ya defendía Aristóteles en su *Poética* (1451b), hay que descifrar los códigos de la literatura y de lo excepcional para alcanzar verdades ocultas, pero de gran alcance (60). El poder creador del artista y el de la naturaleza para inventar seres excepcionales, fuera de lo común, confiere a las obras literarias y al monstruo un similar sentido revelatorio.

En suma, el monstruo comparte al menos cinco rasgos fundamentales con la ficción de los siglos XVI y XVII. Primero, ambos suponen una amenaza a los órdenes establecidos, a la normalidad, a la legalidad biológica, religiosa y cultural. Fuera de los límites de lo ordinario, tanto el monstruo como la ficción excitan la imaginación de los seres humanos y les provocan reacciones extremas que les pueden llevar, como en el caso del hidalgo Quijano transformado en caballero don Quijote, a saltarse las leyes existentes. El poder está amenazado por lo extraordinario; la desestabilización del *status quo* es potencialmente un peligro para el Estado y su aparato jerárquico.

Segundo, tanto el monstruo como la ficción nacen en y de la imaginación, escapan al rigor científico o histórico, tienen una libertad que les concede el hecho de concebirse fuera de lo normal, de las leyes físicas y el orden de la naturaleza. Esa libertad se nutre de su intrínseca falta de método: no hay un patrón en el monstruo, pues lo distingue precisamente su carácter único, del mismo modo que cada obra literaria y artística debe ser única y, sobre todo, debe provocar la imaginación de sus lectores, oyentes o espectadores de manera única. Al igual que don Quijote nace de la imaginación de Quijano, sobre estimulada por los libros de caballería, el imaginario colectivo de poblaciones enteras se activa ante un fenómeno natural monstruoso en cualquier sentido, desde un animal con dos cabezas a un eclipse.

Tercero, y precisamente porque escapa a la clasificación y tiene una fenomenal capacidad para excitar la imaginación, el monstruo necesita ser interpretado, leído, del mismo modo que un texto ficcional debe ser decodificado con el fin de comprender las verdades universales que transmiten sus mentiras literales, en la fórmula aristotélica. Como veremos a lo largo de este estudio, el monstruo es siempre un interrogante: ¿de dónde viene, cómo surge, supone una amenaza, cómo va a reaccionar, qué reacción va a provocar en los otros, cómo se le va a clasificar, a dominar, a matar, a incorporar a la sociedad? En último término, ¿qué significa el monstruo, qué me dice sobre mí mismo, sobre mi capacidad de lidiar con lo extraordinario, con lo que se sale de mis parámetros de lo normal? Los efectos del contacto con un monstruo son inmediatos y dramáticos: es inevitable reaccionar ante lo monstruoso, pues altera nuestro comportamiento de forma radical. ¿Y acaso no le ocurre lo mismo al hidalgo Quijano cuando el mundo hiperbólico de los libros de caballería inflama su imaginación? ¿O a quienes durante toda la novela entran en contacto con su asombrosa figura, sus actos extraordinarios y su lenguaje extremo? Y no sólo a Quijano/Quijote: las historias de Cirongilio y Felixmarte poseen al ventero, le dan la vida, le emboban, tanto como la retórica descabellada que describe la fuerza de don Diego García de Paredes (capaz de parar una rueda de molino con un dedo) subyuga la voluntad del cura.

En cuarto lugar, el ser prodigioso que supone una amenaza al orden natural y social, que nace de la imaginación de quienes le temen o admiran, y que necesita ser interpretado, investido de significados por los "normales" (los no-monstruos), también necesita ser visto, mostrado, admirado. Su rareza, su carácter único le hace digno de que todas las miradas se fijen en él, y le condenan hasta cierto punto a un destino doble: la fama, por una parte, y el peligro, por otra. El monstruo no puede permanecer en el anonimato, pues su morfología única o su carácter extraordinario en algún sentido conlleva que todos le busquen y quieran tenerlo a la vista; nadie quiere un monstruo escondido debajo de la cama. Arma de doble filo, esa máxima visibilidad del monstruo provoca, unido al sentido de amenaza ante lo raro y diferente que sienten los "normales," una cacería, una persecución del monstruo. Hay que localizarlo, domarlo, explotarlo o matarlo; no podemos acostumbrarnos a él, seguimos interrogándonos por qué y cómo existe, si es una amenaza o puede serlo, si nos va a hacer o traer algún daño. Sin emitir ningún juicio sobre el carácter positivo o negativo del monstruo, Enrique de Villena lo describía ya en el siglo XV de este modo: "cosa vista no acostumbrada de ver" (Alatorre 148). En la etimología latina de la palabra se encuentra este mismo componente forzosamente exhibicionista del monstruo: "monstrare" significa mostrar, exhibir, y "monere," mencionado unas líneas más arriba, significa advertir, dar una señal de algo que está por venir (Magnanini 204, Knoppers and Landes 3). El monstruo, portento o prodigio –a pesar de los matices y discrepancias entre diferentes estudiosos, vienen a significar generalmente lo mismo, según José Rivilla Bonet en sus *Desvíos de la naturaleza* de 1695 (cap. 1, apartados 4 y 16)– debe ser mostrado e interpretado, pues puede representar un intento divino de lanzar un mensaje, una señal a los hombres. Del mismo modo, la ficción también aspira a ser mostrada, leída, representada, memorizada, hasta tal punto que la fama es una obsesión no sólo para el hidalgo-creador Quijano, quien se transforma en don Quijote primordialmente por su sed de fama, sino también para el propio autor Miguel de Cervantes, quien en diferentes ocasiones debate la fortuna y fama de su producción literaria, como comentaré a lo largo de este libro. En suma, tanto los monstruos como la ficción advierten de algo, poseen un contenido oculto que debe ser descifrado, y por eso merecen ser vistos o leídos por las multitudes.

Por último, en quinto lugar, el monstruo y la ficción provocan un discurso, son una forma de lenguaje, pues necesitan ser interpretados y traducidos a un sistema de significado comprensible para los "normales." En la edición definitiva de 1774 de *La nueva ciencia*, Giambattista Vico explica el monstruo mediante los conceptos de tropo poético y metamorfosis (libro II, sección 2, capítulo 2), pues los monstruos son para él creaciones poéticas, "creatures of the imagination" (Riva 280). Según Massimo Riva, para Vico "what characterizes the production of monsters is embedded in the spontaneous, poetic logic of language" (280). El monstruo "allows the human mind to conceive the inconceivable," y, en ese sentido, cumple una función similar al lenguaje: poner en palabras lo abstracto, lo inexpresable, la realidad misma. Vico entiende la monstruosidad, por lo tanto, como un lenguaje secreto que nace del despertar (y no del sueño, como en Goya) de la razón, con el objeto de conformar la identidad y cultura propias, los mitos y leyendas de todo pueblo (Riva 283). En la base de estas teorías de Vico se encuentra una rica tradición retórica que para la edad moderna temprana ya interpreta al monstruo desde la alegoría, "a moralizing interpretive gloss that transforms the monster into some sort of sign of a larger purpose" (Hampton 183). Partiendo de la idea de las similitudes y comparaciones lingüísticas, "monstrosity is used as a trope to describe the nonmonstrous" (182); el monstruo nunca es un signo evidente, sino que requiere interpretación por su carácter de tropo lingüístico, de alegoría moral, por su función de identificar por oposición. Como la ficción, el monstruo niega la literalidad del significado, pues sólo es un primer paso en un complejo proceso de lectura.

Formas extremas de lenguaje, lo monstruoso y la ficción quedan fuera del orden establecido y de la "verdad" histórica, por lo cual provocan una reacción inmediata, suponen una amenaza, y deben ser visibles por la necesidad inmediata de conocer al monstruo e interpretar el texto ficcional. De esta cadena de emociones y actos extremos que despiertan el monstruo y la ficción se pone en marcha un discurso y una retórica no menos extremos. El caso de Alonso Quijano es paradigmático en ese sentido: los monstruos de la lectura le producen una verborrea de la imaginación que le llevan a transformarse en don Quijote, quien a su vez experimenta una incontrolable necesidad de ser mostrado y de hablar. No en vano, como veremos en el capítulo 4 de este libro, la inmensa mayoría de aventuras del flamante caballero andante durante toda la novela son más lingüísticas que militares. Su identidad mutante se materializa mediante palabras y actos monstruosos. Los monstruos hablan, crean discurso, los leones crean al héroe que se ha cambiado el nombre de Quijano a Caballero de los Leones.

En la figura del monstruo, por lo tanto, se condensan los debates más extremos que afectan al caso de la ficción durante el Siglo de Oro: admiración, credulidad, locura, subversión, anormalidad, fascinación, violencia. Por debajo de la agitada polémica sobre los usos y abusos de la ficción, lo cierto es que tanto la ficción como el monstruo se encuentran fuera del orden establecido, escapan al control de la normalidad. Lo extraordinario es una amenaza a los mecanismos del poder político e inquisitorial. Fuera de los parámetros de lo normal, de lo predecible, el enigma del monstruo y la amenaza que conlleva su alta visibilidad y su identidad fluida (¿quién conoce al monstruo, quién puede predecir lo extraño?) obligan a un ejercicio de interpretación que puede terminar en la consciencia del relativismo. No hay orden fijo, ni significado permanente, ni verdad absoluta; todo es interpretación, todo es relativo. La vida, el ser humano, es una forma más de lectura.

El monstruo se convierte así en el emblema perfecto de esa inestabilidad del significado que expone todas las posibilidades de lectura, desde la literal y crédula hasta la más consciente de la ficcionalidad de todo lenguaje. En el monstruo confluyen una serie de factores extraordinarios que provocan la metamorfosis de un ser y lo transforman en único, raro, prodigioso. Bien sea un terrible gigante devora-hombres, o un corderito con dos cabezas y seis patas, el monstruo está fuera de lo normal, es impredecible, escapa a la razón, y por ello cuestiona identidades y significados. Amalgama de intereses distintos, el monstruo es un símbolo maleable, elástico, que múltiples disciplinas han estudiado para comprender, más que los órdenes del saber, sus grietas, la debilidad de sus estructuras. Contra nuestro deseo de regularizar y encontrar sistemas predecibles, el monstruo demuestra que la naturaleza funciona con leyes cuya única certidumbre es la falta absoluta de certidumbre. Contra el orden y la normalidad, lo monstruoso impone la arbitrariedad de la excepción y el caos, y el desafío a lo que comúnmente aceptamos como "creíble."

En este sentido, el monstruo es un gigantesco puzle cuyas piezas no siempre encajan y en el cual, según ya señaló José Rivilla Bonet en sus *Desvíos de la naturaleza* de 1695, se han interesado todos los campos del saber, desde la medicina a las leyes, la teología, la astrología e incluso la poética (cap. 1, apartado 2). Curiosamente, la amplitud de saberes que abarca la teratología según Rivilla coincide para Cervantes con la suma de conocimientos que exige la poesía (entendida en sentido general como creación, ficción) y la propia caballería andante. Además de la célebre descripción en "La gitanilla" de las *Novelas ejemplares*, Cervantes define la poesía como "doncella ... en extremo hermosa" a la que sirven y adornan "otras muchas doncellas, que son todas las otras ciencias" (*Don Quijote* II, 16; 666; ver también I, 47; 491-92). Quien así describe la poesía es don Quijote, conversando con el caballero del Verde Gabán sobre la afición de su hijo don Lorenzo a los versos. Pero no menos artes y ciencias requiere la caballería andante: ésta es, según don Quijote, "una ciencia que encierra en sí todas o las más ciencias del mundo," desde la jurisprudencia hasta la teología, medicina, astrología y matemáticas (II, 18; 682-83), además del manejo de las armas y de las letras (II, 6; 592) y el gobierno de una ínsula (II, 42; 866). Tanto el estudio de los monstruos, como la poesía y la caballería andante, requieren un cúmulo de saberes y una gran amplitud de destrezas que parecen confluir en un mismo personaje, el extraordinario y múltiple Alonso Quijano/Don Quijote.

Entonces, si la monstruosidad requiere de casi todas las ciencias y saberes para su comprensión, ¿cómo se define un monstruo? En palabras de Rivilla, "no pudiendo haber blanco más esparcido" (cap. 2, ap. 1), el ser monstruoso sólo puede definirse como "todo aquel compuesto animado, en cuya producción no espontánea, falta más o menos enormemente a su acostumbrado orden la naturaleza" (cap. 2, ap. 14). Sin juicios de valor, Rivilla basa su definición del monstruo en tres puntos: un compuesto, un híbrido de seres animados; una génesis anormal; y una fisiología o carácter en algún modo fuera del orden natural. Publicado a fines del XVII (1695), el estudio de Rivilla venía a repasar y depurar múltiples concepciones clásicas y medievales sobre la monstruosidad.

Dudley Wilson sintetiza todas estas interpretaciones teratológicas anteriores al Renacimiento en torno a las opiniones de los cinco autores de mayor influencia en la época (16-27; ver también Verner 2-5). Primero, para Aristóteles lo normal (el hombre) es superior a lo anormal (la mujer –una especie de hombre mutilado– y los monstruos), aunque la desviación de la norma es cuestión de grado y no absoluta. Frente a este juicio biológico del filósofo griego, Cicerón enfatiza el sentido revelador y agorero del monstruo, su capacidad para mostrar o dar señal de un aviso de los dioses. Los pensadores cristianos que interpretan a Cicerón en siglos posteriores añaden un sentido de pecado al monstruo, cuyas deformidades físicas manifestarían faltas morales o catástrofes por venir. En tercer lugar, Plinio demuestra gran interés por acumular datos y avistamientos de monstruos, sin preocuparse demasiado por su veracidad, pero también sin emitir juicios de valor contra los seres prodigiosos. Para San Agustín y San Isidoro, por último, el monstruo es parte del plan de Dios, de esa "marvellous variety which is everywhere in God's creation" y lo celebran porque demuestra no futuras desgracias, sino la grandeza y benevolencia de Dios (Wilson 25).

Siguiendo con este breve y forzosamente incompleto panorama histórico de los estudios sobre monstruosidad, durante el Renacimiento y, sobre todo, el Barroco, se impone el estudio de nacimientos prodigiosos como señales, portentos, avisos divinos que el hombre necesita interpretar. En consecuencia, prolifera el coleccionismo de rarezas en los gabinetes de maravillas y la difusión de partos y casos monstruosos entre el pueblo. Esta obsesión por lo raro y lo deforme convierte al Barroco en una auténtica "era de monstruos" que Elena del Río Parra ha estudiado con gran erudición. Sus lecturas minuciosas de tratados médico-científicos españoles y europeos (los de Ambroise Paré y Licetis, por dar sólo dos ejemplos destacados) y de la literatura popular sobre monstruos constituyen una fuente inagotable de datos y reflexiones.

Durante el siglo XVIII, se analiza la monstruosidad desde una perspectiva más racional y científica, que culmina en el siglo XIX con "a more disciplined version of science with gradually increasing powers over creation and the individual" (Wilson 194). En laboratorios y mediante avances en genética, los científicos buscan, como reclama Étienne Wolff ya en el siglo XX, crear monstruos que les permitan entender los procesos de la vida y la creación (Wilson 108), a la manera del Viktor Frankenstein de Mary Shelley. Durante el siglo XX, antropólogos culturales como Mary Douglas, Edmund Leach o Joseph Campbell han estudiado los monstruos mitológicos en el folklore de diferentes culturas, llegando a la conclusión de que "monsters offer a threat to the culture's very integrity as an intellectual whole" (Gilmore 19), al mismo tiempo que son necesarios para el desarrollo de la imaginación y de la identidad colectivas. Por su irreductible variedad, los monstruos exponen la arbitrariedad de toda categorización antropológica o de cualquier otro tipo (Gilmore 20).

Por ese desafío intrínseco a la tendencia científica a la categorización, los monstruos han sido pieza importante en el desarrollo de la ciencia moderna. A partir de los estudios pioneros de Lorraine Daston y Katharine Park, Laura Knoppers y Joan Landes certifican que, con Francis Bacon y la francesa Académie des Sciences en el siglo XVIII, "monstrosity ultimately became a feature of nineteenth-century teratological taxonomies," en un proceso gradual de racionalización y naturalización que convierte al monstruo de prodigio y signo profético en anomalía científica digna de estudio. En su libro de 1998 *Wonders and the Order of Nature, 1150-1750*, no obstante, las propias Daston y Park matizan sus afirmaciones anteriores al observar que el paso de lo supersticioso a lo científico no se produjo de forma tan lineal y progresiva como habían pensado: "instead of three successive stages, we now see three separate complexes of interpretations and associated emotions –horror, pleasure, and repugnance– which overlapped and coexisted during much of the early modern period" (Daston and Park 176). Bien sean etapas hacia la racionalización del monstruo, o diferentes reacciones en coexistencia durante siglos, lo cierto es que la ciencia se implica en el estudio del monstruo de una forma apasionada y productiva, cuyas consecuencias todavía dominan el panorama científico hoy día. Andrew Curran conecta la evolución científica en el estudio del monstruo a cuestiones de actualidad como la cirugía que separa a siameses (232), la genética y la construcción de nociones de género y, sobre todo, de raza (238-39).

Durante el siglo XIX, y además de los avances científicos, la relación entre monstruo y sociedad viene marcada igualmente por un capitalismo incipiente. Rosemarie Garland Thomson refiere el éxito de los *freak shows* en que se exhibían seres anómalos (muchas veces de anomalías fabricadas) por dinero (2, 5), y Paul Youngquist enmarca el estudio de la monstruosidad decimonónica en "four distinct discourses or practices: those of liberalism, free-market economics, British nationalism, and professionalized medicine" (XV).

Asumiendo los principios de los estudios culturales, de género y postestructuralistas, Jeffrey Jerome Cohen ha condensado en siete tesis los rasgos fundamentales del monstruo, a quien él entiende como un cuerpo cultural que expone la imposibilidad de categorizar (6), habita "the borders of the Possible" (12), supone "difference made flesh, come to dwell among us" (7) y, en definitiva, nos repele y atrae por igual porque "enables the formation of all kinds of identities" (19). Encarnación de tensiones culturales y epistemológicas, de esa diferencia esencial a la que alude Cohen, el monstruo siempre se ha intentado explicar desde su excepcionalidad; ahora, sin embargo, se explora su valor discursivo más que su identidad. Keala Jewell define "the discourse of the monstrous as a strategy through which cultures make sense of the world and legitimate their own conceptions of it" (9). Definición a todas luces demasiado amplia, Jewell resalta en todo caso el valor cultural del monstruo: afirma identidades y concepciones culturales por oposición. "Yo" no soy "el otro," el monstruo. Según afirma David Gilmore, "the very idea of the monster springs up with the same aesthetic-intellectual impulse that gave rise to civilization itself" (5). El historiador del arte Heinz Mode, según cita Gilmore, "argues that visual portraits of menacing creatures occur at precisely the same time as does literacy," y de ahí que "monsters arise with civilization –with human self-consciousness" (5). Cuando el hombre intenta definirse, aparece el monstruo: su reverso, su opuesto, el que yo-no-soy.

Adentrándose en la consciencia e inconsciencia del ser humano, el psicoanálisis también ha hecho del monstruo una figura esencial de lo que Judith Halberstam describe como "narrative technologies that produce the perfect figure for negative identity" (22, y 21, con interesantes aplicaciones al análisis de Frankenstein, 31, y Drácula, 89; ver también Hock-soon Ng 2). Partiendo del concepto freudiano de "the uncanny" –lo cotidiano que se convierte en inquietante, misterioso (Andriano XVIII, nota 1)–, Julia Kristeva estudió lo abyecto desde una perspectiva feminista en *Powers of Horror*, abriendo todo un campo nuevo de investigación en el cual unen fuerzas feminismo y análisis de la monstruosidad. Al tiempo que se deconstruye el juicio aristotélico contra la mujer como desviación de "lo normal" (el hombre), otras feministas como Donna Haraway y su concepto del *cyborg*, Judith Halberstam, Barbara Creed y Ginevra Bompiani interpretan la monstruosidad como una forma de denuncia y cuestionamiento del patriarcado y sus formas represivas de conocimiento (Bompiani, especialmente 297).

Discurso extremo, el monstruo no sólo es una criatura amenazante, sino también amenazada, perseguida. Ante la alteración de las reglas naturales y sociales, el "yo" reacciona contra "el otro" con violencia, exigiendo la domesticación, explotación comercial, dominación (política, clínica, legal) o muerte del raro, del anormal. De forma coherente a su evolución intelectual, Michel Foucault presenta en los setenta una lectura de la sociedad moderna basada en la categorización y criminalización de los anormales, precisamente porque "the monster is the transgression of natural limits, the transgression of classifications, of the table, and of the law as table" (*Abnormal* 63). Contrario a la biología y a la ley, el monstruo queda fuera de toda categorización científica y legal, pues por su carácter límite, "extreme and ... extremely rare ... the monster combines the impossible and the forbidden" (56). Por desafiar lo que Foucault llama el dominio jurídico-biológico, el monstruo se convierte, junto con sus variantes posteriores –el individuo que debe ser corregido y el onanista–, en un símbolo del aparato cada vez más minuciosamente represor del estado (*Abnormal* 323-26). En parte siguiendo a Foucault, la política del monstruo ha sido por ello un tema de particular relevancia para los críticos postmodernos, quienes ven en el monstruo un intento de aislar socialmente a los rebeldes o a quienes no siguen las normas por un motivo u otro. Son los "outcasts" o marginados de una sociedad rígida que no permite la anormalidad, la diferencia (Jewell 14, 21-22, Bompiani); "scapegoats" (Hocksoon Ng 1) o cabezas de turco "as agents of moralized fear in political speech, in the pathologizing homogeneity of the evening news, in the double-edged altruism of church prayer" (Ingebretsen 4). "Postmodern research," resume David Gilmore, "emphasizes the demonization of the 'Other' in the image of the monster as a political device for scapegoating those whom the rules of society deem impure or unworthy" (14). Este énfasis en los usos políticos de la monstruosidad viene, en cualquier caso, de muy atrás, como demuestra el detallado análisis que Timothy Hampton realiza de un feroz debate entre Rabelais y Calvino a raíz de la obra del primero. Mediante un genial juego de palabras en el francés original entre *monstre* y *monstrer* (monstruo y mostrar) y sus variantes, el teólogo y el escritor se acusan mutuamente de las mayores monstruosidades (187-89).

Mi objetivo no es, sin embargo, el estudio de la perversidad, de lo grotesco, del monstruo mítico, de las deformidades físicas o los signos divinos que éstas puedan señalar, y no me ocuparé más que tangencialmente del análisis de género sexual y de las implicaciones sociales, políticas, científicas y económicas del monstruo. Me interesa sobre todo la monstruosidad en su aspecto más (meta)discursivo: el discurso de lo extremo que se convierte en un discurso extremo, en una metáfora del lenguaje y de la literatura, en un icono de la revolución cultural, estética e ideológica que se produce en el Siglo de Oro hispano y que, en mi opinión, encuentra en la imagen del monstruo una de sus máximas expresiones. En una época en que toda forma de ficción es cuestionada por quienes la ven como un peligro moral y epistemológico en una sociedad represiva y absolutista, la figura del monstruo encarna sin duda ese sentido de enfrentamiento, de amenaza desde y contra el poder. Quizás por su carácter subversivo y enigmático, "the discourse of 'monstrosity'" es todavía, según Mark Thornton Burnett, "one of the most intriguing and least understood discourses of the period" (4). La monstruosidad fascina a las masas y a la élite por su carácter extraordinario, raro y único: desde el ventero que admira a Felixmarte y Cirongilio, al cura y su Diego García de Paredes, o los duques de la segunda parte, dispuestos a reinventar, a reescribir la historia de *Don Quijote* que leyeron en la primera parte. El sentido de la espectacularidad y excepcionalidad del monstruo simboliza a la perfección el nacimiento de una nueva forma de recepción, de una nueva forma de interactuar con la literatura gracias a la cual los Quijanos se vuelven Quijotes y Lope de Vega escenifica su "monstruo cómico" con inigualable éxito.

Para explorar los aspectos discursivos del monstruo, o lo que yo llamo el discurso de la monstruosidad, me han resultado de crucial importancia dos magníficos libros a los que me referiré más por extenso en capítulos posteriores: *Deformed Discourse: The Function of the Monster in Mediaeval Thought and Literature* (1996) de David Williams y *Monstrous Imagination* (1993) de Marie-Hélène Huet. En el primero, Williams plantea lo que él llama el discurso de lo deforme como un vehículo alternativo de exploración filosófica y creativa. El monstruo es un lenguaje extremo que permite aproximarse a conceptos ilógicos que escapan a la razón humana como, especialmente, el concepto mismo de Dios (3). De ahí que en la geografía medieval razas monstruosas habiten los confines del mundo, situados más cerca de Dios que el hombre mismo, según explica John B. Friedman en su libro ya clásico *The Monstrous Races*. Centrándose más en la edad moderna temprana, pero partiendo especialmente de las teorías de Aristóteles en *Sobre los animales*, Marie-Hélène Huet analiza el concepto de imaginación monstruosa (una imaginación exaltada que produce un discurso extraordinario) desde el siglo XVI hasta el XIX, desde Ambroise Paré al *Frankenstein* de Mary Shelley. Con gran perspicacia, Huet desbroza las conexiones entre monstruosidad, imaginación y género que los intelectuales de la época habían tomado de Aristóteles (1-3). Para el Estagirita, la mujer era la primera manifestación de la monstruosidad, pues se desviaba de la normalidad que representaba el hombre. Su imaginación tenía, además, el poder de afectar al feto si durante la concepción pensaba en una imagen (objeto, animal o persona) con gran fijación, tema que todavía inspira a Johann Wolfgang Goethe para narrar la historia de un adulterio en sus *Afinidades electivas* de 1809 y que se encuentra también en la tradición romántica del científico que crea vida en un laboratorio (a lo Viktor Frankenstein), actualizada ahora en la polémica mundial sobre la probable monstruosidad de la clonación.

Para concluir, y resumiendo lo comentado en las páginas anteriores, el monstruo se asocia en la época pre-moderna a la divinidad y a la producción de lenguaje, representa no sólo lo feo y grotesco sino también lo digno de mostrarse, lo maravilloso, y refleja según autores como James V. Mirollo "the possibility of change, transformation, and convertibility in the world" (27). El monstruo nace de la metamorfosis, del cambio de lo común en extraordinario, y requiere a menudo un parto tortuoso de la imaginación mediante el cual la norma se quebranta en un sentido u otro. A partir del término freudiano "Unheimlich," Vance Holloway reconoce en el monstruo una "manifestación de la Otredad ... que emana de lo política, social y psicológicamente reprimido ... Es algo prohibido y temido ... y al mismo tiempo es deseable" (78). En su dualidad, lo monstruoso presenta a la manera de Bajtin un componente social que refleja la lucha de clases, un "signo de resistencia tanto como de deseo" (Holloway 80). Cuando el carnaval y lo grotesco alteran el cuerpo social, invirtiendo el *status quo* y entronizando lo marginal y deforme, el monstruo representa los límites de una tensión entre clases que en la Edad Media estalla literal, fisiológicamente en obras escatológicas como las de Rabelais o Chaucer (Bajtin). Durante el Siglo de Oro, la fascinación por lo monstruoso se equipara, por la común sed de maravilla y curiosidad hacia lo extraordinario, a la que sienten los públicos que leen o escuchan ficción y acuden al teatro. No sorprende por eso que los *Desvíos de la naturaleza* (1695) de José Rivilla Bonet traigan un epigrama laudatorio en latín traducido a décima en español por el propio poeta (un tal I.R.S.I.) que comienza: "Editur in lucem monstrum/Sale a la luz el portento..." El libro que ahora se publica es un "monstrum" en latín, "portento" en español. Un soneto laudatorio que prologa el mismo texto nos ayuda a entender mejor esa conexión entre monstruo y creación literaria. "En alabanza del autor, de un aficionado a su grande ingenio," el anónimo poeta escribe lo siguiente:

> Pues si la admiración monstruoso llama
> a lo que al orden natural excede,
> negando especies al entendimiento:
> tu pluma, que ennoblece aun lo que infama,
> bien sin ponderación decir se puede,
> que es de los monstruos el mayor portento. (vv. 9-14)

La pluma de José Rivilla es "de los monstruos el mayor portento": causa admiración y excede al orden natural en talento, en buena escritura, en discurso. Se cumple en el caso de Rivilla la máxima que formulaba el canónigo del capítulo 47 de la primera parte del *Quijote*: que los hechos narrados "facilitando los imposibles, allanando las grandezas, suspendiendo los ánimos, admiren, suspendan, alborocen y entretengan, de modo que anden a un mismo paso la admiración y la alegría juntas" (490-91). En el terreno extremo de la admiración y el alborozo (Riley, "Aspectos del concepto de *admiratio*," Miñana, *La verosimilitud* 148-57), Rivilla cumple con su objetivo de suspender los ánimos gracias a una pluma monstruosa, portentosa, que se ocupa de los *Desvíos de la naturaleza o tratado del origen de los monstruos*. El discurso sobre los monstruos se ha convertido él mismo en un discurso monstruoso que provoca el efecto más deseado sobre el receptor: la admiración.

Las conexiones entre monstruosidad y literatura son pues, desde todos los ángulos, incuestionables. En los límites de lo normal, tanto el cuerpo monstruoso como el literario establecen una lucha contra los elementos más reaccionarios del mundo natural y social. Frente a lo establecido y el inmovilismo, variedad y tensión, multiplicidad, caos y desafío. En esa identificación entre lo anormal y lo subversivo reside la fascinación del ser humano por los monstruos tanto como por la literatura, esa "magia peligrosa" o "encantamiento" (Larrosa 88) que altera las normas y la identidad uniforme, estable. Como el ser monstruoso, la ficción representa el/lo Otro, el mundo paralelo en el que nos vemos reflejados y repelidos al mismo tiempo, fascinados y aterrorizados. En el marco de una sociedad represiva como la barroca, y de las numerosas prohibiciones contra el teatro y la ficción que se suceden durante los siglos XVI y XVII, la literatura monstruosa de Cervantes, Lope y otros viene a reflejar la diversidad de la naturaleza y la sociedad, su ansia de libertad. Así parece confirmarlo Jaime Moll cuando ve en el control inquisitorial e ideológico que intenta coartar a los creadores y receptores áureos "la mejor prueba de la consideración social del libro, de su fuerza cultural e ideológica" (9). En el acto de ver una representación o en el acto "quijanesco" de leer, se desmoronan los preceptos que rigen la sociedad absolutista y teocrática. Si la realidad y la identidad son un ejercicio de lectura, yo leo, escribo y cuento el mundo a *mi* manera.

Cuando ilustradores del *Quijote* como Gustavo Doré y Francisco de Goya presentan al hidalgo Quijano con un libro en la mano, la espada en alto y rodeado de monstruos, reflejan la idea cervantina de que la lectura es una actividad excepcional, capaz de quebrar los límites de la realidad y, en casos extremos como el de Quijano, capaz de llevar a un receptor crédulo a metamorfosearse en un ser prodigioso. En los límites de lo aceptable, de lo moral, la figura del receptor crédulo se equipara a la del monstruo en su poder para sobrepasar las fronteras y preceptos de la realidad, de la normalidad. Esa influencia extrema del monstruo y de la ficción sobre el tejido social no la juzgo intrínsecamente positiva ni negativa. Medir con criterios morales o con binarismos como bueno y malo el comportamiento del monstruo, supone en mi opinión quedarse en un nivel superficial de interpretación. Más que las acciones concretas de un don Quijote, bien sean positivas –cuando ayuda a necesitados– o negativas –cuando ataca a inocentes–, me parece esencial el hecho de que, en una metáfora de la propia ficción, Quijano se re-escribe a sí mismo en don Quijote. Siguiendo la letra impresa de los libros de caballerías, el hidalgo Quijano se libera del orden social establecido para aspirar a un orden utópico, inexistente, cuya base es únicamente lingüística. Si su vida es un lenguaje, ¿cómo evitar el ejercicio de interpretación? ¿Cómo encontrar certidumbres objetivas y absolutas por las que guiarnos sin la lectura de signos, de portentos, de realidades cotidianas? ¿Cómo evitar con certeza el riesgo que toda lectura conlleva, cómo prevenirnos de la posibilidad de una interpretación errónea? O, volviendo al ejemplo con que abrí este capítulo: ¿se puede predecir el comportamiento de un león africano hambriento al que estamos retando?

El monstruo es un discurso que nos habla en un lenguaje al margen de las normas y fuera del orden, y, por ese aspecto auto-reflexivo, el monstruo se convierte en un discurso extremo sobre su propio discurso de lo extremo. "A monster is a sign that has no distinct signified"; en consecuencia, "language can create monsters, but it can also be undermined by the very monster it creates" (Hock-soon Ng 178 y 80; ver también 2-3 y 179). En su intento de atrapar al monstruo, el lenguaje expone sus propias fallas, su incapacidad para nombrar lo desconocido, lo innombrable. ¿Cómo, pues, habla el monstruo, qué nos dice, cuáles son sus significados? ¿Cómo se intentan fijar esos significados, cómo interpretamos, qué órdenes sociales, ideológicos, religiosos nos imponen una determinada lectura, y qué nos libera de esas estructuras del poder? ¿Cuál es el nombre del monstruo, cuál es su identidad? ¿Desde qué identidad leemos nosotros al monstruo? ¿Quién soy "yo" si el "otro" es el monstruo?

Todas estas preguntas surgen a partir de una desestabilización del significado –y, en consecuencia, de la identidad– que provoca el monstruo, lo "anormal," el prodigio. De la mano de lo monstruoso entramos, quizás junto a Quijano/Quijote, en un territorio de lo extremo donde nada es seguro y nuestra admiración por lo que (no) vemos es constante. Caminamos entre enigmas, interrogamos la verdad a cada paso, nos movemos entre estructuras científicas, religiosas, políticas y discursivas más o menos rígidas, pero siempre vulnerables a la pregunta y el cambio. Los monstruos habitan esas cavernas del saber adonde nadie ha llegado todavía; viven en las quiebras, en los resquicios, en los abismos, en los mismos márgenes de la realidad que los artistas exploran. En último término, la ficción, al igual que el monstruo, supone una cura de humildad y un grito de esperanza para un ser humano cuya libertad máxima pasa por el reconocimiento pleno de que vivir es interpretar, y de que estamos, por lo tanto, sujetos al error tanto como al acierto.

Capítulo 2

PERROS QUE HABLAN: LENGUAJE Y MONSTRUOSIDAD
EN "EL COLOQUIO DE LOS PERROS"

"El coloquio de los perros," la última de las *Novelas ejemplares* de Miguel de Cervantes, cuenta la prodigiosa historia de unos perros que hablan, y la aventura vital e intelectual de varios personajes (incluyendo a los perros mismos) en busca de una explicación lógica a su inaudita conversación. "El coloquio de los perros" empieza en realidad en la novelita anterior, "El casamiento engañoso," que le sirve de marco narrativo para encuadrar el prodigio y cuestionar abiertamente su credibilidad. En "El casamiento," el alférez Campuzano, convaleciente de sífilis, le da a leer al licenciado Peralta un coloquio entre dos perros, Cipión y Berganza, que transcribió durante una de sus febriles noches en el hospital de la Resurrección. Entremezcladas en una galería de aventuras y personajes pintorescos, a lo largo de "El coloquio" se ofrecen diversas explicaciones al portentoso diálogo entre los perros.

Dado que buena parte de la novela se dedica a auto-justificarse, a encontrar la verosimilitud que convierta el disparate de unos perros que hablan en un verdadero placer literario, el carácter metaficcional del texto es innegable (Dunn 118, Ife 39 ss., Rey Hazas, especialmente 139, Pozuelo Yvancos, Woodward 85-87 y Gerli, *Refiguring* 75, 112). El texto plantea y resuelve preguntas sobre su propia condición literaria: si es creíble el coloquio de los perros, si está bien escrito, y si abusa de las digresiones, entre otras cuestiones. En suma, Cervantes propone toda una poética, un conjunto de reglas sobre la literatura, cuya base se asienta sobre un hecho imposible: dos perros que hablan. Dotar del don del habla a animales e incluso a objetos debió resultarle a Cervantes un recurso eficaz para reflexionar sobre la naturaleza del lenguaje y, específicamente, del lenguaje de la ficción, pues lo utilizó de manera recurrente en el *Quijote*: el mono adivino que le habla a maese Pedro (II, 25; 749), la cabeza encantada en casa de don Antonio Moreno (II, 62), varios diablos (por ejemplo en el episodio de las Cortes de la Muerte, II, 11; 626-30), personajes encantados (el Caballero de los Espejos/ Sansón Carrasco, II, 15; 654-56) e incluso la Altisidora resucitada por las bofetadas a Sancho (II, 69; 1074). En el caso de "El coloquio," las reflexiones sobre el lenguaje extraordinario de los perros ocupan toda la novela corta, por lo que las ideas cervantinas sobre el tema se desarrollan con gran riqueza de matices. Este capítulo intenta deducir esa poética inscrita en el texto, para lo que, primero, se identificará el carácter monstruoso de la historia; segundo, se analizará el lenguaje y la retórica (los medios formales) de la monstruosidad que Cervantes utiliza en la novela; y tercero, se explorará el espacio de la admiración y la (in)credulidad que caracteriza el caso de los perros parlantes. El fin último es identificar el espacio de la monstruosidad en la novela y descubrir qué papel cumple el lenguaje del monstruo en la poética cervantina. Si, como veremos, lo extraordinario y monstruoso de esta historia proviene del hecho de que dos perros hablen, ¿qué significa el lenguaje para el discurso de la monstruosidad? ¿Cómo habla el monstruo?

Entre los bestiarios y la fauna de animales maravillosos que tanta fortuna conocieron en la Edad Media y el Siglo de Oro, las fábulas de animales que hablan gozaban de un prestigio especial. La fábula es un género literario clásico, de fin moralizante, que tuvo gran influencia hasta el siglo XVIII, y cuyo autor más renombrado, Esopo, se cita tanto en "El casamiento" como en "El coloquio" (294 y 313; ver Carranza sobre la tradición esópica en "El coloquio"). En el caso cervantino, sin embargo, el fin moral de la fábula (a pesar del título de "ejemplares" que el autor añade a sus novelas) se convierte más bien en un mirarse del texto hacia sí mismo, construyendo su verosimilitud, su poética, de una manera autorreferencial y narcisista. En su sugerente *Loiterature*, Ross Chambers repasa el caso cervantino y varios textos posteriores en los que perros parlantes protagonizan debates sobre su capacidad de hablar (capítulos 6 y 7, "Learning from Dogs" 157-212). Chambers determina que mediante la mezcla de "cynical criticism and hypocritical caution" (193), o, en otras palabras, de "criticism and showmanship" (201), Cipión y Berganza realizan en última instancia un ejercicio de introspección, pues el crítico (los perros que buscan el origen de su lenguaje) debe empezar por criticarse a sí mismo: su condición de escéptico, su hipocresía, su propia naturaleza (201).

Quizás como consecuencia de ese carácter auto-reflexivo, el ambiente prodigioso del que parte la historia es asociado de diversos modos, que comentaré en las páginas que siguen, a la figura del monstruo. María Antonia Garcés y Mary Gossy analizan desde una perspectiva feminista la caracterización de la bruja Cañizares como monstruo (un resumen de la cuestión en Johnson, "Of Witches" 10 y 21-22), mientras que Alban K. Forcione explora en detalle las conexiones entre sátira y monstruosidad en la introducción y el capítulo 1 ("The Anatomy of the Monster") de *Cervantes and the Mystery of Lawlessness*. Forcione resalta las contradicciones de Cervantes al elegir como colofón de sus *Novelas ejemplares* una sátira cuya fealdad moral se presenta en forma de "*nonsense, discord*, and *disproportion*" (8). Esa imagen del monstruo típica de la sátira, sin embargo, ofrece una doble cara al estilo de los "Sileni Alcibiadis" de Erasmo, que se refleja, entre otros ejemplos posibles, en la dualidad del híbrido hombre/bestia que caracteriza a los protagonistas de la novela (14, 16-17). Al igual que los perros parlantes son mezcla de hombre y bestia, el narrador es proteico en su constante oscilación entre credibilidad e imposibilidad (26). En último término, según Forcione toda la novelita es un híbrido de géneros e influencias diferentes:

> If we inspect the anatomy of Cervantes' literary monstrosity closely, we observe that it is swollen and bursting with objects, that there is tremendous variety in its substance, narrative shapes, subject matter, character types, ideas, styles, tones and voices. Saturation and narrative chaos would appear to be its dominant general features. (22)

Junto a esta saturación de elementos diferentes a la que volveremos más adelante, conviene abundar ahora en las conexiones entre teoría y práctica literarias y la monstruosidad. Como ya mencioné en páginas anteriores, diversas interpretaciones del monstruo sirven como punto de partida y referente esencial para la *Poética* de Horacio (129), el *Arte nuevo de hacer comedias* de Lope de Vega (vv. 33-41, 149-50 y 174-80), *La vida es sueño* de Pedro Calderón de la Barca (González Echevarría, "El 'monstruo'"), *El Criticón* de Baltasar

Gracián, e incluso el propio *Quijote* (ver el capítulo 4). A partir de los conceptos de admiración, gusto del vulgo, maravilla y prodigio, diversas obras claves del Siglo de Oro, como las citadas y algunas otras, utilizan las diferentes connotaciones del monstruo para elaborar un discurso de lo extremo, o esa "rhetoric of excess in Golden Age theory" que describe Paul Julian Smith en el capítulo 1 de su *Writing in the Margin* (19-42). La retórica del exceso no se basa tanto en la maldad y el horror, como en la excepcionalidad y el entretenimiento.

En su *Tesoro de la lengua castellana o española* de 1611, Sebastián de Covarrubias define lo monstruoso en términos neutros, sin juzgar al monstruo por horrible o malvado. "Cualquier parto contra la regla y orden natural, "el ejemplo de monstruosidad que ofrece Covarrubias es el del "hombre [que nace] con dos cabeças, quatro braços y quatro piernas" (812). Junto al significado coloquial de espantoso y destructor, el monstruo es definido en la mayoría de diccionarios de español e inglés que he consultado como ser fuera de lo normal, extraordinario en algún sentido. La característica que define lo monstruoso no es, insisto, su maldad o ferocidad, sino el hecho de que se aparta, en un sentido u otro, de las leyes naturales. Desde la Antigüedad hasta al menos el siglo XVII, lo monstruoso adquirió un sentido de excepcionalidad asociado muy en particular al discurso divino. De hecho, el mundo mitológico de la Grecia y Roma clásicas está lleno de monstruos: dioses humanos, hombres semidivinos, seres mitad hombre y mitad animal, seres que se transforman en árbol o que sostienen el peso del mundo, criaturas tanto malignas como heroicas. Tan extraordinarios son los cabellos de serpiente de la vil Medusa, como la fuerza y hazañas del héroe Hércules (ver el magnífico *Diccionario ilustrado de los monstruos* de Massimo Izzi).

La amplitud de significados del monstruo se refleja a la perfección en "El coloquio de los perros." Para empezar, la novelita cultiva un ambiente de vicio y corrupción moral que envuelve a todos los personajes y que responde al estereotipo del monstruo horrible, capaz de cualquier maldad. Por citar sólo unos ejemplos, los jiferos en el matadero son pendencieros y asesinos (303); el lenguaje es un atributo satánico (315); las brujas representan el mal (342, 344); y los gitanos encarnan todo vicio humano y viven sólo para engañar (348-49). Pero, además de esta desviación perversa de lo moral (el significado más coloquial y extendido de lo monstruoso), el hecho mismo de que dos perros hablen supone una evidente desviación de lo natural, un acontecimiento extraordinario. Los perros se reconocen a sí mismos como "portentos, los cuales, cuando se muestran y parecen, tiene averiguado la experiencia que alguna calamidad grande amenaza a las gentes" (300). Esa "señal portentosa" con que un poder sobrenatural (normalmente Dios) advierte a los hombres de alguna desgracia se encuentra en la base del verbo latino *monere*, avisar, dar señal de algo, de cuya etimología se formó la palabra "monstruo."

En su *Diccionario crítico etimológico castellano e hispánico*, Joan Corominas y José Antonio Pascual analizan la palabra "monstruo" bajo la entrada correspondiente a "mostrar": "del latín *monstrum* ...; *monstrare* es derivado de *monstrum* 'prodigio,' que a su vez parece serlo de *monere* 'avisar'" (IV: 165). El carácter deíctico, demostrativo, señalador del monstruo se refleja por lo tanto en su propia etimología. Avisa de algo, es un portento que sirve de señal, que llama la atención sobre algo de una manera dramática y misteriosa y debe, por lo tanto, ser mostrado, expuesto a la opinión pública. Junto a esas connotaciones de *monere*, encontramos también la de "mostrar" que Sebastián de Covarrubias ya recoge en su *Tesoro*: "Monstro: *latine monstrum, a monstrando, quod aliquid significando demonstret*" (812). Y lo mismo en el *Diccionario de autoridades*, donde como segunda acepción de la palabra (junto a la noción más negativa de feo y temible), se dice lo siguiente: "cualquier cosa excesivamente grande o extraordinaria en cualquier línea. Lat. *Monstrum, Portentum*" (598). Para David Williams (10) y Claude Kappler (226, 234), el vocablo monstruo procede principalmente del latín *monstrare*, mostrar, lo que es digno de mostrarse. El monstruo es un prodigio o portento (ya sea en sentido negativo o incluso positivo) que merece verse y/o ser interpretado como señal de algo; es lo digno de contemplarse por excepcional, raro o profético.

La acción de mostrar y ver algo extraordinario o, por el contrario, el encubrirlo, permea todas las aventuras narradas en "El casamiento" y en "El coloquio." Los mismos Cipión y Berganza reconocen que su don de habla es una "no vista merced" (299) y una "cosa sobrenatural y jamás vista" (309). Por ello, el acto de dejarse ver, o en su expresión más extrema, el acto de ser visto por multitudes o de adquirir fama se convierte en fuerza motriz de la trama en diversos momentos. Al comienzo de "El casamiento," de hecho, el alférez Campuzano se busca problemas por sentirse atraído hacia una mujer tapada, que en último término le engañará, robará y contagiará la sífilis (283-84). El cubrir y descubrir, cuando se manifiesta en una suerte de curiosidad impertinente, puede provocar actos monstruosos de consecuencias nefastas.

A pesar de ello, el mostrar y mostrarse es necesario para adquirir la fama literaria que buscan los autores con los que tropieza en sus peregrinaciones Berganza. Un dramaturgo, por ejemplo, escribe una comedia-monstruo (no en el sentido positivo de Lope, sino en el negativo de obra espantosa) "compuesta por el mismo Satanás ... viendo la soledad en que el auditorio la había dejado" (353). La monstruosidad de la comedia ("compuesta por el mismo Satanás") se materializa en el hecho de que nadie la ve, en la huida masiva de un auditorio que no se interesa en ver lo que el escritor les muestra. En similares y contradictorios términos se expresa Berganza cuando alaba la humildad como la mayor virtud (312), para afirmar a continuación, dialogando con su amigo perro, "que yo no quiero morderme [la lengua] ni hacer finezas detrás de una estera, donde de nadie soy visto que pueda alabar[me]" (321). Entre la humildad y la fama, Berganza no duda en evidenciar su voluntad de mostrarse, de ser alabado por su asombrosa capacidad de habla y sabiduría.

Berganza disfruta de la visibilidad que le da su carácter prodigioso, único, monstruoso. Con la ayuda de un espabilado atambor, el perro aprende a hacer trucos y volteretas con los que entretiene a la gente en los pueblos por donde actúa. Sus "maravillosas gracias y habilidades" son tantas que le valen el apodo de "perro sabio" y el reconocimiento de un público entregado, pues "ninguno había que no saliese admirado y contento de haberme visto" (333). Su fama aumenta hasta el punto de que en cuanto entra en un pueblo le reconocen y le vitorean (334): como en los *freak shows* de los siglos XIX e incluso parte del XX, o en el *Libro Guiness de los Records* hoy en día, el mostrar la excepcionalidad, lo raro, le reporta fama al monstruo, y muchas veces dinero al empresario que lo exhibe (Thomson 2-3).

En el episodio de las brujas que domina la parte central del relato, la cuestión de la fama y la visibilidad (el mostrarse o encubrirse) resulta de particular importancia. A la famosa bruja Camacha, personaje histórico que Cervantes incorpora a su mundo ficticio de monstruos y prodigios, la rodean otras brujas de menor renombre, como la Cañizares. Esta es quien ofrece a Berganza la explicación más compleja de por qué el perro disfruta el don del habla: los perros parlantes son en realidad los hijos de la bruja Montiela, transformados en animales en el momento de su nacimiento por un hechizo de la Camacha. La "verdad" ha sido ahora mostrada, expuesta, mediante secretas confesiones y prácticas de ocultismo.

En esta confusión de brujerías, hechizamientos y ritos satánicos, la visibilidad de las viejas se convierte tanto en la base de su fama y poder, como en la causa de su desgracia. La Cañizares es consciente de que le conviene fingir ser buena cristiana y no poderosa bruja, pues "vame mejor con ser hipócrita que con ser pecadora declarada" (340). De hecho, se defiende alegando que "si he tenido fama de haberlo sido [bruja], [ha sido] merced a los testigos falsos" (335). Frente a la casi omnipotente Camacha, famosa y temida en toda Castilla, la Cañizares demuestra poseer la que Berganza apreciaba como "mayor virtud," la humildad. Rehúye la fama, le va mejor con la hipocresía de esconder sus poderes demoníacos.

Pero Cañizares tiene motivos de peso para practicar la humildad y no ser vista. Cuando se desnuda y se unta unos ungüentos que le provocan un trance que parece mortal, Cipión la saca a rastras desde su casa a la plaza pública. A la vista de todos, descubierta, mostrada, la bruja-monstruo es espantosa (Johnson, "Of Witches" 10, 21-22). En una descripción que no tiene desperdicio, Cervantes la pinta en los tonos más horripilantes, concluyendo que "toda era flaca y endemoniada" (344). Es la combinación de su acción satánica (untarse el cuerpo con alucinógenos) y, sobre todo, su espantoso aspecto, lo que la muestra a sus convecinos como una "mala visión" (344) que sella su destino: la describen como "disfigurada y flaca," la llaman "puta vieja, [que] sin duda debe de ser bruja" (344) y "fiera arpía" (345). Ahora la vieja bruja, a pesar de que intentaba encubrir su monstruosidad bajo apariencias de buena cristiana, ha sido mostrada tal como es: "fiera arpía," monstruo compuesto de "cabeza de mujer, cuerpo de buitre con alas y garras, orejas de oso, y manos provistas de garras"; "las harpías (de arpzao, rapto) en cuanto 'raptadoras' eran genios de la muerte" (Izzi 46). De nada le ha valido a Cañizares su hipocresía, pues en última instancia los vecinos la han logrado ver. Su monstruosidad se ha hecho visible; de adentro le ha salido esa "fiera arpía" que todos contemplan con horror.

Junto a la combinación de partes diferentes y el aspecto espantoso, la bruja también cumple con otra característica determinante del monstruo: ser polimórfico y sufrir metamorfosis, esto es, desviarse de lo normal por su capacidad para pasar de un estado o apariencia a otro. De la famosa bruja Camacha, por ejemplo, nos dice la Cañizares que se la ha visto andar "en diferentes figuras" (341) y que era capaz de convertir "a los hombres en animales" y en "bestias," como a "un sacristán ... en forma de asno" (337) y al propio Berganza de ser humano (hijo de la Montiela) en perro (337). De los ungüentos que usan en sus hechicerías, Cañizares también cree que gracias a ellos "mudamos forma, y convertidas en gallos, lechuzas o cuervos, vamos al lugar donde nuestro dueño nos espera y allí cobramos nuestra primera forma" (342).

Cuando la "fiera arpía" en que se ha metamorfoseado la "buena" de Cañizares es mostrada por Berganza "a vista de tantos ojos," todos reaccionan con repugnancia y acosan al monstruo de "mala visión" (345). Entonces la bruja, rechazada por la sociedad por su terrible aspecto, culpa de sus desgracias al perro Berganza y le tacha de "maligno espíritu" y "demonio" (345). Algunos de los crédulos aldeanos rocían con agua bendita al prodigioso perro, mientras que otros le empiezan a "santiguar los lomos" con garrotes, por lo que Berganza huye "perseguido de una infinidad de muchachos" gritando que él era "demonio en figura de perro" (345). La monstruosidad de la bruja, así, se ha extendido al perro sabio. El extraordinario Berganza, admirado primero por todos, posee talentos portentosos que le hacen susceptible de la acusación de "demonio" y de la persecución del pueblo crédulo y supersticioso. A caballo entre la admiración y el miedo, entre la demonización y el milagro, el monstruo se sitúa en un terreno límite cuya base no es necesariamente el horror, sino la admiración (positiva y/o negativa) que despierta su excepcionalidad. Su identidad viene determinada en último término por otros.

En suma, tanto los personajes como los episodios más importantes de "El coloquio de los perros" se construyen a partir de la monstruosidad, entendida como discurso límite que se articula en torno a conceptos tales como el de la desviación de la norma (moral, física, natural...), la fama (encubrir/descubrir, mostrar y ser visto) y la metamorfosis. Antes de entrar en la descripción del espacio prodigioso en el cual se desarrolla la ficción-monstruo cervantina, conviene repasar algunos de los medios formales que constituyen lo que podría llamarse un lenguaje de la monstruosidad. ¿Cómo se verbaliza la monstruosidad, con qué medios retóricos, cuál es la expresión de los monstruos?

Como se ha dicho antes, "El coloquio" es un relato sobre cómo escribir un relato prodigioso (dos perros que hablan) con verosimilitud, de forma que el lector no juzgue los hechos de excesivamente disparatados y se sienta repugnado por una lectura absurda. Esa auto-referencialidad, ese discurso metaliterario de un texto que se busca a sí mismo, vertebra "El coloquio" en diferentes sentidos. No en vano advierte Cipión que "los cuentos unos encierran y tienen la gracia en ellos mismos; otros, en el modo de contarlos" (304), traduciendo casi literalmente de Cicerón en su *De oratore*: "Duo enim sunt genera facetiarum, quorum alterum re tractatur, alterum dicto" (1, II). Es decir, que tan importante puede ser el contenido de un texto como su forma, o en otras palabras: que a veces lo que se dice importa menos que el cómo se dice. El placer literario se deriva no sólo del mensaje que se propone o de los hechos que se narran, sino también de los medios expresivos que se utilizan para transmitir el contenido del texto. En consecuencia, la literatura es siempre auto-referencial y narcisista: se mira a sí misma, se proyecta hacia los medios formales que la hacen posible, utiliza el lenguaje para gozar del lenguaje. En la novelita de Cervantes, esa auto-referencialidad se materializa en una serie de ejemplos concretos en los que el texto alude a sí mismo. En "El coloquio," los perros hacen referencia en dos ocasiones (302 y 358) al enfermo que tienen detrás de ellos, y que resulta ser el alférez Campuzano quien, en "El casamiento," afirma haber transcrito "El coloquio." Es decir, que los personajes de una novelita, "El coloquio," aluden al supuesto autor (transcriptor, en este caso) de la misma, el alférez Campuzano de "El casamiento." Y en las correrías de Berganza por Andalucía se menciona al rufián Monipodio (329-30), personaje principal de otra de las novelas incluidas en las *Novelas ejemplares*, "Rinconete y Cortadillo."

Por otra parte, el aforismo ciceroniano de Cipión apunta al hecho de que la literatura tiene un universo propio, más o menos diferenciado de la realidad, cuya única justificación puede ser sólo "el modo de contar," es decir, su armazón retórico, su entramado formal y estilístico. Esta disociación entre las reglas naturales del universo físico y las reglas literarias se pone de manifiesto a lo largo de todo "El coloquio" –la historia, no lo olvidemos, de una conversación imposible entre dos perros. Recomendaba el canónigo en el capítulo 47 de la primera parte del *Quijote* introducir lo maravilloso en los relatos para que, "facilitando los imposibles, allanando las grandezas, suspendiendo los ánimos, admiren, suspendan, alborocen y entretengan, de modo que anden a un mismo paso la admiración y la alegría juntas" (490-91). La recomendación de introducir lo maravilloso en el texto y de preferir lo imposible verosímil a lo posible inverosímil proviene ya de la *Poética* de Aristóteles (1460a; 88-89 y 1460a; 89 respectivamente). En la estela de esta ansia de maravilla compartida por Aristóteles y Cervantes, "El coloquio de los perros" presenta unos hechos maravillosos que son imposibles, pero cuyo relato aspira a ser verosímil.

En lugar de esconder las discrepancias entre ficción y realidad, el propio Berganza las pone de manifiesto cuando narra su experiencia como perro pastor. En contacto con el mundo "real" de los pastores, la literatura bucólica no guarda ninguna similitud con el verdadero ejercicio pastoril: "porque si los míos [pastores] cantaban, no eran canciones acordadas y bien compuestas, sino un 'Cata el lobo dó va, Juanica' y otras cosas semejantes; ... y no con voces delicadas, sonoras y admirables, sino con voces roncas, que, solas o juntas, parecía, no que cantaban, sino que gritaban, o gruñían" (309). A pesar de esa disparidad entre la "realidad" bucólica de la Arcadia y la realidad de los pastores con quienes trabaja Cipión, no se puede negar "que todos aquellos libros son cosas soñadas y bien escritas para entretenimiento de los ociosos, y no verdad alguna" (309). De nuevo la "verdad" de la Arcadia pastoril, o incluso, por extensión, la de dos perros que hablan, se pone cabalmente en duda. Aun así, ser consciente de lo irreal de la literatura no disminuye el placer que provocan esas "cosas soñadas," sino todo lo contrario: porque están "bien escritas" sirven de "entretenimiento," y divierten a un lector que bien pudiéramos ser nosotros mismos, lectores de la última de las *Novelas ejemplares* de Miguel de Cervantes. Tan irreales son los pastores de la Arcadia como los protagonistas de "El coloquio de los perros," pero todos ellos pueden en cualquier caso divertir a su lector gracias al modo en que se cuentan sus extraordinarios relatos.

Así, Cervantes ahonda en ese espíritu de entretenimiento que también domina el "monstruo cómico" de la nueva comedia lopesca. En lugar de seguir los estrictos preceptos de las poéticas clásicas, Lope abogaba por "que el vulgo con sus leyes establezca / la vil quimera de este monstruo cómico" (vv. 149-50). El deleite y diversión que complacen al público deben guiar al escritor en su tarea literaria, según reclamaba ya Juan Luis Vives en su *Arte de hablar*. Recomendaba el valenciano que el relato siguiera "el camino adonde le conduzca el gusto del auditorio, así dé en lo verdadero como en lo falso" (II: 790-91). En la poética monstruosa, la libertad creativa supera las restricciones de las reglas para formar ficciones únicas y prodigiosas, capaces de admirar a su lector o espectador por encima de posibles contradicciones con las leyes poéticas o de la naturaleza. En esa línea, y volviendo al nuevo teatro de Lope, se defiende la mezcla de géneros diferentes, como la comedia y la tragedia, prohibida por la poética clásica: "como otro Minotauro de Pasife, / harán grave una parte, otra ridícula, / que aquesta variedad deleita mucho: / buen ejemplo nos da naturaleza, / que por tal variedad tiene belleza" (vv. 176-80). Ese monstruoso Minotauro, mitad hombre y mitad toro, mitad tragedia y mitad comedia, "deleita mucho" por su variedad, pues imita la explosión creadora que se encuentra en la propia naturaleza. Si Dios ha creado un mundo tan variado, ¿por qué no puede el escritor liberar su imaginación y despertar la admiración de sus lectores mediante la originalidad y el prodigio? Y si un Minotauro deleita, ¿por qué no dos perros que hablan?

En "El coloquio," los temas de la variedad y de la mezcla de elementos diferentes están presentes al menos en dos sentidos. En primer lugar, la misma figura de los perros que hablan consiste en una mezcla de dos seres diferentes, en palabras de Cipión: "hablamos con discurso, como si fuéramos capaces de razón, estando tan sin ella que la diferencia que hay del animal bruto al hombre es ser el hombre animal racional, y el bruto, irracional" (299). Los perros parlantes se presentan como una combinación de "animal racional" (el hombre dotado del don del habla) y de "bruto, irracional," dominado según Alban Forcione por su *feritas* (*Cervantes and the Mystery* 16-17). En segundo lugar, se enfatiza la variedad como elemento esencial a la estructura narrativa en un doble sentido: mediante la presencia simultánea de múltiples antecedentes literarios en el texto (fábula, coloquio, *exemplum*...; ver para un resumen de las complejas relaciones intertextuales de "El coloquio" con géneros literarios previos, Riley, "The Antecedents" 171 y "Tradición" 48), y mediante las abundantes interrupciones de Cipión a la historia de Berganza para corregirle sus excesos narrativos. Desde el principio, Cipión aboga por seguir el hilo narrativo con cierta rigidez, sin desviarse a otros temas y cuentos que pueden añadir variedad, pero que pueden también derivar en digresiones superfluas. Ansioso por continuar con la narración de la vida de Berganza, quien se desvía hacia otros temas con facilidad, Cipión le pide "que la sigas [la historia] de golpe, sin que la hagas que parezca pulpo, según la vas añadiendo colas" (319).

Esa obra-pulpo, con múltiples colas, se convierte en "the key metaphor" (Riley, "The Antecedents" 164) que refleja a la perfección el misterio, la variedad, la flexibilidad de la poética de la monstruosidad que rige el relato de la extraordinaria vida de Berganza. Al intentar enmendar la monstruosidad (por diversa, algo descabellada y siempre cerca del terreno de lo imposible) de la narración de Berganza, Cipión añade a su vez variedad a la novelita, aumenta su auto-referencialidad y enfatiza el hecho de que, en este relato en particular, el modo en que se cuenta la historia puede ser más importante incluso que lo que se cuenta. Por esos comentarios intercalados, no obstante, Cipión cae en la contradicción de practicar lo que tanto le molesta en la narración de su interlocutor: la dispersión del hilo narrativo, la interrupción, la digresión.

Cuando repasa los vicios de los libros de caballería, el canónigo del capítulo 47 de la primera parte del *Quijote* se queja con particular énfasis de las deficiencias estructurales que encuentra en los autores "que los componen con tantos miembros, que más parece que llevan intención a formar una quimera o un monstruo que a hacer una figura proporcionada" (491). Esa "quimera" o "monstruo" caballeresca se parece en extremo, sorprendentemente, a la obra-pulpo que cuenta Berganza. Su relato está atiborrado de historias y personajes diferentes, trata temas serios y ridículos a la vez, y entremezcla visiones y alucinaciones a las narraciones de testigos presenciales que transcriben o dan testimonio de hechos imposibles. Como un monstruo o quimera que combina elementos de diferente procedencia, la obra-pulpo "El coloquio de los perros" consiste en una acumulación de modelos literarios (Riley, "The Antecedents" 171 y Aylward 240-42), y episodios, personajes y temas muy diversos (Forcione, *Cervantes and the Mystery* 22). En su apretada aventura vital, el perro Berganza trabaja en un matadero, guarda rebaños con unos pastores, vive en casa de unos estudiantes, cuenta un episodio que le ocurre con la criada negra de los estudiantes, se marcha después con un corchete, se convierte en el "perro sabio" de un atambor, en un pueblo conoce a la bruja Cañizares, después convive con gitanos, entra al servicio de un escritor de comedias primero y de un autor de comedias después, y por último termina en el hospital donde se encuentra con Cipión, y en el que entra en contacto con un alquimista, un poeta épico, un matemático y un arbitrista. En suma, la novelita contiene un riquísimo muestrario de personajes y ambientes muy distintos entre sí. Por esa heterogeneidad y mutabilidad constantes que dominan la vida de Berganza, se podría decir que "El coloquio" manifiesta un espíritu totalizador, múltiple, irreductible, caótico. Tanto la sucesión de amos y lugares descritos por Berganza, como las interrupciones constantes de Cipión, corrigiendo las desviaciones de la narración principal de Berganza y provocando otras digresiones él mismo, hacen que "El coloquio" repose sobre una base retórica de contradicciones y excesos. No extraña, por esto, que la unidad interna de "El coloquio," así como la conexión entre "El casamiento" y "El coloquio," haya provocado múltiples e intrincados debates críticos (Casalduero, *Sentido y forma de las* Novelas 193-94, Waley, El Saffar 84-86, Clamurro 247-48, Parodi 188 ss., Forcione, *Cervantes and the Mystery* 100-30 y Zimic).

Entre las paradojas irresolubles que presenta la novela cervantina, es importante destacar las incoherencias que los perros parlantes demuestran entre sus ideas literarias, estilísticas, y su práctica narrativa. Era moneda de cambio muy querida a Cervantes el establecer entre el narrador de una historia y quien(es) le escucha(n) un diálogo no sólo sobre lo que se cuenta, sino también sobre el modo en que se cuenta. Valgan por ejemplos estos del *Quijote*: la historia de Marcela y Grisóstomo narrada por el cabrero Pedro (I, 12; 104-09), el cuento de la pastora Torralba narrado por Sancho (I, 20; 178), la conversación entre Sancho y Teresa Panza (II, 5) o el retablo de Melisendra contado por el niño a quien don Quijote y maese Pedro le reprochan su prolijidad (II, 26; 752-54). En el caso de "El coloquio," Cipión asume desde el principio el papel de severo crítico literario que deber corregir en todo momento el estilo imperfecto de Berganza, y especialmente su tendencia a la digresión. No obstante, ya en las primeras páginas de "El coloquio," el propio Cipión interrumpe el relato de Berganza para elaborar un discurso sobre cómo encontrar amo y los diferentes tipos de señor que hay (311). Berganza, criticado por su amigo en otros pasajes por el mismo hecho de dispersar la narración con intercalaciones innecesarias, le advierte: "Todo eso es predicar, Cipión amigo," comentario que éste acepta con un lacónico "Así me lo parece a mí, y así, callo" (312). El crítico literario, Cipión, no se aplica sus propias leyes narrativas. Otro ejemplo de este tipo de paradoja ocurre cuando, tras una digresión en la que ambos perros critican el uso innecesario y pomposo de citas latinas, Berganza introduce un latinismo en su digresión (otra más) sobre el poder del dinero: "*Habet bovem in lingua*" (322). Cipión está presto a corregir a su amigo ("¡Oh, que en hora mala hayáis encajado vuestro latín!"), pero Berganza se contradice con lo que dijo anteriormente y encuentra que, en ese caso concreto, "Este latín viene aquí de molde" (322). Entre otros ejemplos posibles (310, 319, 321, 330...), los citados ilustran el espíritu de contradicción, de unión de opuestos, de ambigüedad, que envuelve toda la obra y que se muestra con especial intensidad en el caso de las digresiones que afectan a la naturaleza del lenguaje y el orden narrativo del relato. La práctica literaria discurre al margen de las reglas de la poética, incrementando la sensación de total libertad discursiva.

En el marco de una retórica de la monstruosidad basada en la unión de opuestos y la acumulación de partes diferentes, el propio origen del lenguaje se presenta como un caso paradójico en el que se ofrecen argumentos contradictorios y en el que se estrechan las relaciones del texto cervantino con las teorías de la época sobre los monstruos (Forcione, *Cervantes and the Mystery*, capítulo VI, "Language: Divine or Diabolical Gift?" 187-236). Al principio se apunta que los dos perros que hablan han recibido su "divino don de la habla" directamente de Dios, pues "sea lo que fuere, nosotros hablamos, sea portento o no; que lo que el cielo tiene ordenado que suceda, no hay diligencia ni sabiduría humana que lo pueda prevenir" (301). Los perros que hablan, esos portentos, son una manifestación de la generosidad de Dios, quien les ha otorgado el "divino don de la habla." El hombre no debe cuestionar (por mucho que le cueste creerlo) esa expresión lingüística de la divinidad.

La relación entre el lenguaje y Dios se articula en numerosos pensadores medievales y renacentistas a partir de la imagen del monstruo. En parte siguiendo la estela de los textos mitológicos y de la propia Biblia, el monstruo se convierte en un símbolo en torno al cual se construye todo un sistema filosófico y religioso de representación. David Williams describe del siguiente modo el funcionamiento de lo que él ha llamado "the deformed discourse":

> the deformed functioned more often as a complementary, sometimes alternative, vehicle for philosophical and spiritual inquiry during this most intellectually speculative period of Western civilization... the Middle Ages made deformity into a symbolic tool with which it probed the secrets of substance, existence, and form incompletely revealed by the more orthodox rational approach through dialectics. (3)

La Edad Media en general, y el Neoplatonismo cristiano en particular, reconoce la incapacidad del lenguaje no sólo para reflejar el mundo de las ideas, sino también para explicar la divinidad y su creación. Para pensadores como el pseudo-Dionisio o San Agustín, según Williams, únicamente se puede reflexionar sobre Dios mediante ambigüedades, paradojas, monstruosidades y deformidades, no mediante una retórica mimética. Dios es una paradoja que no puede transmitirse mediante las palabras, lo existente, las imágenes del mundo, y que debe, por lo tanto, ser conceptualizado mediante lo que no-es, la negación, lo monstruoso (4-8). El monstruo se convierte así en un símbolo extremo mediante el cual transcender las limitaciones de la lógica y el lenguaje para representar (en sentido negativo y/o positivo) lo irracional, la divinidad. A Dios se le considera, de hecho, como el creador directo de los monstruos: de San Agustín a San Isidoro, Escoto Erígena o el pseudo-Dionisio (Williams 9-17), hasta Ambroise Paré. El teratólogo francés, cuyo tratado *Des monstres et prodiges* es el más influyente en la Europa de los siglos XVI y XVII, afirma que "la première [cause des monstres] est la gloire de Dieu. La seconde, son ire" (4). La geografía medieval sitúa en los límites del mundo, separando al hombre de Dios, una región poblada por razas monstruosas que habitan más cerca del Creador que los propios seres humanos (Williams 17, y ver también John B. Friedman). Mediador entre el hombre y la divinidad, el monstruo se encuentra en el centro de un discurso límite, en la base de un lenguaje y una geografía extremos. Constituye, por su carácter discursivo excepcional, "part of [the] semiotic aspect of nature in that, unlike other signs that 're-present' the intelligible, it 'portends,' 'points to,' and 'd*emonstrates*,' to use Isidore's terms" (Williams 13; ver también, para el monstruo como lenguaje, Kappler 187).

En suma, el lenguaje de los monstruos (de dos perros que hablan, en este caso) no es un lenguaje racional, conceptual, sino uno deíctico, demostrativo, que se acerca a la divinidad por su carácter límite, inexplicable, inabarcable. Es por ello que Cipión desiste de encontrar la lógica a su capacidad de hablar, pues, siendo portentos o no, en cualquier caso los perros hablan por voluntad divina, que es incomprensible e incuestionable. Como el propio discurso monstruoso al que se refiere Williams, el lenguaje de Dios no puede ser comprendido por los hombres. Esa codificación del lenguaje divino/monstruoso encuentra de nuevo su paralelo en el lenguaje de la ficción. Como el poeta y la obra literaria, el lenguaje se basa en la misma multiplicidad que caracteriza la obra-pulpo de Berganza y la fiera arpía en que se convierte Cañizares. Según Jorge Larrosa, "el poeta está habitado, poseído, por algo que no es él ... El poeta aparece habitado por el lenguaje ... un lenguaje múltiple, hecho de una diversidad de lenguas y de estilos, de modos de expresión distintos" (84). Además de su variedad, el lenguaje se apropia de la excepcionalidad del monstruo para lograr hechizar al público, como en el caso de la comedia lopesca, y para lograr un canal de comunicación para lo irracional, lo fuera de lo común, lo verdaderamente excepcional. Esta conexión entre lenguaje y monstruosidad, como sugiere Williams, es particularmente notable en la paradójica relación del hombre con Dios, pero también lo es respecto al monstruoso influjo de Satanás sobre los seres humanos.

En una muestra más del carácter contradictorio y heterogéneo de "El coloquio," Cipión y Berganza no se conforman con aceptar el carácter divino de su habla y, durante el episodio de las brujas, exponen el posible origen demoníaco de su lenguaje. Los perros siguen explorando las causas de su monstruosidad mediante una retórica que, de manera violenta, pasa de un razonamiento a su opuesto. Cervantes no sólo presenta unos monstruos que hablan, sino que hace de su relato una obra-pulpo en la que se combinan elementos contrarios y se alteran los órdenes lógicos de la naturaleza. Al origen divino del lenguaje, se contrapone en apenas unas líneas el carácter murmurador y maldiciente que hace del lenguaje un instrumento maligno, muestra indicadora de la inherente tendencia al mal en el ser humano y, por extensión, en los perros parlantes (315). De nuevo encontramos, como en el Minotauro lopesco mitad toro y mitad hombre o en la arpía, una acumulación de elementos distintos en un mismo cuerpo: el lenguaje es tanto divino como intrínsecamente pernicioso.

Si atendemos a lo que cuenta la bruja Cañizares, el lenguaje de Cipión y Berganza se origina en el hechizo satánico de la poderosa Camacha, quien les mudó, durante el parto, de hombres en perros (336). La Cañizares apunta, así, a una nueva fuente del portento narrado en la novela: si Cipión y Berganza hablan, es por la magia demoníaca de una famosa bruja, la Camacha, quien viene a sustituir a Dios como origen del extraordinario coloquio de los perros. El "milagro" del habla procedería, en consecuencia, de un ambiente de corrupción moral y horror muy acorde con la acepción más común del monstruo: la de un ser deforme tanto física como espiritualmente. De un ambiente vicioso, de unas brujas sometidas a Satanás, surgen los monstruos parlantes Cipión y Berganza.

Insisto en que la noción de lo monstruoso no puede, sin embargo, limitarse a sus connotaciones negativas. Cuando me refiero a un lenguaje de la monstruosidad no lo hago en términos peyorativos, sino todo lo contrario; intento encontrar una coherencia a ese discurso límite, contradictorio, que se desvía de lo normal y desafía las leyes, tanto naturales como literarias, para mostrarse con libertad total ante un público ávido de ser sorprendido, de admirarse. A un nivel estrictamente narrativo, la explicación de la Cañizares sobre los orígenes satánicos de los perros que hablan se presenta mediante un procedimiento retórico no menos monstruoso (por violento, libre y admirable) que los propios Cipión y Berganza: el *ordo artificialis*, esto es, comenzar la narración *in media res* y no por el principio cronológico de los hechos (Lausberg 367-76).

Para recapitular por un momento, recuerdo que en las primeras páginas de "El coloquio" se resuelve la imposibilidad del don de habla de los perros al atribuir el "milagro" al poder divino. Poco más adelante, Berganza reconoce que se guardó en la manga una revelación que hubiera explicado el prodigio desde el principio: fue Camacha, según la Cañizares, quien hechizó a los dos hijos de la Montiela. De un lenguaje divino hemos pasado ahora a uno diabólico. Pero una vez más, tan interesante como esta explicación sobre el origen satánico de los perros parlantes (lo que se cuenta), es cómo se cuenta: el hecho de que Berganza esperó hasta la mitad del relato para ofrecer el testimonio de la Cañizares. Como le dice él mismo a Cipión, "esto que ahora te quiero contar te lo había de haber dicho al principio de mi cuento, y así excusáramos la admiración que nos causó el vernos con habla" (336). Berganza no perdió la ocasión de crear "admiración" en Berganza y, por ende, en su lector. Altera el orden de su narración con el fin deliberado de no contar la historia de Cañizares al principio, sino empezando por la mitad. Ha creado así un cierto suspense, ha dado pie a la especulación, ha enganchado a su lector con la incertidumbre y aparente imposibilidad de unos perros, nunca vistos antes, que hablan. Una vez más, el discurso se vuelve hacia sí mismo; presenta hechos y personajes monstruosos, pero lo hace además mediante una retórica de la monstruosidad que altera el orden natural, desviándose de la norma cronológica, introduciendo una cierta violencia narrativa y creando sorpresa y admiración.

En ese espacio de la admiración y la libertad creativa se desarrolla el discurso de la monstruosidad. Todo el relato se construye sobre una base mixta de admiración, maravilla e (in)credulidad. Ya desde el principio, el motor creador de "El coloquio" es la transcripción de una conversación entre perros que cree oír un enfermo de sífilis sudando las fiebres en un hospital. Los orígenes del relato no pueden ser menos esperanzadores si buscamos un narrador fidedigno y veraz: el alférez es sifilítico, fue engañado por su prometida en "El casamiento," y está febril en un hospital. Parecida visión de las fuerzas creadoras se nos ofrece en otro momento de la novelita, cuando Berganza describe a la Cañizares en trance, recién untada con los ungüentos que la hacen sentirse mutante, sobrenatural, en una palabra, bruja. Esa bruja capaz de hechizos, de "mala visión" (344), se parece a la Camacha que transformó con su fenomenal hechicería a los niños de la Montiela en Cipión y Berganza, dos perros parlantes. Pero recuerda también a la mala visión que ofrece el propio Campuzano febril, convaleciente, que concede (¿inventa, transcribe, sueña?) a unos perros el don de habla. No se olvide que, cuando Peralta reconoce a su amigo Campuzano recién salido del hospital, reacciona "santiguándose como si viera alguna mala visión" (281).

Los creadores o testigos dentro del relato, tanto las brujas como el alférez, ofrecen una "mala visión" (281 y 344) porque encuentran su fuerza inventiva en el mal que les aqueja, bien sea en las fiebres del sifilítico o en los trances de las hechiceras. De estos orígenes monstruosos en sentido negativo, viciosos y corruptos moralmente, nace una creación igualmente monstruosa, pero mucho más positiva. "El coloquio de los perros" se presenta, desde el propio texto, como un espacio de la maravilla y la admiración donde ocurren hechos portentosos que mantendrán entretenido al lector. De ese contexto prodigioso surgen todos los episodios de la acción, incluyendo la historia-marco "El casamiento engañoso," donde Campuzano cuenta el engaño que le conduce a la ruina y del que sale enfermo de sífilis. Cuando se encuentra con su amigo Peralta, Campuzano introduce la narración de sus desgracias presentándolas como los sucesos "más nuevos y peregrinos que vuesa merced habrá oído en todos los días de la vida" (282). Incluso un episodio lamentable para su protagonista como "El casamiento engañoso," se presenta como relato admirable y único. El monstruo literario, nacido del vicio y la corrupción moral, sufre una metamorfosis que lo transforma en un ente prodigioso que merece ser mostrado, contado, y del cual su lector u oyente extraerá gran placer.

Cuando Campuzano termina su historia personal y le habla a Peralta de "El coloquio de los perros," sitúa de nuevo su relato en ese espacio discursivo de lo excepcional: "otros sucesos me quedan por decir que exceden a toda imaginación, pues van fuera de todos los términos de naturaleza" (292). Ese lugar fuera de la naturaleza y de los límites de la imaginación es descrito por Campuzano en términos tan hiperbólicos que "encendían el deseo de Peralta de manera que, con no menores encarecimientos, le pidió que luego le dijese las maravillas que le quedaban por decir" (293). Estas "maravillas" son, por supuesto, la historia de los perros que hablan.

En numerosas ocasiones a lo largo del texto se reitera la ubicación de "El casamiento" y, especialmente, "El coloquio" en ese espacio de la maravilla que caracteriza el discurso de la monstruosidad. Cuando Cipión y Berganza comienzan su coloquio, los propios perros se maravillan ante su don de habla. Ambos poseen una "no vista merced," que "pasa de los términos de la naturaleza," y que Berganza caracteriza del siguiente modo: "Todo lo que dices, Cipión, entiendo, y el decirlo tú y entenderlo yo me causa nueva admiración y nueva maravilla" (299). Se reconocen como "portentos" (300), "prodigio" (336), "extraño suceso" (338), "caso portentoso y jamás visto" (346), y por ello provocan "admiración" (336).

Establecido el aspecto más extremo del discurso de estos perros que hablan, el de la maravilla y la admiración, queda por determinar cómo ese espacio de lo extremo puede hacerse verosímil. Recordemos que, para Cervantes, en "la verosimilitud y la imitación ... consiste la perfección de lo que se escribe" (*Don Quijote* I, 47; 491). Por ello, Antonio Rey Hazas describe la construcción de lo verosímil como una cuestión interna a la novela (139), aunque no la relaciona con la controvertida cuestión de su unidad. E.T. Aylward, siguiendo en parte a Ruth El Saffar, afirma que "El casamiento" y "El coloquio" comparten "their mutual preoccupation with the question of literary verisimilitude" (275; ver también 270-71), y Rogelio Miñana interpreta la novela como un muestrario de estrategias posibles para construir la verosimilitud de un texto ("Cómo hacer verosímil"). "El coloquio," desde esta perspectiva, ejemplifica la premisa aristotélica de que es preferible lo imposible verosímil (la historia de dos perros que hablan, en este caso) a lo posible inverosímil (1460a; 89). Según las teorías aristotélicas, lo que es posible en la realidad y lo que es verosímil no son lo mismo, pues la realidad y la ficción tienen leyes internas diferentes. Por ello, en una novelita corta los perros pueden hablar siempre que se construya la verosimilitud de ese hecho prodigioso, imposible en el mundo natural. Además, y volviendo a Aristóteles, el recurso verosímil a lo maravilloso, a lo imposible, no sólo no es descabellado, sino que es recomendable porque contribuye poderosamente a provocar el necesario efecto de admiración y catarsis en el receptor (1460a; 88-89).

En ese espacio poético de la maravilla, la admiración y el discurso límite, el escritor debe evitar lo disparatado, todo aquello que pueda distraer la atención de su lector y enturbiar el placer de la lectura. La cuestión de la credibilidad, por lo tanto, es complementaria al espacio de la maravilla, y constituye otro eje fundamental de un discurso de la monstruosidad: ¿cómo se puede crear con libertad compositiva un discurso extremo (sobre dos perros que hablan, por ejemplo) dentro de unos parámetros creíbles? El problema fundamental que "El coloquio" plantea es, por lo tanto, el de la credibilidad, problema al que se le busca soluciones continuamente a lo largo de todo el relato. En una estructura de espejos narrativos, utilizada por Cervantes en varias de sus obras, las respuestas que se proponen a la cuestión de cómo hacer verosímil la maravilla aparecen dobladas. Primero, se formulan en la novela marco, en la conversación entre Peralta y Campuzano; y después, por boca de diversos personajes en "El coloquio." De nuevo la retórica del exceso señalada por Paul Julian Smith convierte las múltiples "colas" de la obra-pulpo de Berganza en un monstruo admirable y entretenido. Edward C. Riley encuentra tres explicaciones posibles a los hechos sobrenaturales de "El coloquio," el portento, el sueño y la metamorfosis ("The Antecedents" 167-68 y "Tradición" 50-53), pero en mi opinión el propio texto ofrece más opciones, algunas de ellas fascinantes e irreverentes.

Los dos amigos de "El casamiento" reconocen que los perros parlantes "exceden a toda imaginación" y "van fuera de todos los términos de naturaleza," por lo que el coloquio que transcribió Campuzano "ahora ni nunca vuesa merced podrá creer, ni habrá persona en el mundo que lo crea" (292). Igualmente, y según se ha citado ya, los dos perros sitúan su conversación en el terreno de la maravilla: "el hablar nosotros pasa de los términos de naturaleza," afirma Berganza (299). Para conseguir que el discurso de la monstruosidad sea verosímil, y pueda así alcanzar la perfección literaria que reclamaba Cervantes en el *Quijote*, los diferentes narradores hacen explícito el carácter extraordinario y fuera de lo natural de la historia. De este modo, se abre un espacio propio para la maravilla, lo que queda "fuera ... de naturaleza," donde puede existir tanto el monstruo (los personajes) como la obra-monstruo (la ficción que admira por su discurso admirable).

Como segunda estrategia para apoyar la credibilidad de "El coloquio," varios de los personajes principales se presentan como testigos visuales que acreditan la verdad de los hechos. En un recurso habitual en la época, Campuzano admite lo extraño de los sucesos que narra, pero pide a Peralta que "sin hacerse cruces, ni alegar imposibles ni dificultades, vuesa merced se acomode a creerlo; y es que yo oí y casi vi con mis ojos a estos dos perros ... [y los] oí hablar allí junto" (293). De similar modo, los propios Cipión y Berganza se sorprenden por su capacidad de habla hasta tal punto que reconocen su lenguaje, pero apenas pueden creerlo: "Cipión hermano, óyote hablar y sé que te hablo, y no puedo creerlo" (299). Por último, la Cañizares da testimonio visual del momento en que Montiela dio a luz a sus dos hijos, metamorfoseados en perros por el hechizo de la Camacha: "que me hallé presente a todo" (338). Al poner la narración de los hechos en boca de un testigo visual, se pretende reforzar la verosimilitud de la maravilla, aunque, como se verá, la fiabilidad personal de esos testigos se pone en otros momentos del texto en entredicho.

La búsqueda de verosimilitud sigue ante la falta de una respuesta definitiva a cómo hacer creíble a los perros parlantes. En tercer lugar, y con gran sutileza, Cervantes introduce otro modo de dotar de prestigio y credibilidad a los hechos que narra. Como mencioné más arriba, en dos momentos del texto se cita el nombre de "Isopo," o Esopo, el más famoso de los escritores clásicos de fábulas, género moralizante en el que los animales hablan. Peralta ironiza sobre "El coloquio" entre perros por trasladarle al tiempo "de Isopo, cuando departía el gallo con la zorra y unos animales con otros" (294). Más tarde, Berganza recuerda al hilo de su narración "la fábula de Isopo, cuando aquel asno..." (312). La mera mención, incluso en un contexto más bien satírico, del género moralizante que practicaba Esopo, constituye una base literaria reconocida sobre la que asentar la descabellada historia que el febril Campuzano creyó escuchar una noche en el hospital. Mediante la inserción de la novela en una prestigiosa tradición literaria, las fábulas de Esopo, el texto gana autoridad cultural a pesar de lo imposible de sus hechos.

Más efectivo y sólido resulta el cuarto procedimiento por el que Cervantes apuesta para lograr la verosimilitud de su coloquio entre perros: el milagro. Como pedía Torquato Tasso, lo maravilloso debía atribuirse a una intervención divina con el doble objetivo de afianzar la credibilidad del prodigio, pues Dios lo puede todo, y de adoctrinar a las gentes en el temor y respeto a Dios (Miñana, *La verosimilitud* 153 sobre Tasso, y 114-26 para un repaso histórico de la cuestión, desde los clásicos a la Edad Media y el Siglo de Oro). El convaleciente Campuzano reconoce, precisamente, que "si no es por milagro no pueden hablar los animales" (293), y Cipión no disputa su "divino don de la habla" (en palabras de Berganza) porque "lo que el cielo tiene ordenado que suceda, no hay diligencia ni sabiduría humana que lo pueda prevenir" (301). Incluso en el episodio sobre las brujerías de la Camacha y sus compañeras de hechicerías, los engaños de Satán son permitidos en último término sólo por la voluntad de Dios. Así se reitera en varios momentos de las confesiones de Cañizares a Berganza: "todo esto [sus brujerías] permite Dios por nuestros pecados, que sin su permisión yo he visto por experiencia que no puede ofender el diablo a una hormiga" (341). Por supuesto, no es que Dios engendre el mal Él mismo, pues "Dios es impecable," sino que "nosotros somos autores del pecado ... todo permitiéndolo Dios, por nuestros pecados" (342). Al atribuir el prodigio y las brujerías a una intervención divina directa, se afianza la credibilidad de los actos paranormales doblemente, pues, ya que Dios todo lo puede, nadie debe cuestionar ni entender Sus designios, sino sólo aceptarlos.

Por supuesto, Cervantes no se conforma con el recurso fácil a una explicación religiosa mediante la cual todo portento se puede simplemente derivar del poder divino. En quinto lugar, se plantea una solución racional a lo que parece sobrenatural, pero que en realidad caería dentro de los límites de lo fisiológico y racional. Durante el episodio de las brujas, en que se describe un ambiente de supercherías y hechizos, se hace mención de "aquella ciencia que llaman *tropelía*, que hace parecer una cosa por otra" (337). La tropelía puede dar a ciertos hechos una apariencia sobrenatural aunque su causa sea natural o fruto de un engaño. Como descubre la Cañizares, una de las causas posibles de sus poderes y visiones supuestamente sobrenaturales es de origen natural, físico. Las brujas utilizan un "ungüento ... compuesto de jugos y yerbas en todo extremo fríos, y no es, como dice el vulgo, hecho con la sangre de los niños que ahogamos" (341). Esas unturas nos privan de todos los sentidos [y] en untándonos con ellas quedamos tendidas y desnudas en el suelo, y entonces dicen que en la fantasía pasamos todo aquello que nos parece pasar verdaderamente. Otras veces, acabadas de untar, a nuestro parecer, mudamos forma, y convertidas en gallos, lechuzas o cuervos, vamos al lugar donde nuestro dueño [Satanás] nos espera. (342)

Los ungüentos que las brujas utilizan son las causas físico-naturales que les producen fuertes alucinaciones, hasta el punto de quedar en trance y creer que su cuerpo sufre metamorfosis. La propia Cañizares se queda ante Berganza "como muerta" pues, tras untarse, "no respiraba poco ni mucho" (344).

Hay otros aspectos de la tropelía de las brujas mucho más cercanos al lenguaje, además; lo que podríamos llamar una suerte de tropelía lingüística. La Cañizares cuenta que, según se rumorea, Camacha tuvo a un sacristán sirviéndole en forma de asno durante seis años. Para la Cañizares, sin embargo, los poderes de la Camacha no alcanzan hechos tan imposibles como la transformación de un hombre en asno, sino que la tropelía (el parecer una cosa por otra) del caso es puramente lingüística y esconde una simple metáfora: el sacristán es un asno, un idiota. Así explica Cañizares la transformación del sacristán en animal, pues la Camacha no podía realmente convertir "hombres en bestias," sino que como "aquellas antiguas magas ... con su mucha hermosura y con sus halagos, atraían los hombres de manera a que las quisiesen bien, y los sujetaban de suerte, sirviéndose dellos en todo cuanto querían, que parecían bestias" (337). El concepto de "parecer" (tropelía) adquiere aquí un inequívoco tinte lingüístico, estilístico, en forma de metáfora: el hombre que vive sujeto a su amada de tal forma que parece un asno a su servicio. Pero si la afirmación de Cañizares sobre los limitados poderes de Camacha (más lingüísticos que reales: no podía convertir "hombres en bestias") es cierta, ¿entonces cómo explicar la transformación de los hijos de la Montiela en los perros Cipión y Berganza?

La relación entre las brujas y Satanás se basa, en cualquier caso, en engaños, bien sean naturales o lingüísticos. Según reconoce la Cañizares, el demonio "nos trae tan engañadas a las que somos brujas, que, con hacernos mil burlas, no le podemos dejar" (339). Ese poder embaucador y engañador (recordemos que el título de la novela marco de "El coloquio" es "El casamiento *engañoso*") del diablo se nutre de una irreprimible tendencia de las brujas a la credulidad, por lo que el papel de la fantasía en los actos de hechicería es fundamental. Para los aquelarres, las brujas "no vamos a estos convites sino con la fantasía en la cual nos representa el demonio las imágenes de todas aquellas cosas que después contamos que nos han sucedido," pues "todo lo que nos pasa en la fantasía es tan intensamente que no hay diferenciarlo de cuando vamos [a los aquelarres] real y verdaderamente" (340). En los archivos inquisitoriales han quedado múltiples ejemplos de brujas que, como la Cañizares, admiten su credulidad en la práctica de la hechicería (Johnson, "Of Witches" 16-19), atribuyendo su relación con Satanás al mismo exceso de credulidad del cual ofrecí un sucinto panorama en el capítulo anterior.

En el discurso de la monstruosidad, los poderes satánicos se solapan con los divinos (dado el origen divino y la permisividad de Dios ante los engaños de Satanás referidos antes) pero, también, con los poderes de un escritor-creador investido de extraordinarias habilidades. No olvidemos que, del mismo modo que la credulidad se apodera de las brujas y les hace creer en la realidad de sus hechicerías, el personaje cumbre de Cervantes, Quijano/Quijote, también cree en la realidad de sus libros de caballerías. Por su credulidad extrema, algunas mujeres se convertían en brujas de modo similar a como Quijano decide cambiar radicalmente su vida para convertirse en su héroe de fantasía, don Quijote. Al fin y al cabo, el placer de la fantasía y, por ende, de la ficción, es tan grande, que "aunque los gustos que nos da el demonio son aparentes y falsos, todavía nos parecen gustos, y el deleite mucho mayor es imaginado que gozado, aunque en los verdaderos gustos debe de ser al contrario" (343). El comentario de Cañizares recuerda al placer que los lectores obtienen de la literatura ficcional, atacada por platonistas y moralistas por su intrínseca falsedad, y que les lleva a muchos a puertas de la credulidad (Ife, *Lectura y ficción* 35 ss., y 39 ss. para "El coloquio"; y Fogelquist para los libros de caballería, 205-18). Cervantes, con su característica habilidad para unir contrarios, defiende el inmenso placer de una creatividad y fantasía libres que superan a la realidad ("el deleite mucho mayor es imaginado que gozado"), aunque reconoce que "en los verdaderos gustos debe de ser *al contrario.*" En los espacios del discurso monstruoso, los poderes de la creación y la fantasía se relacionan tanto con el engaño como con el deleite, con Dios y con Satanás. Capturados por la maravilla, los receptores crédulos –sean brujas o Quijanos– absorben la monstruosidad que excita sus imaginaciones y se transforman, sufren metamorfosis de mujer en bruja, de hidalgo en caballero andante, y de niño en perro que habla.

Siguiendo con ese procedimiento tan cervantino de unir opuestos y presentar argumentos contradictorios a la vez, el sexto procedimiento que aparece en "El coloquio" para afianzar la credibilidad de la historia es, precisamente, su opuesto: el escepticismo absoluto y la duda existencial. Contra la credulidad, la tropelía y la fantasía convertida en realidad, los perros parlantes proponen la incredulidad más radical. Esta posible respuesta al enigma de por qué hablan Cipión y Berganza aparece, una vez más, tanto en "El casamiento" como en "El coloquio." En la novelita marco la plantea abiertamente el alférez Campuzano cuando introduce la historia de Cipión y Berganza al licenciado Peralta, un relato que "ahora ni nunca vuesa merced podrá creer, ni habrá persona en el mundo que lo crea" (292). A pesar de que intenta convencer a Peralta de que el coloquio es fiel transcripción de lo que oyó y vio en el Hospital (293-94), el propio narrador-transcriptor reconoce la imposibilidad de lo sucedido y termina por preguntarse si su "verdad [será] sueño, y el porfiarla disparate" (294). Como afirma Campuzano, "yo mismo no he querido dar crédito a mí mismo, y he querido tener por cosa soñada lo que realmente estando despierto, con todos mis cinco sentidos ... oí, escuché, noté y, finalmente, escribí sin faltar palabra" (294). Su amigo, el licenciado Peralta, enfatiza desde su condición de lector de "El coloquio" el escepticismo que se contrapone al increíble caso de los perros que hablan. La descabellada historia de Campuzano obliga a Peralta a "declarar por la parte de no creelle ninguna cosa. Por amor de Dios, señor Alférez, que no cuente estos disparates a persona alguna, si ya no fuere a quien sea tan su amigo como yo" (293). Finalmente, Campuzano pide a Peralta que lea, "si quiere, esos sueños o disparates" suyos (295), desistiendo ya de hacer creer a su lector en lo imposible. El narrador no presenta ahora a su lector una conversación oída y transcrita con exactitud, sino unos "sueños o disparates" que, por descabellados, rompen con la credulidad del receptor que analicé en el capítulo anterior. Peralta no es Quijano, su forma de leer es más escéptica, y por ello desconfía de un narrador que ha tensado demasiado las cuerdas de la credibilidad (Blasco 161).

La incredulidad y la duda existencial se plantean todavía con mayor efectividad e impacto en boca de los propios Cipión y Berganza. Desde el principio, los perros se asombran de su capacidad de habla, a la que llaman primero "portento" y después "divino don" (301). Tras varias páginas de coloquio, Berganza viene a concluir que "lo que hasta aquí hemos pasado y lo que estamos pasando es sueño, y que somos perros; pero no por esto dejemos de gozar deste bien de la habla" (347). Al admitir que "lo que estamos pasando es sueño," Berganza ha llegado al mismo punto de duda e incredulidad al que llegaron Campuzano y Peralta en su conversación, pues también describe su relato como "sueños o disparates" (Blasco 42, 90). Los narradores y personajes principales de sus respectivas novelas (Campuzano de "El casamiento" y Berganza de "El coloquio") han convergido en un mismo motivo: el de la vida es sueño o, en su versión más descabellada, la vida es un disparate (294-95 y 347). Frente a las implicaciones teológicas de *La vida es sueño* de Calderón, por ejemplo, en el caso cervantino el sueño (o disparate) es lingüístico y parte de una base monstruosa. En los primeros versos de la *Epístola a los Pisones* de Horacio, la poética quizás más influyente, junto a la de Aristóteles, durante la época de Cervantes, se critica la obra compuesta de partes diversas y sin coherencia estructural. Horacio advierte contra ese monstruo poético: "Creedme, Pisones, que a ese [monstruo] será muy semejante un libro cuyas imágenes se representan vanas, como sueños de enfermos" (129). Animales extraordinarios que hablan, ambientes de maravilla y vicio que no pueden ser creídos, vidas disparatadas y sueños febriles de enfermo, hechicerías satánicas y malas visiones, el relato de "El coloquio de los perros" tiene la anatomía (por utilizar la fórmula de Forcione) y las características de ese monstruo literario que repugnaba a Horacio. Obra pulpo, si "El coloquio" es un sueño ciertamente no lo es de Dios, sino de creadores y receptores humanos, de enfermos de sífilis. No podemos olvidar que, mientras Peralta lee el "sueño" que cuenta el coloquio entre Cipión y Berganza, su transcriptor, Campuzano, duerme.

El relato confluye, pues, en una explicación quizás un tanto insatisfactoria, pero en cualquier caso incuestionable: todo "El coloquio" no es más que un sueño o, incluso, un disparate literario. Puede serlo del febril Campuzano, o incluso de los propios Cipión y Berganza. Ciertamente, los perros son conscientes de que su capacidad de habla es inexplicable, pues no se sienten convencidos por los complejos, muchas veces contradictorios argumentos que la Cañizares ofrece a Berganza para aclarar su origen. Cipión recuerda que las palabras de la bruja "se han de tomar en un sentido que he oído decir se llama alegórico, el cual sentido no quiere decir lo que la letra suena, sino otra cosa, que, aunque diferente, le haga semejanza" (346). El crítico Cipión se ha percatado de que la historia de Cañizares es fabulosa y, además, proviene de una bruja sin credibilidad. Mediante el sentido alegórico, el oyente o lector debe interpretar los hechos falsos para deducir verdades codificadas. Con esta advertencia, Cipión no sólo duda de la fiabilidad de Cañizares, sino que también propone un juego interpretativo similar al que debe realizar el lector u oyente cuando se enfrenta a la literatura ficcional, incluyendo los lectores mismos de "El coloquio." Siguiendo un argumento clave en la defensa de la ficción, asediada en esta época por moralistas y neoplatónicos, Cipión opta por una lectura alegórica del diálogo entre Cañizares y Berganza, pues bajo una mentira literal pueden esconderse otras verdades universales que hay que descifrar (Miñana, *La verosimilitud* 44-51).

Los perros parlantes, así, se acercan atrevidamente al espacio de la ficción, quedando muy cerca de reconocerse a sí mismos como personajes de una novela inventada. En una suerte de existencialismo *avant la lettre*, Cipión se cuestiona a sí mismo cuando afirma que las historias de la bruja Cañizares

> son embelecos, mentiras o apariencias del demonio; y si a nosotros nos parece ahora que tenemos algún entendimiento y razón, pues hablamos siendo verdaderamente perros, o estando en su figura, ya hemos dicho que éste es caso portentoso y jamás visto, y que aunque le tocamos con las manos, no le habemos de dar crédito hasta tanto que el suceso dél nos muestre lo que conviene que creamos. (346)

Los perros han alcanzado un nivel de escepticismo en el que dudan incluso de su propia existencia: no saben si son perros o sólo están "en su figura"; se reconocen "caso portentoso y jamás visto"; pero, sobre todo, no se van a "dar crédito" ni siquiera a ellos mismos hasta saber "lo que conviene que creamos." El problema de la credibilidad del monstruo ha alcanzado su máxima tensión: duda incluso de sí mismo. ¿Quién es el monstruo, por qué es diferente a los demás? ¿Existen? ¿Alguien los ha visto? Los perros que hablan han llevado su discurso al límite, pues se presentan al lector como caso único, prodigioso, admirable, que entretiene con su variedad infinita, su combinación de elementos distintos, su relación paradójica con el cubrirse y descubrirse. El suyo es un discurso tan extremo que terminan por dudar incluso de su propia existencia.

A nivel autorial, Campuzano (Cervantes, si se prefiere) también ha llevado su relato al límite de la credibilidad y de la verosimilitud, sin las cuales no existe la perfección literaria. Ha presentado el coloquio de unos prodigiosos perros que hablan, y no cesa de proveer al lector con explicaciones siempre insatisfactorias de ese portento. El texto, en lugar de esconder su carácter límite bajo capas de recursos más o menos ingeniosos, como algunos de los repasados anteriormente (la presencia de testigos visuales, la intervención de Dios, el prestigio de un género literario...), se vuelve al revés: expone sus incoherencias, sus imposibilidades, denuncia su poética monstruosa. El relato se revela como un monstruo que no encuentra explicación a su diferencia, pero que a pesar de todo no puede contener su deseo de mostrarse.

Entonces, cabría preguntarse, ¿por qué leer una obrita tan diversa, tan heterogénea, tan fuera de lo común? ¿Por qué leer esta novela-monstruo? Después de meter al lector en un laberinto de posibles causas y explicaciones lógicas y sobrenaturales, después de plantear todas las imposibilidades e incoherencias de un coloquio entre perros, el texto llega a un espacio límite en el que se duda de todo y de todos. Del milagro a la intervención satánica, y de la certidumbre a la duda más radical, los diversos personajes-monstruo que pueblan el relato han llegado a un punto sin retorno en el que la verosimilitud o perfección literaria ha quedado en la ficción límite de Cervantes, hasta ese momento, sin respuesta.

La respuesta última se ofrece al final tanto de "El casamiento" como de "El coloquio," y se muestra como una solución definitiva e inapelable al problema. Tras la sucesión de preguntas sin respuesta y de diversas angustias literarias y metafísicas, el licenciado Peralta, quien representa la figura del oyente/lector (escucha el casamiento engañoso de Campuzano y lee su coloquio de los perros), ofrece la solución final al problema. En las últimas páginas de "El casamiento," Peralta pide a Campuzano que "no se canse más en persuadirme que oyó hablar a los perros, [pues] de muy buena gana oiré ese coloquio, que por ser escrito y notado del buen ingenio del señor Alférez, ya le juzgo por bueno" (294). El lector desiste de encontrarle una base real, histórica, o bien teológica, a los hechos que se dispone a leer. Prefiere dejar de lado los condicionantes históricos y religiosos (tan importantes, no olvidemos, para los críticos de la ficción, neoplatónicos y moralistas) para concentrarse en exclusiva en el placer literario que espera obtener de un "coloquio, que por ser escrito y notado del buen ingenio del señor Alférez ya le juzgo por bueno." El reconocimiento de Peralta de que no le importa si el texto de Campuzano es una transcripción, un sueño o disparate, esconde mucho más que la convicción de que los perros no pueden hablar. Implica una victoria tácita para el poder del creador literario, que se libera con su discurso de la monstruosidad de cualquier atadura extra-literaria, ajena a sí misma. En términos similares se plantea el siguiente caso sobre un niño con cola de lobo en *El Menandro*, de Matías de los Reyes: "[a la gente] como no les importaba averiguar mucho la certeza que esto tuviese, lo creyeron piadosamente; y lo mismo suplico yo me hagan los que oyeran o leyesen estos discursos, que ... no me parece que podré obligar a creer que pudiera suceder en realidad de verdad cosa tan violenta" (195-96). "Cosa tan violenta" de creer, los híbridos de animales y humanos suponen tal amenaza para el orden natural, que ni Cervantes ni Matías de los Reyes exigen ya la credulidad de sus receptores. Prefieren enfrentar al monstruo desde fuera, desde un espacio ideológico alternativo en el que las leyes naturales y las jerarquías legales, religiosas o sociales, quedan suspendidas. No importa lo que podría ocurrir o no en la realidad, sino lo que ocurre en la ficción: lo ingenioso de una trama y lo bien escrito que esté el relato. Así lo reitera Peralta una vez completada su lectura de "El coloquio": "Aunque este coloquio sea fingido y nunca haya pasado, paréceme que está tan bien compuesto que puede el señor Alférez pasar adelante con el segundo" (359). Ya no importa la (im)posibilidad histórica de los hechos; incluso siendo mentira, "fingido," el texto "está ... bien compuesto," y eso le basta al lector.

El monstruo se mira sólo a sí mismo, cree en su libertad absoluta, establece sus propias leyes internas, que se basan en criterios narcisistas mucho más que en comparaciones con la realidad externa al relato. Las palabras, la trama y los personajes, extraordinarios y dignos de ser mostrados como los seres prodigiosos que son, conforman la figura monstruosa (no por horrible, sino por única y portentosa) del relato cervantino. En una exposición sucesiva de diversos modos de racionalizar lo extraordinario (dos perros que hablan), Cervantes ha puesto en boca de un lector/oyente, Peralta, la solución más liberadora posible al problema de la monstruosidad: se justifica por su propia excepcionalidad. Como aclara Peralta a Campuzano: "Señor Alférez, no volvamos más a esa disputa [sobre si los perros hablaban o no]. Yo alcanzo el artificio del Coloquio y la invención, y basta" (359). La imaginación (el artificio, la invención) otorga legitimidad al prodigio más extraordinario: el monstruo que se muestra a su público.

En conclusión, la monstruosidad se sitúa en esta novela en un espacio retórico y discursivo privilegiado. Por encima de lo factible, real o comprobable de un texto, el placer literario deriva tanto de lo que se cuenta como del modo en que se cuenta. Ya no es necesario, según Cervantes, exigir la credulidad del receptor como hacían muchos en la época con el fin de asegurarse el máximo impacto moral de la ficción. De "El coloquio" se deduce que no sólo el creador literario, sino también el receptor, deben tener libertad plena para disfrutar el texto tan sólo por lo que es: un cuerpo ingenioso, raro y admirable, un relato maravilloso, unos personajes imposibles. Frente a la imposición de criterios morales o historicistas, la ficción monstruosa de Cervantes reconoce en el lenguaje una capacidad portentosa para entretener; al fin y al cabo, lo que convierte a los perros en extraordinarios es su capacidad de habla. Más allá de su credibilidad en términos físicos y reales, el monstruo literario cervantino establece sus propias reglas a partir de una premisa que nada tiene que ver con la teología ni con la historia. Su artificio, invención, ingenio y buena composición convierten a la ficción monstruosa de Cervantes en una fuente de placer literario, en una forma entretenida de aprender algo sobre las maravillas y los espantos de la experiencia humana. De ahí que "El coloquio" dedique tanto esfuerzo no sólo a forjar la intrincada credibilidad de su historia, sino a encontrar el mejor estilo con que narrar los hechos, sean estos inventados o reales, virtuosos o corruptos. Berganza dedica un largo párrafo a describir lo que, según un poeta a quien escuchó en una ocasión, constituye la obra perfecta. Este poeta, ingresado en el hospital por causas desconocidas al lector y retratado por Cervantes en tono paródico, afirma haber escrito el poema heroico perfecto sobre "lo que dejó de escribir el Arzobispo Turpín del Rey Artús de Inglaterra":

> grande en el sujeto, admirable y nueva en la invención, grave en el verso, entretenida en los episodios, maravillosa en la división, porque el principio responde al medio y al fin, de manera que constituyen el poema alto, sonoro, heroico, deleitable y sustancioso. (355)

Característica fundamental del monstruo narrativo de Cervantes, una vez más, la maravilla y la capacidad de admirar y sorprender por lo nuevo y entretenido son esenciales a la obra ficcional. Acertaba Octavio Paz al destacar que el monstruo representa la meta estética y literaria más característica del barroco: "asombrar y maravillar; por eso [el barroco] buscaba y recogía todos los extremos, especialmente los híbridos y los monstruos" (González Echevarría, "El 'monstruo'" 28). Del mismo modo que el escritor busca admirar con sus "extremos ... los híbridos y los monstruos," al menos desde la Edad Media se creía que Dios utilizaba los prodigios y seres extraordinarios como una forma de lenguaje, de comunicación con el hombre. Según Ambroise Paré, el más influyente teratólogo de los siglos XVI y XVII, el monstruo es un juego de la naturaleza (*lusus naturae*) cuya función es que el hombre se admire del poder de Dios: "Nature s'y est jouee, pour fair admirer la grandeur de ses [de Dios] oeuvres," alega (139; ver también 102, 117). Como Dios admira y habla a los hombres a través del lenguaje extremo de los monstruos, el escritor propone en su ficción unos mundos inventados y extremos (perros que conversan, por ejemplo) para que el lector o espectador se admire de su talento.

El lenguaje de la monstruosidad manifiesta, así, un carácter extremo y contradictorio. Como se dijo antes, Cervantes construye su novelita a partir de las paradojas y unión de opuestos que dirigen la laberíntica búsqueda de la verosimilitud a la que se consagran numerosos personajes del texto. Pero esas contradicciones, parece decirnos el texto, son inherentes a la ficción monstruosa. Sin duda, la obra-pulpo en que se ha convertido "El coloquio" se fragua en espacios hasta cierto punto sórdidos: el hospital donde un sifilítico suda sus fiebres, y los lugares por los que pasa Berganza en su recorrido vital, como el matadero, el pueblo donde vive la bruja Cañizares o el campamento de los gitanos. Pero "El coloquio" produce a partir de esos ambientes y seres viciosos un espacio de la maravilla, de la admiración, que caracteriza la perfección literaria y se justifica a sí mismo. Ni su falta de historicidad al exponer seres imposibles, ni su falta de moralidad al describir personajes y espacios corruptos, impiden que la ficción-monstruo de Cervantes agrade en extremo a su lector.

El lenguaje, la capacidad del habla, convierte a los perros en seres extraordinarios y monstruosos, a veces cifras de milagros divinos y otras encarnaciones de Satanás. Pero más importante, les dota de la habilidad para comunicarse: aprenden a mostrarse y esconderse y recurren a la violencia narrativa del *media res* para despertar la curiosidad y admiración de sus receptores. Además, los monstruos que hablan provocan un discurso incesante a su alrededor; por dar sólo dos ejemplos, la bruja Cañizares especula sin freno sobre los posibles orígenes de los prodigiosos perros y Campuzano siente la necesidad de transcribir el coloquio que creyó escuchar a lo largo de una febril noche en un hospital.

Por encima de todo, los perros cuestionan el orden natural, legal y religioso mediante la unión de lo humano y lo animal, lo divino y lo satánico, y lo literariamente verosímil y lo descabellado. En última instancia, la desestabilización de las categorías conocidas provocada por estos dos seres prodigiosos inclasificables revela un ejercicio interminable de interpretación y cuestionamiento. No existen los significados fijos, ni las tipologías cerradas, ni la realidad estable. Vivir equivale a interpretar, y esa forma extrema de lectura encuentra en la literatura su instrumento más eficaz: un espacio de la maravilla, fuera de lo normal, donde los perros pueden hablar y los órdenes sociales pueden ser deconstruidos con el mero fin del entretenimiento. Mientras el monstruo esté bien compuesto y admita sus imposibilidades, el discurso de la monstruosidad triunfará a la hora de entretener al lector y adiestrarle en la ineludible interpretación del mundo.

El discurso se alimenta de sí mismo, se perpetúa mediante un juego de espejos ficcionales en que, en último término, el monstruo se mira a sí mismo. Una lectura conduce a otra, y de esta se pasa a otra más, y así hasta el infinito. Sin explicaciones totales, sin un final conocido de antemano, el mundo se nos ofrece como un libro abierto e interminable, siempre al borde de una crisis de sus significados. El narcisismo de la obra o ser prodigioso que se sabe diferente, único, extraordinario, cierra así el círculo: del escepticismo original se pasa a la aceptación plena de la inestabilidad; del vicio y la fealdad se llega al placer estético máximo. El monstruo se sabe "bien compuesto," se muestra sin complejos, reconoce su ficcionalidad, "y basta."

Capítulo 3

"VERÉIS EL MONSTRUO": LOPE, CERVANTES Y LA NUEVA COMEDIA

... la vil quimera de este monstruo cómico
Lope de Vega, "Arte nuevo de hacer comedias," v. 150

Un ciudadano:
—Volved los ojos, y veréis el monstruo
Cervantes, *El rufián dichoso*, v. 2221

EL "monstruo cómico" de Lope de Vega condensa las características principales de su "Arte nuevo de hacer comedias" (publicado en 1609): un teatro híbrido, libre, espectacular, destinado a un público ávido de admiración y rareza. En *El rufián dichoso* (publicado en 1615) de Miguel de Cervantes, ese carácter visual y admirable del monstruo teatral de Lope se encarna en un antiguo rufián convertido primero en fraile, y después, a causa de la lepra que le da un aspecto monstruoso, en santo. Fray Cristóbal de la Cruz (antes de su conversión llamado Cristóbal Lugo, famoso rufián sevillano) emigró a México al tomar los hábitos. Allí, conoce a una pecadora, doña Ana, condenada por la lepra a la muerte. Ante las súplicas de la moribunda, fray Cristóbal accede a perdonar sus pecados y recibir la lepra de doña Ana a cambio de la salvación de su alma. El milagro ocurre, y al tiempo que la dama muere con el alma redimida, la lepra se transfiere al cuerpo de fray Cristóbal. El antiguo rufián, muy solicitado por las mujeres en Sevilla, queda convertido en un ser deforme y horrible, hasta tal punto que en la tercera jornada un personaje le presenta así ante el pueblo: "Volved los ojos, y veréis el monstruo."

Tanto Cervantes como Lope conceden al monstruo una posición central en el "Arte nuevo" y *El rufián dichoso*. El rey de la nueva comedia utiliza la figura del monstruo para describir su nueva propuesta teatral, mientras que Cervantes encarna su monstruo cómico en la figura de un fraile que, leproso, alcanza su santidad. Entre la perfección teatral y la espiritual, ambos dramaturgos recurren a la monstruosidad para codificar sus respectivas concepciones de la comedia. Es muy significativo que, con todas las diferencias posibles entre uno y otro autor, ambos escojan la misma imagen para reflexionar sobre su obra y marcar un camino a seguir en el exuberante panorama teatral de la época. En este capítulo exploraré el monstruo cómico de Lope primero, para después compararlo al protagonista de *El rufián dichoso* y, por extensión, a la propuesta teatral de Cervantes.

Como he repasado en capítulos anteriores, las diferentes connotaciones del término "monstruo" están bien documentadas en el Siglo de Oro, a pesar de que en nuestros días la palabra ha ido perdiendo su complejidad semántica para reducirse en el lenguaje coloquial a lo feo, cruel y terrible. La multiplicidad de significados de la monstruosidad y sus connotaciones estéticas e ideológicas para la cultura moderna temprana hacen que la metáfora lopesca le resulte a la crítica actual "desconcertante," como señala Juana de José Prades. Según ella, "la palabra 'monstruo' era muy usada en la época en la acepción que señala el *Diccionario de Autoridades*: 'Por extensión se toma por cualquier cosa excesivamente grande o extraordinaria en cualquier línea'" (110). En consecuencia, la alusión al monstruo condensaría para Lope "el carácter extraordinario de [su] teatro, distinto de lo anterior y por ello desusado" (111). Juan Manuel Rozas reconoce asimismo que el monstruo, en referencia a la tragicomedia de Lope ("otro Minotauro de Pasife," "Arte nuevo" v. 176), es "algo equívoco, raro, bizarro, que produce asombro," un ser no inherentemente negativo, y que representa no sólo la nueva comedia, sino incluso la estética barroca en general. Según Rozas, tanto para Lope como para el Barroco es fundamental "maravillar, mostrar que se saben –y se viven– cosas raras" (36). En suma,

> un orden desordenado, un híbrido interesante, una selva hecha *silva poética* por el rigor de la métrica, un monstruo de imaginación, fuerza y poesía, son valores barrocos que se oponen a la fachada simétrica, a la pureza genética, al orden de la estrofa, a lo mensurable del Renacimiento. La naturaleza vencedora del arte hasta la bizarría de lo monstruoso. (81)

Frente al orden y proporción renacentistas, el barroco parte de la discordia formal y la exuberancia temática para desplegar un discurso de la montruosidad lleno de "imaginación, fuerza y poesía." Lejos de la perversión moral y el horror inspirado por el monstruo, el arte barroco entretiene por su hibridez, su rareza y lo peregrino de sus gustos.

A pesar de la relevancia de lo monstruoso en el barroco, la mayoría de la crítica se ha mostrado desconcertada ante la poderosa metáfora lopesca que codifica la esencia del nuevo teatro. Emilio Orozco Díaz sólo menciona al monstruo cuando recuerda que por romper con las unidades de tiempo y lugar, la nueva comedia es "calificada ... de monstruo por los doctos teorizantes clasicistas" (25). Lo que Orozco Díaz no señala, sin embargo, es que el propio Lope describe su teatro, antes y con mayor contundencia que cualquiera de sus críticos, como "monstruo cómico" (v. 150). En las conclusiones a todos los monográficos dedicados al "Arte nuevo" que he consultado, la imagen del monstruo nunca aparece como seña de identidad del nuevo teatro, y para Rinaldo Froldi (34) y la propia Juana de José Prades (36, 47), la complejidad de significados del "monstruo cómico" se reduce al uso irónico de una palabra, esencialmente negativa, utilizada por Lope en defensa de su propuesta teatral. Según Froldi, por ejemplo, llamar "monstruo" a la nueva comedia es simplemente "ironía," como decir a los autores "bárbaros" o "vulgo" al público. El monstruo es para estos críticos una imagen exclusivamente negativa, símbolo del vicio y la corrupción, que no puede ni debe asociarse al nuevo teatro, a pesar de que el propio Lope de Vega llama a su comedia "monstruo cómico." Sólo la ironía, desde ese punto de vista, explicaría la metáfora central del "Arte nuevo."

La importancia de la imagen monstruosa del nuevo teatro sí fue notada, no obstante, por los dramaturgos y críticos contemporáneos a Lope. La metáfora del cuerpo bello y ordenado frente al cuerpo monstruoso y caótico arranca ya de Aristóteles (1450b-1451a; 58) y se formula definitivamente en Horacio. Advierte el poeta latino: "Si un pintor quisiera añadir a una cabeza humana un cuello equino e introdujera plumas variopintas en miembros reunidos alocadamente de tal modo que termine espantosamente en negro pez lo que en su parte superior es una hermosa mujer, ¿podríais, permitida su contemplación, contener la risa, amigos?" (vv. 1-7; 129). Esta imagen con que Horacio abre su *Epístola a los Pisones*, el tratado poético más influyente en la época clasicista junto con el de Aristóteles, dejaba claro que el cuerpo poético debía ser coherente, ordenado, y por lo tanto no admitía la diversidad, la multiplicidad, ni la hibridez. A los dramaturgos no se les permitía componer sus obras de manera libre, sino que debían sujetarse a unas reglas de unidad y coherencia con el objetivo de no producir monstruos cómicos.

En la época de Lope, las referencias a las poéticas clásicas por excelencia son frecuentes en los debates sobre la nueva comedia. Pinciano advierte, siguiendo la estela de Horacio, que la fábula "es como un animal perfecto y acabado ... porque el que no lo fuera sería monstruoso"; del animal que no "consta de una sola naturaleza, [se diría] monstruoso, porque tiene más naturalezas" (Sánchez Escribano y Porqueras Mayo, *Preceptiva* 79). De las reflexiones del Pinciano podría deducirse una desaprobación anticipada (su *Philosophia antigua poética* se publica en 1596) del teatro lopesco, dado más a la monstruosidad y a las varias naturalezas de una comedia híbrida (la tragicomedia) que al cuerpo teatral perfecto, ajustado a las normas. En las *Tablas poéticas* de 1617, ya establecido el prestigio de Lope y difundida sobradamente su obra, Francisco de Cascales le ataca de manera contundente al contrastar el animal bello (coherente, uniforme, proporcionado) del teatro clasicista con el monstruo nuevo. Según denuncia Castalio, el portavoz del autor en la obra, las de Lope

> ni son comedias ni sombra dellas. Son unos hermafroditos, unos monstruos de la poesía ... Desterrad, desterrad de vuestro pensamiento la monstruosa tragicomedia, que es imposible en la ley del arte haberla [por ser hecha] contra razón, contra naturaleza y contra el arte. (*Preceptiva* 170, 173)

Alega Cristóbal Suárez de Figueroa, en su crítica de la comedia nueva en *El pasajero* (1617), que el dramaturgo debe separar claramente tragedia y comedia, pues "quiere Horacio haya en cualquier obra un cuerpo solo, compuesto de partes verisímiles" (*Preceptiva* 163). Unos años después, todavía se queja Antonio López de Vega (*Heráclito y Demócrito de nuestro siglo*, 1641) de que no hay "novedad" ni "admiración" en "confundir los dos estilos, trágico y cómico" (*Preceptiva* 231) y, en un eco de las debatidas opiniones del canónigo en el capítulo 48 de la primera parte del *Quijote* (Sevilla, "Del *Quijote* al *Rufián*" 220-25, 233-35, 239 y 244), protesta: "¿qué costumbre moderna puede disculpar los monstruos, inverisimilitudes y desatinos que cada día nos hacen tragar los más de nuestros cómicos?" (*Preceptiva* 230). Para los enemigos de la nueva comedia, el cuerpo monstruoso de la propuesta teatral de Lope no convence en su variedad e hibridez, pues se desvía de la proporción y orden marcados por las reglas de la poética clasicista. El monstruo cómico de Lope va *contra naturam*.

Por su parte, los defensores de Lope también son conscientes de que la imagen monstruosa de un cuerpo híbrido, raro, único y espectacular, es quizás el principal exponente en la batalla literaria contra los defensores del teatro anterior. En su *Apologético de las comedias españolas* (1616), Ricardo de Turia reconoce que "suelen los muy críticos ... condenar generalmente todas las comedias que en España se hacen y representan, así por monstruosas en la invención y disposición, como impropias en la elocución" (*Preceptiva* 147). Identificado el objetivo de los enemigos de Lope, Turia deja claro que esa denostada monstruosidad en la invención y disposición no es reprobable, sino todo lo contrario. En realidad, la nueva (tragi)comedia combina géneros diferentes de modo legítimo y admirable, "de manera que hacen de dos ... un cuerpo solo" (150). El monstruo de Horacio compuesto por partes diferentes (de dos, uno solo) no es para Turia un cuerpo literario repugnante, sino que admira más y pone de relieve el poder de la imaginación (invención y disposición) de su autor. Tirso de Molina tampoco ve razón para rechazar el monstruo cómico de Lope porque "varíe las leyes de sus antepasados y injiera industriosamente lo trágico con lo cómico, sacando una mezcla apacible destos dos encontrados poemas" ("Cigarral primero," *Cigarrales de Toledo*, 1621; *Preceptiva* 186). El teatro-hermafrodita que repugna a Cascales lo describe Tirso, por el contrario, como una "mezcla apacible," realizada de forma industriosa. En el nuevo teatro español, la variedad es una virtud, no un defecto, y el monstruo no repugna, sino que admira.

La corriente de pensamiento que considera al monstruo como un ser superior no es nueva, según mencioné en capítulos anteriores. La figura misma del hermafrodita, repudiada por Cascales y sus seguidores, cuenta con una rica tradición apologética asociada a la perfección del ser completo, masculino y femenino a la vez, cuyo magnetismo y capacidad para crear admiración le convierten en el personaje idóneo de numerosas obras literarias y, en particular, teatrales. Un ejemplo de especial interés para el caso que nos ocupa es el de *L'Hermafrodito*, la comedia de Girolamo Parabosco. La obra no tiene por protagonista a ningún hermafrodita, sino que recibe su título por la extraordinaria manera en que fue concebido el propio texto. Parabosco cuenta en el prólogo que su comedia nació en 1549 de la unión de un hermano, *Il Viluppo* (1547) y una hermana, *La Notte* (1546), dos textos anteriores que fusionó en uno solo. Según explica Suzanne Magnanini, "the Prologue adopts the language of sexual reproduction, and more specificallly of monstrous generation, in order to describe the act of literary production that yielded this abnormal offspring" (203). Equiparando nacimiento monstruoso y nacimiento literario, la imaginación del autor encuentra en la figura del hermafrodita una imagen exacta de su incesto textual. Al fin y al cabo, el hermafrodita que da título a la comedia representa según Parabosco a "those who, because they are able to serve both sexes, are held so dear by both women and men, and extremely cherished" (citado en Magnanini 205). Junto a las connotaciones negativas del hermafrodita (acusaciones de sodomía, por ejemplo), en la época coexistían la fascinación y la repugnancia por este ser único y admirable (del Río Parra, "La legitimación del monstruo: el hermafrodita" 86-95).

El hermafrodita causa controversia. Por la dualidad de su sexo es objeto también de una reacción dual (asco y admiración), que ampara la propuesta teatral de Lope bajo un manto de ambigüedad. En última instancia, la monstruosidad la interpreta cada lector, y por ello la autoridad y el prestigio literarios de quien formula el teatro hermafrodita es fundamental en la lucha por justificar el nuevo monstruo cómico de Lope. Consciente de ello, Alfonso Sánchez (*Expostulatio Spongiae*, 1618) afirma que Lope no debe ser criticado por desmarcarse de la poética horaciana, pues su autoridad puede equipararse a la del poeta latino: "Sólo por su modestia no quiere arrogarse Lope el título de creador de un arte nuevo, aunque haya podido formular preceptos con la misma autoridad que Horacio" (traducción de Marcelino Menéndez Pelayo; *Preceptiva* 180). Lope cuenta con suficiente autoridad entre sus seguidores como para rebatir y enmendar al mismo Horacio, y por ello su hermafrodita no debe causar repugnancia, sino admiración. La metáfora del cuerpo literario monstruoso, tan esencial al "Arte nuevo" de Lope como a la *Poética* de Horacio, abre una brecha entre sus respectivas concepciones teórico-literarias. Con tanta autoridad uno como el otro, el público se decantará, anticipa Sánchez, por el monstruo cómico de Lope, más libre, extraordinario y admirable que el monótono cuerpo perfecto de la poética clásica.

En el "Arte nuevo," como apuntan Turia, Tirso y Alfonso Sánchez, Lope recupera la imagen de la obra literaria-monstruo con que Horacio abre su poética (129) y la utiliza, al contrario que el escritor latino, para ejemplificar su modelo ideal de comedia. Si para Horacio el monstruo representa los vicios de la mala literatura, para el dramaturgo español lo monstruoso es la base de un nuevo teatro. La crítica del siglo XX, sin embargo, se ha mostrado de nuevo desconcertada con respecto a la importancia del distanciamiento de Lope frente a Horacio, pues existe una tendencia generalizada a ignorar las diferentes connotaciones del término "monstruo" en las poéticas de uno y otro. Juana de José Prades, por ejemplo, enfatiza las similitudes entre la forma epistolar de ambos tratados (la *Epistola ad Pisones* y el "Arte Nuevo") sin detenerse en sus diferencias de contenido, mientras que Antonio García Berrio argumenta que Lope sigue con "indiferente y devota referencia" tanto a Horacio como a Aristóteles (*Formación II* 127).

Una de las contribuciones fundamentales de Lope a la historia teatral española consiste en su vulneración de la ley clasicista de las tres unidades (Maestro 56-57), y en el consecuente desacato del dramaturgo a preceptos rigurosos —como los defendidos por Horacio— que restringen sus posibilidades creativas. Su alarde de libertad creadora encuentra un símbolo exacto en la imagen del monstruo, que el vulgo prefiere en detrimento de las estrecheces de la poética clásica. Lope justifica su renuncia a las reglas clasicistas precisamente porque el público disfruta mucho más de la hipérbole, el exceso y la libertad que representan la figura del monstruo:

> Verdad es que yo he escrito algunas veces
> siguiendo el arte que conocen pocos,
> mas luego que salir por otra parte
> veo los monstruos, de apariencia llenos,
> adonde acude el vulgo y las mujeres
> que este triste ejercicio canonizan,
> a aquel hábito bárbaro me vuelvo;
> y, cuando he de escribir una comedia,
> encierro los preceptos con seis llaves. (vv. 33-41)

Aunque califica su práctica teatral, con evidente ironía, de "triste ejercicio" y "hábito bárbaro," Lope opta por ignorar los preceptos para satisfacer el gusto del "vulgo y las mujeres" por "los monstruos, de apariencia llenos." Y no es que el dramaturgo no haya demostrado ser capaz de seguir ese "arte que pocos conocen" (las técnicas teatrales clasicistas), sino que el hechizo de las "apariencias," de lo artificial y raro encarnado en la imagen del monstruo, resulta más eficaz a la hora de conquistar al público. Lope elige ignorar las reglas que tan bien conoce para proponer un híbrido teatral contrario a la preceptiva más respetada de la época, la de Horacio y sus seguidores.

En la nueva comedia, los monstruos, pues, no sólo aparecen sobre el escenario. La obra teatral misma es un monstruo que fascina al vulgo tanto como los seres prodigiosos llenos de apariencias, artificiosidad y rareza, que la comedia presenta. Compuesta por una combinación única de elementos diferentes, el nuevo teatro es el producto de la metamorfosis de los preceptos clásicos gracias a una prodigiosa libertad creativa. Sólo el gusto del público puede dictar la forma de la obra, sujeta por tanto a una constante evolución: "que el vulgo con sus leyes establezca / la vil quimera de este monstruo cómico" (vv. 149-50).

"Este monstruo cómico" aglutina partes, temas y tiempos distintos, en claro contraste con la uniforme, rígida obra teatral clásica preferida por Aristóteles y Horacio. Frente a la poética anterior, Lope prima la variedad frente a la unidad, lo cual le lleva a recomendar la ruptura de las unidades de tiempo y lugar, y la mezcla de lo trágico y lo cómico:

> Lo trágico y lo cómico mezclado,
> y Terencio con Séneca, aunque sea
> como otro Minotauro de Pasife,
> harán grave una parte, otra ridícula,
> que aquesta variedad deleita mucho:
> buen ejemplo nos da naturaleza,
> que por tal variedad tiene belleza. (vv. 174-80)

La tragicomedia que contiene partes graves y ridículas a la vez se constituye en "otro Minotauro," el monstruo mitológico mitad toro y mitad hombre, hijo de Pasífae y de un formidable toro. Esa obra teatral monstruosa no hace más que reflejar la "naturaleza, que por tal variedad tiene belleza." Según Lope, la belleza del mundo reside en su condición varia y mudable, en esa "variedad [que] deleita mucho." Más que el ejemplar perfecto y uniforme, es la desviación de la norma, la monstruosidad en el sentido amplio de la palabra, lo que proporciona placer al ser humano. Frente a las estrecheces de las reglas y preceptos, de lo perfectamente cohesionado, tanto la naturaleza como la obra teatral fundamentan su poder de atracción en lo extraordinario, lo raro, lo anormal.

Parte fundamental de esa anormalidad, según coinciden tanto Horacio como Lope, es la variedad interna, la multiplicidad que caracteriza al monstruo y a la obra de ficción. Esa intrínseca variedad que molesta a Horacio a nivel formal, lleva a Platón y a sus seguidores a rechazar de plano, a nivel político-filosófico, la legitimidad de la poesía (entendida como *poiesis*, creación). Explica Jorge Larrosa que para los enemigos de la ficción "la poesía es peligrosa porque imita las situaciones en que los hombres están en discordia interior, sostienen opiniones contrarias, se hallan en lucha consigo mismos" (82). Sin conflicto y diversidad, no puede existir la literatura. Ya según Sebastián de Covarrubias en su *Tesoro de la lengua castellana*, de 1611, la multiplicidad intrínseca a la nueva comedia se manifiesta igualmente en las extraordinarias cualidades del "monstruo," ese "parto contra la regla y orden natural" ejemplificado por el "hombre [que nace] con dos cabeças, quatro braços y quatro piernas" (812). La multiplicación es singularizada por Covarrubias como una de las características distintivas del monstruo, el cual puede formarse a partir de seres que cuentan con atributos multiplicados o fuera de proporción, o a partir de múltiples seres combinados en uno solo (el minotauro o la sirena). Ese conflicto con lo normal que surge de la multiplicidad del monstruo, de su metamorfosis a partir de la combinación de elementos distintos, conforma la base de la teoría teatral de Lope y del gusto del público por lo variado. El propio poema/tratado lopesco llamado "Arte nuevo de hacer comedias," como destaca Edward Friedman, exhibe esa misma naturaleza múltiple y contradictoria, compuesta de partes opuestas entre sí. Bajo la apariencia de una poética, rechaza las reglas poéticas; y aunque afirma escribir según el "gusto" del "vulgo," Lope presenta su "Arte nuevo" ante una academia erudita y elitista ("Resisting Theory" 92 y 88).

En la figura del monstruo que representa la comedia nueva y en el protagonista monstruoso de *El rufián dichoso* ("Volved los ojos y veréis el monstruo," pide un "Ciudadano" al pueblo), Lope y Cervantes parecen haber llegado a un punto en común, a una encrucijada de valores teatrales que ambos comparten. Y no sólo ellos otorgan al monstruo un papel principal en algunas de sus comedias (para el análisis del monstruo en las obras de Lope, ver Harry Vélez-Quiñones) y en su teoría teatral; también autores como Andrés de Claramonte (De Armas, "*Oikoumene*") y Calderón de la Barca (González Echevarría para el caso de *La vida es sueño*), entre muchos otros, hacen de la monstruosidad un elemento indispensable a su práctica teatral.

Siempre con cierta ambigüedad irónica, Cervantes reconoce el éxito comercial y la calidad teatral de Lope, entre otros lugares, en su respuesta, publicada en el prólogo a la segunda parte del *Quijote,* a los ataques personales contra el alcalaíno por parte de "Alonso Fernández de Avellaneda." En el prólogo a su *Quijote* apócrifo, el anónimo autor acusaba a Cervantes de haberle ofendido gravemente a él mismo "y particularmente a quien tan justamente celebran las naciones más extrangeras, y la nuestra debe tanto, por haber entretenido honestísima y fecundamente tantos años los teatros de España con estupendas e innumerables comedias, con el rigor del arte que pide el mundo, y con la seguridad y limpieza que de un ministro del Santo oficio se debe esperar" (I, 9). La referencia a Lope de Vega es inequívoca. Unas páginas después, Avellaneda añade una digresión sobre las definiciones de la "envidia" (I, 12-13) con que de manera tácita se sugiere fue tratado Lope en la primera parte del *Quijote*. Cervantes relaciona naturalmente ambas acusaciones y reconoce que le ha dolido "también que me llame envidioso" (II, 543), pues "no tengo yo de perseguir a ningún sacerdote, y más si tiene por añadidura ser familiar del Santo Oficio; y si él lo dijo por quien parece que lo dijo [Lope], engañose de todo en todo, que del tal adoro el ingenio, admiro las obras y la ocupación continua y virtuosa" (II, 544). Con su característica capacidad para la ambivalencia más sutil y estridente a la vez, Cervantes consigue adular a Lope al mismo tiempo que hace una alusión irónica a la "ocupación continua y virtuosa" de un Lope ordenado sacerdote que todavía mantiene por esos años una exuberante vida sentimental.

Con similar equilibrio entre alabanza y comentario irónico, Cervantes describe a Lope en su prólogo a las *Ocho comedias* como "monstruo de naturaleza," en reconocimiento al hecho de que el dramaturgo madrileño "alzóse con la monarquía cómica" (103; ver al respecto Canavaggio, "De un Lope a otro Lope" 56). El apelativo de "monstruo" que Cervantes otorga al rey de la nueva comedia tampoco viene exento de ironía y ambigüedad, como corresponde a un término tan rico en matices y connotaciones (Percas de Ponseti, "Cervantes y Lope" 66-67). En al menos otro lugar de su obra, Cervantes recurre a la misma expresión con que parece adular aquí a Lope. En el capítulo 46 de la primera parte del *Quijote*, Sancho enoja a su amo al intentar advertirle que la princesa Micomicona (Dorotea disfrazada) no lo es tal, y que su reino en peligro, en consecuencia, no existe. El enfurecido caballero andante, "con voz atropellada y tartamuda lengua, lanzando vivo fuego por los ojos," dedica una sarta de insultos a su escudero que culminan con el grito de "¡Vete de mi presencia, monstruo de naturaleza!," para a continuación calificarlo de "depositario de mentiras, almario [*sic*] de embustes ... inventor de maldades, publicador de sandeces, enemigo del decoro" (478). Aquí la expresión "monstruo de naturaleza" le sirve a don Quijote no para adular sino para insultar a Sancho, y se acompaña además de calificativos que, aplicados a Lope o cualquier otro escritor (mentiroso, difamador, indecoroso), representarían una crítica literaria demoledora. En cualquier caso, la multiplicidad de significados del "monstruo de naturaleza," sea Sancho por su denuncia de Micomicona/Dorotea o Lope por su monarquía cómica, cubre de ambigüedad la afirmación de Cervantes. Podría alegarse que Lope de Vega es monstruoso por sus embustes y falta de decoro, o bien por sus excepcionales cualidades de escritor prolífico y original, o bien por ambos. Lo significativo es que el autor del *Quijote* comprendió la importancia de la figura del monstruo en la teoría teatral y en la personalidad literaria misma de Lope de Vega, al mismo tiempo que supo explotar la ambigüedad y las posibilidades irónicas del término. De escritor excepcional y único, de admirable a mentiroso e "inventor de maldades," el Lope "monstruo de naturaleza" es descrito por Cervantes a medio camino entre el reconocimiento a un genio y el rencor contra un adversario. Arguyo que en *El rufián dichoso* Cervantes decidió dar a su protagonista un carácter monstruoso como alternativa personal al problemático "monstruo cómico" de Lope, ese "monstruo de naturaleza," al que Cervantes probablemente admiraba y resentía a partes iguales.

En mi opinión, el protagonista monstruoso de *El rufián dichoso* encarna el concepto teatral cervantino a la manera del "monstruo cómico" lopesco en el "Arte nuevo." La culminación del proceso de santidad del rufián convertido en Fray Cristóbal de la Cruz ocurre, precisamente, en el momento en que el pueblo descubre y admira su monstruosidad: "Volved los ojos, y veréis el monstruo." La invitación para ver "el monstruo" da inicio a la jornada tercera de *El rufián dichoso*, publicada en las *Ocho comedias y ocho entremeses nuevos, nunca representados* (1615) de Cervantes. Aparece en el momento crucial en que el protagonista, antiguo rufián convertido en fraile, realiza un milagro: a cambio de salvar el alma de la pecadora doña Ana, su cara se llena de lepra. La fealdad de su rostro refleja su santidad, pues sufre en su propia piel los pecados de la dama a la que salva; ese rostro llagado, "adonde el asco mismo mora" (v. 2220; página 220 en la edición de Talens y Spadaccini para Cátedra que utilizo aquí), es el que un "ciudadano" invita a contemplar con repugnancia y admiración.

No debe sorprender que la santidad y la monstruosidad se presenten al unísono, pues según reconoce José Rivilla Bonet en su estudio sobre los *Desvíos de la naturaleza* (1695) tanto "se dice monstro [sic] de maldad, el demasiadamente perverso, como monstro de santidad el heroicamente justo" (cap. 1, apart. 2). Ese "monstro de santidad" que sobresale de lo normal y ordinario por su benevolencia adquiere cuerpo literal y figuradamente en el monstruo en que se ha convertido Fray Cristóbal al recibir la lepra de doña Ana, redimida de sus pecados por el sacrificio del fraile santo. Vehículo para que fray Cristóbal alcance la santidad, la monstruosidad le sirve también al autor, a Cervantes, para proponer una comedia nueva sensiblemente diferente a la de Lope, pero articulada de igual modo en torno al monstruo. Lope y Cervantes actualizaban en forma de poética teatral la tradición medieval y renacentista de la representación del hombre perfecto mediante un cuerpo híbrido, compuesto de partes diferentes que simbolizaban las diferentes virtudes. En la tradición europea se encuentran múltiples ejemplos de esas representaciones alegóricas del hombre virtuoso en el cuerpo de un monstruo, como testimonian, entre muchos otros, la *Oratio de dignitate hominis* de Pico della Mirandola y el prólogo de La Fontaine a sus *Fábulas* (Riva 282). El microcosmos del hombre debe reflejar las distintas partes y virtudes del macrocosmos creado por Dios, un Dios demiurgo que ha juntado en el ser humano las partes más notables de sus otras creaciones hasta crear un híbrido superior a los otros seres vivos. Sólo la hibridez y la monstruosidad pueden concederle al hombre su poder sobre los animales y las plantas.

Junto a la hibridez del monstruo-fraile, la comedia hermafrodita –híbrido de géneros, hagiografía, comedia y tragedia a la vez– de Cervantes hace un llamamiento extremo para remarcar su teatralidad en un momento, el del primer milagro de fray Cristóbal, clave en la obra: "volved los ojos, y veréis." Esta petición de un ciudadano adquiere especial relevancia si tomamos en cuenta que *El rufián dichoso* nunca fue representada. La enfática visualización de este pasaje determina no sólo la voluntad escénica del texto, que reclama la atención visual de un hipotético espectador, sino también el carácter más intrínseco del monstruo: la urgencia de ser mostrado, de ser visto. Como el teatro, el monstruo necesita de un público que reconozca en él las más extraordinarias características. Un monstruo lo es sólo por cuanto se diferencia de quienes le rodean. Si es raro, o incluso único, lo es porque poca gente o nadie ha visto antes nada igual, y de ahí la curiosidad y deseo de ser visto que el monstruo despierta. Este exhibicionismo intrínseco se refleja en la definición del "monstro" que ofrece Enrique de Villena ya en el siglo XV, y a la que me refiero en otros momentos del presente estudio: "cosa vista no acostumbrada de ver" (Alatorre 148). El monstruo se mira; su carácter extraordinario lo hace merecedor de la atención de un público fascinado por la rareza y lo único. Entre las características definitorias de la monstruosidad se encuentra, insisto, esa función deíctica, señaladora de eventos futuros (del verbo *monere* en latín, avisar o dar señal) o simplemente demostrativa de algo excepcional (del verbo *monstrare*, mostrar; Williams 10, Kappler 226, 234). Desde sus propias raíces etimológicas, por lo tanto, el monstruo se asocia a un sentido de espectacularidad que sella su destino: el monstruo no puede pasar inadvertido, necesita ser mostrado (en la realidad o en la imaginación) para conformar su identidad, y provoca una reacción extrema en quienes le contemplan. Nadie queda impasible ante el monstruo, bien sea por la amenaza que representa (el ser perverso, terrible) o bien por la admiración que despierta (el ser extraordinario que es percibido como positivo o como signo del poder creador de Dios; Paré 139, y 102, 117). En este último sentido, el monstruo –hermafrodita o Minotauro, rufián o santo– se convierte en la imagen ideal de un teatro que persigue sobre todo exhibirse, lograr la reacción positiva de un público exaltado que admire no sólo los hechos que se ven sobre el escenario, sino también la poderosa imaginación que ha logrado transcribir a un lenguaje inteligible la excepcional anormalidad del monstruo.

No olvidemos que la raíz etimológica tanto de la maravilla (*mirabilia*) como de la admiración (*admiratio*) se encuentra en el mismo verbo, *mirari*, con el cual también se relacionan *monstrum* y *portentum* (Kappler 52).

Es esa a-normalidad, la diferencia, lo que nos incita a ser público de un espectáculo fenomenal, raro, único. Y así es, precisamente, como concibió Lope de Vega su nueva comedia en el "Arte nuevo de hacer comedias" (1609): diferente al teatro anterior, y sujeta al gusto de un público que debe acudir en masa a admirar el talento excepcional del Fénix de los Ingenios. En suma, al mismo tiempo que la monstruosidad lleva al protagonista cervantino hacia la santidad, también conduce la comedia –lopesca y cervantina– hacia su meta máxima: el éxito teatral, la admiración del público. Cuando la comedia se hace híbrida, espectacular, extraña, cuando se convierte en monstruosa, alcanza el triunfo de una visibilidad máxima gracias a su extraordinaria capacidad para mostrarse y ser vista.

Sorprende en ese sentido que la crítica, que ha comparado la dramaturgia de los dos genios desde casi todos los ángulos posibles (Wardropper, "Comedias" 157 y, sobre todo, Florencio Sevilla, "Del *Quijote* al *Rufián dichoso*" 220-25), no haya analizado en Cervantes el emblema por excelencia de la nueva comedia: el monstruo. El estudio de las complejas relaciones entre el teatro cervantino y el arte nuevo se ha basado en la desigualdad entre ambos, o, más en concreto, en el relativo fracaso literario de Cervantes respecto al éxito innegable de Lope. Así, siguiendo a Charles Aubrun y Joaquín Casalduero, Bruce Wardropper se pregunta si "el no sé qué estético, la marca del genio, más difícil de explicar, está quizá ausente de [las comedias de Cervantes]" ("Comedias" 164).

Si bien José María Paz Gago ha remarcado el hecho de que el primer teatro lopesco y cervantino comparten la experimentación con el fasto cortesano, la tragedia clasicista y la tradición hispano-italiana (272-73), la mayoría de críticos han optado por destacar las divergencias de Cervantes respecto a la nueva comedia, pasando sólo de puntillas por sus coincidencias. Recientemente, Jesús Maestro ha identificado cinco puntos en que Cervantes se aleja del arte nuevo: uso irónico del decoro; alternancia entre un teatro basado en el sujeto o personaje, y uno más lopesco basado en la fábula o acción; personajes más polimórficos y libres en Cervantes; personajes no arquetípicos; y ausencia de una ambigua "experiencia subjetiva" que sí estaría presente, sobre todo, en Shakespeare y Calderón (70-72; también 280).

La postura más generalmente aceptada sobre las divergencias entre Cervantes y Lope la ejemplifica el artículo "Del *Quijote* al *Rufián dichoso*" de Florencio Sevilla, quien ve en todas las manifestaciones cervantinas sobre el teatro una inequívoca tendencia clasicista que contrastaría con las innovaciones del arte nuevo (220-26, 233-44). La única excepción a la defensa cervantina del teatro clasicista (respeto a las tres unidades y a las formas clásicas, como defiende el canónigo en el capítulo 48 del *Quijote* I) se produciría en la segunda jornada de *El rufián dichoso*, en el diálogo alegórico entre Comedia y Curiosidad, que Sevilla simplemente no considera representativo del verdadero pensar de Cervantes. En el entremés *El retablo de las maravillas*, Michael Gerli ha observado con gran agudeza que Cervantes no sólo critica las comedias de honor y pureza de sangre ("*El retablo*" 478), sino también la esencia del arte nuevo lopesco: el mercantilismo (481), la vulneración sistemática de la regla de las tres unidades (488) y el imperio del gusto del vulgo (490-91; ver también Spadaccini y Talens, *Through the Shattering Glass* 53). Otras dos comedias, particularmente, han servido a la crítica para marcar las distancias entre Lope y Cervantes. Para Edward Friedman, los *Pedro de Urdemalas* escritos por uno y otro difieren en que Lope utiliza una acción única con complicaciones argumentales, y Cervantes una serie de episodios paralelos basados en una unidad temática, conceptual ("Dramatic Structure" 486). Ejemplo más extremo aún, *La entretenida* de Cervantes se ha estudiado como una muestra de la enemistad personal entre ambos genios, en la que los galanes cervantinos representarían los vicios de Lope (Zimic, "Cervantes frente a Lope" 11; ver también 3, 13). Más allá de esta interpretación de la comedia como ataque personal, otros la han descifrado como una aplicación irónica de los postulados del arte nuevo (Sevilla y Rey Hazas XXIII, Canavaggio, *Cervantès dramaturge* 117-21).

En los últimos años, y particularmente con la publicación de *La escena imaginaria. Poética del teatro de Miguel de Cervantes* de Jesús Maestro, se ahonda en la visión de un Cervantes dramaturgo de gran libertad creativa y de constante experimentación, imagen que ya esbozara Jean Canavaggio en su fundacional estudio de 1977, *Cervantès dramaturge. Un théâtre à naître* (446-50). Más que movido por la crítica a Lope, Cervantes desarrolla su propia noción proteica, cambiante, atrevida de un teatro en permanente evolución. No podemos olvidar, como afirma Maestro, que Lope rompe sólo con las unidades de espacio y tiempo formuladas por los neoaristotélicos italianos del siglo XVI, mientras que respeta la regla de la unidad de acción (56-57). En el extremo opuesto, Cervantes ni siquiera sigue esa regla básica y presenta, como ha demostrado Friedman, una unidad temática de estructura concéntrica y episodios paralelos, muchas veces sin linealidad argumental (*The Unifying Concept* 38). Según Anthony Close, Cervantes también está, al igual que Lope, a favor de la mezcla de géneros ("Cervantes' Arte Nuevo" 6) y define su comedia o "fábula cómica" como "an anti-classical genre ... in its hybrid eclecticism" (21).

Resumiendo, Cervantes oscila entre la adhesión y la crítica al nuevo modelo teatral de Lope. Independientemente de las polémicas críticas citadas antes, lo cierto es que Cervantes se desmarcó de "la excesiva codificación de la fórmula de la 'comedia nueva' y rechazó siempre su estereotipación, su desmedido convencionalismo" (Sevilla y Rey Hazas XXII). En su afán por rehuir del aspecto más mercantil del teatro lopesco (Canavaggio, *Cervantès dramaturge* 446-47 y 450, Arboleda 83-84, Gerli, "*El retablo*" 480-81), Cervantes critica la comedia de pura orientación comercial y el "vulgo" o público más conformista, menos capaz de apreciar el valor estético de una obra (Riley, "Teoría literaria" 304, Gerli, "*El retablo*" 481, Spadaccini y Talens, *Through the Shattering Glass* 53). En el *Quijote*, por referir el ejemplo más conocido, el cura se queja en la famosa conversación con don Quijote y el canónigo que "las comedias se han hecho mercadería vendible." A pesar del talento de Lope, a quien reconoce "tiene lleno el mundo de su fama" por su "felicísimo ingenio" y calidad teatral, "por querer acomodarse al gusto de los representantes, no han llegado todas [sus comedias] al punto de la perfección que requiere" (I, 48; 497). En otro conocido ejemplo, al ladrón Ginés de Pasamonte, disfrazado de maese Pedro, no le importa la calidad de su retablo de Melisendra, sino ganar dinero: "como yo llene mi talego, siquiera represente más impropiedades que tiene átomos el sol" (II, 26; 754). Y en la imprenta que visita don Quijote en Barcelona, donde se está corrigiendo el falso *Quijote* de Avellaneda, el propietario afirma: "Yo no imprimo mis libros para alcanzar fama en el mundo ... provecho quiero, que sin él no vale un cuatrín la buena fama" (II, 62; 1033). Maese Pedro y el impresor son dos mercaderes a quienes no les preocupa la calidad de sus obras, sino la ganancia económica que pueden recibir. El propio Avellaneda reconoce en el prólogo a su segunda parte del *Quijote* que quizás Cervantes se queje "de mi trabajo por la ganancia que le quito de su segunda parte" (I, 8). Cervantes no ignora este ataque de Avellaneda, y le responde en el prólogo a su segundo *Quijote* que "la amenaza que me hace que me ha de quitar la ganancia con su libro no se me da un ardite" (545), aunque más tarde, consciente de sus apuros económicos, termina por encomendarse a la "liberalidad" de un conde de Lemos que en realidad nunca le sacó de su pobreza. Consecuencia de la obsesión por el rendimiento comercial del teatro, teme Cervantes, es la rendición total del dramaturgo al gusto del público. En clara oposición al ideario lopesco, el canónigo del *Quijote* alaba las tragedias de Lupercio Leonardo de Argensola precisamente porque "guardaban bien los preceptos del arte." El canónigo no acusa tanto al "vulgo, que pide disparates, sino ... aquellos que no saben representar otra cosa" (II, 48; 494).

Puede afirmarse, en fin, que el teatro cervantino incumple los preceptos fundamentales tanto de la poética (neo)aristotélica –unidad de acción, separación de géneros cómico y trágico–, como del teatro lopesco –su visión comercial, su orientación al éxito de público, el convencionalismo necesario para alcanzar a las masas y no sólo a una minoría intelectual (Arboleda, cap. 4, Canavaggio, *Cervantès dramaturge* 446-47, Gerli, "*El retablo*" 480-81, 490-91, Sevilla y Rey Hazas XXII). Así, los dos genios nos ofrecen una visión del papel del arte y del mundo radicalmente diferentes (Spadaccini y Talens 107, 71, 87). El monstruo cómico de Lope aspira sobre todo a ser mostrado, admirado, representado ante un vulgo a quien se le da la impresión de que controla, con su sentido del gusto y de lo exitoso, los rumbos de la nueva comedia. Por el contrario, Cervantes propone un teatro monstruoso por lo mutante, por lo extraño de sus formas siempre cambiantes, siempre en constante experimentación, pero un tanto resguardado de la tiranía económica y estética del público.

Si bien Edward Nagy afirmaba con cierto pesimismo que las comparaciones entre el teatro cervantino y el de Lope nos conducían a "un callejón sin salida" (20), otros críticos han preferido enfatizar la riqueza teórica y práctica nacidas del fértil diálogo, explícito o no, entre la nueva comedia y el monstruo teatral de Cervantes. Más allá de diferencias y similitudes, la "relación dialéctica" (Canavaggio, *Un mundo abreviado* 9) que se establece entre Lope y

Cervantes produce una evolución en el pensar del alcalaíno, un "reajuste" en palabras de Edward C. Riley (*Teoría de la novela* 52, "Teoría literaria" 304, 310) que enriquecería "Cervantes' role as interlocutor with Spain's new comedy" (Martin 65). El estudio en *El rufián dichoso* de la figura del monstruo, central al arte nuevo y la nueva comedia, supone desde este punto de vista una oportunidad única tanto para matizar el lugar de Cervantes en la evolución del teatro áureo, como para entender mejor una obra incomprendida en su tiempo y en el nuestro.

Centrándonos, pues, en el caso concreto de *El rufián dichoso*, es innegable que el protagonista de la comedia (ese "monstruo" que, según un "ciudadano," debemos mirar) cumple una de las reglas fundamentales de la monstruosidad cuando se transforma de rufián en Fray Cristóbal de la Cruz: la mutación de un ser normal en uno extraordinario (en este caso, un hombre santo). Antes de analizar en detalle esa metamorfosis del personaje, sin embargo, es necesario remarcar el hecho de que, incluso cuando se comportaba como rufián, el protagonista ya apuntaba su condición excepcional, fuera de lo normal. Su éxito con las mujeres, al que él responde con una castidad que anuncia su futura conversión religiosa, es verdaderamente extraordinario. Al principio de la obra, una "dama" confiesa que quiere "daros mi vida / con la voluntad del alma" (vv. 257-58; 126), pues no resiste "vuestra rara valentía / y vuestro despejo [que] han hecho / tanta impresión en mi pecho" (vv. 259-61; 126). Las raras, fenomenales cualidades del rufián han causado en la dama "tanta impresión" que está dispuesta a entregarle su vida. Cuando la rechaza, Lugo remarca la "admiración" que siente por las "grandes bizarrías" (vv. 297 y 302; 257) de la dama, reforzando así el tono hiperbólico, excesivo que domina toda la conversación. El rufián afirma que se ocupa "en bajas cosas / y en todas soy tan terrible" (vv. 319-20; 258), que no es capaz de sentir amor en su corazón. En el caso de otra mujer enamorada del rufián, Antonia, se repite la idea de que Lugo no es hombre por su falta de sentimientos: "¿Hombre? Si él lo fuera, fuera / descanso mi angustia fiera. / Mas no tiene más el nombre; / conmigo, a lo menos" (vv. 1055-58; 169).

Al rufián deshumanizado, capaz de terribles cosas pero no de sentir amor, la dama sin nombre le pide que no "hagas quimeras / de ti mismo" (vv. 331-32; 128), "porque en mi imaginación / te tiene amor retratado ... con más perfección" (vv. 327-30; 258). "Quimera," que ha adquirido en el lenguaje coloquial el significado de "fantasía irreal ... creencia vacía," era un monstruo híbrido de origen griego compuesto de, al menos, cabra, león y serpiente (Izzi 405-06). Además, Lope utiliza al mismo monstruo en el "Arte nuevo" para describir su nuevo teatro: "que el vulgo con sus leyes establezca / la vil quimera de este monstruo cómico" (vv. 149-50). Cuando la dama le pide a Lugo que renuncie a su condición monstruosa (sus quimeras) con el objeto de sentir amor, exige también, en consecuencia, que el personaje se aleje de un modelo que le sirve a Lope para fundamentar su nueva, extraordinaria comedia. Sin embargo, los rasgos de la quimera lopesca (lo raro, lo híbrido, lo espectacular e incontrolable) dominan igualmente la personalidad del admirable rufián Lugo, quien decide, a pesar de su éxito entre las mujeres, practicar la más estricta castidad. El carácter excepcional del protagonista se reafirma en palabras del músico que reconoce en Lugo "condición extraordinaria" (v. 641; 145). Esa cualidad fuera de lo normal, propia de las quimeras y por ende del teatro lopesco, la reitera el amo del rufián, el inquisidor Tello, cuando en un reproche amistoso llama a Lugo "Satanás" (v. 844; 157) y "malino" (v. 855; 157); el ser más opuesto posible al santo en que se transformará Lugo tras su metamorfosis en el monstruoso fray Cristóbal.

El rufián de características extraordinarias, no-humano por su falta de sentimientos, vive la última fase de su mutación al final de la jornada primera, cuando su personalidad se multiplica y oscila entre el crimen y la santidad. Su compañero en el hampa sevillana, Lagartija, señala la metamorfosis del monstruo, que se desdobla en un personaje híbrido y contradictorio: "O sé rufián, o sé santo" (v. 1146; 174), le exige. Cuando Lagartija observa que el proceso de conversión ya se ha consumado, en la jornada segunda, le describe como "el bravo rufián divino" (v. 1737; 200), paradoja presente en el título mismo de la obra, *El rufián dichoso*. La radical metamorfosis del rufián en fraile la remarca Cervantes a nivel lingüístico con la inversión en el uso de los pronombres "tú" y "usted" entre Lugo/Cruz y su antiguo amo, don Tello. A diferencia de la primera jornada, en la segunda don Tello habla de usted al santo fraile ("si me manda alguna cosa," v. 1509), mientras que el religioso le habla de tú a su antiguo señor: "Tu jornada sea dichosa" (v. 1511; 189). Como el minotauro (toro y hombre) o el centauro (caballo y hombre), el protagonista de esta comedia es el producto de una combinación excepcional de dos seres completamente distintos: un rufián y un santo. Su metamorfosis ha sido completa, desde su profesión, carácter y tratamiento lingüístico, hasta su capacidad de alcanzar la excepcionalidad mediante acciones no criminales, sino virtuosas.

La idea de la mudanza o transformación adquiere gran relevancia en el momento más metateatral de la obra (la conversación entre Comedia y Curiosidad al inicio de la segunda jornada), en sintonía con el espíritu de variedad y combinación de elementos opuestos –lo trágico y lo cómico, por ejemplo– que domina el monstruo teatral de Lope de Vega. Al respecto de este pasaje se ha creado una controversia crítica en torno a si la "Comedia" propone aquí un acercamiento (una claudicación, para algunos) de Cervantes a la nueva comedia de Lope. Como repasé unas páginas atrás, el alcalaíno manifestó en varios textos sus discrepancias frente a las teorías del "Arte nuevo," no sólo por boca del canónigo en el famoso capítulo 48 de la primera parte del *Quijote*, sino también en el *Retablo de las maravillas* (Gerli) y en el *Viaje del Parnaso*, "Coloquio de los perros" y *Persiles* (Wardropper, "Cervantes' Theory of the Drama," Wardropper, "Comedias" 157, Sevilla, "Del *Quijote* al *Rufián dichoso*" 224-25, Cotarelo, *El teatro de Cervantes* 36-46). Por una parte, Bruce Wardropper piensa que el canónigo antilopista del *Quijote* no representa la opinión de Cervantes sobre el teatro, sino que la "Comedia" de *El rufián* refleja mejor el ansia de libertad estética que comparten Lope y Cervantes ("Comedias" 157). En el extremo opuesto, Florencio Sevilla aduce que todas las manifestaciones cervantinas sobre el teatro son de corte clasicista, antilopista, y que por lo tanto la "Comedia" resulta una excepción a la regla que no altera el ideario (coherente, si se elimina la voz de este personaje alegórico) del alcalaíno ("Del *Quijote* al *Rufián dichoso*" 224-25, 233-44). Más acertada me parece la línea de Edward C. Riley, para quien en el diálogo entre "Comedia" y "Curiosidad" se estaría produciendo un "reajuste" de las teorías cervantinas (*Teoría de la novela* 52), consecuencia del ansia de experimentación que siente, según Jean Canavaggio (*Cervantès dramaturge* 446-50) y Jesús Maestro (69), el alcalaíno. William Stapp, aunque no siempre de manera convincente, argumenta por su parte que la "Comedia" en *El rufián dichoso*, en realidad, "tergiversa la teoría y la práctica de la comedia nueva al aparentar pregonarla" (451-52), por lo que el personaje alegórico cervantino no supondría una aceptación, sino una manipulación del ideario lopesco.

En este polémico comienzo de la segunda jornada, la "Comedia" afirma que "los tiempos mudan las cosas" (v. 1229; 178), y que por lo tanto es necesario igualmente "que haya de mudar lugares" (v. 1248; 178). Es lícito, pues, "que yo [la comedia] en un punto me pase / desde Alemania a Guinea / sin del teatro mudarme" (vv. 1258-60; 179). La constante mudanza del mundo, la metamorfosis continua que sufre el tiempo y la vida de los seres humanos "disculpa del disparate" (v. 1252; 179) de romper con las reglas clasicistas de tiempo y lugar. Jesús Maestro acierta a destacar, no obstante, el hecho de que estas reglas sobre la unidad de tiempo y lugar no provienen de Aristóteles, sino de sus exegetas renacentistas. Por ello, tanto Lope como Cervantes resultarían si acaso anti-neoaristotélicos, y no necesariamente anti-aristotélicos. De otro lado, y mucho más importante, Cervantes rompe en sus comedias con la unidad de acción aristotélica (que Lope respeta escrupulosamente), lo cual le convertiría según Maestro en un autor más revolucionario y experimental que el propio creador de la comedia nueva (56-57; ver también 12, 20-21, 69-63).

La variedad y cambio de la naturaleza es reflejada asimismo por el texto mutante cervantino que pasa la voz discursiva de la "Comedia" (personaje alegórico) al rufián Cristóbal Lugo, y de éste al fraile Cristóbal Cruz, en apenas unos versos de transición (vv. 1265 ss.; 179). Sin narración ni detalles adicionales, la metamorfosis del rufián en santo, de ese monstruo mutante, excepcional tanto antes como sobre todo después de su transformación, se solventa en apenas unos versos de "Comedia" en que se hace apología de la mudanza y la variedad. Los lazos entre la teoría y la práctica en este pasaje son innegables, pues la voz y el protagonismo del texto fluye de un personaje a otro en apenas unos versos, con transiciones abruptas, en un reflejo exacto de la mutación que introduce variedad en la naturaleza, en los seres humanos y en la obra teatral misma. De lo normal a lo extraordinario, de lo cotidiano a lo monstruoso, de la comedia antigua a la nueva tan sólo media una metamorfosis.

Después de su conversión, el carácter monstruoso de Lugo (ahora Cruz) se hace todavía más evidente. Primero, su condición extraordinaria se acrecienta mediante el auto-sacrificio total por la fe. Cuando se le presenta el caso de doña Ana, una dama atea que llega a confesar "para mí no hay Dios" (v. 1951; 209), fray Cristóbal de la Cruz decide aceptar el desafío de convertirla de nuevo al catolicismo. A punto de morir por una extraña enfermedad, doña Ana no acepta el sacramento de la confesión y renuncia por lo tanto a la posibilidad de salvar su alma (vv. 1671-72; 196). Cruz le propone una especie de trato espiritual: él cargará con los pecados de ella, y a cambio ella salvará su alma tras su muerte, ya próxima. La dama cede finalmente, asombrada por la voluntad de entrega y sacrificio del fraile, quien, cuando recibe los pecados de Ana, desarrolla lepra en su cara y manos. Cruz, según el "Alma tercera" (otro de los personajes alegóricos de la obra), estuvo trece años "llagado" como un monstruo espantoso por la lepra que recibió de doña Ana. Hacia el final de la obra, el propio Lucifer describe a Cruz "por su fealdad al mundo aborrecible" (vv. 2660-61; 240), y Fray Antonio, antes Lagartija, se dirige al cadáver de Cruz del siguiente modo: "Tu cuerpo, que ayer era / espectáculo horrendo / según llagado estaba" (vv. 2768-70; 244). Antes, un ciudadano ya había reclamado la atención del público sobre Cruz, ese "monstruo, / que lo es en santidad y en la fiereza" (vv. 2221-22; 220).

En definitiva, el hombre extraordinario que era Lugo como rufián se ha convertido en un ser todavía más excepcional por su santidad, fruto de una mutación espantosa que culmina cuando el fraile salva a Ana y recibe de ésta la lepra. Con la terrible enfermedad, el "espectáculo horrendo" al que alude fray Antonio, el proceso de santificación y de metamorfosis del personaje en monstruo ha culminado. Su vida es ahora un espectáculo de dominio público.

La connotación positiva del santo-monstruo podría hacernos pensar, ciertamente, que el diálogo que establece Cervantes con la nueva comedia de Lope implica la adhesión del alcalaíno al "Arte nuevo" lopesco. Siendo el monstruo un elemento central tanto a la teoría de Lope como a *El rufián*, el estudio de sus funciones y significados en esta comedia nos debe aportar datos valiosos sobre las coincidencias y divergencias entre la práctica teatral de ambos genios. En el caso que nos ocupa, la clave del diálogo cervantino con Lope se encuentra, en mi opinión, en la acción de mostrar y encubrir, que se repite a lo largo de toda la comedia en diversas formas. Mostrar al monstruo como metáfora para reclamar la atención del público siguiendo sus gustos y fantasías; y encubrirlo, por el contrario, quizás como forma de liberar al escritor de los dictados del vulgo.

El tema de encubrir y descubrir está presente a lo largo de toda la obra. En un paseo por las calles de Sevilla, Lugo y sus amigos ven a un personaje ("Uno") que les mira descaradamente desde la ventana de su casa. Los rufianes le ordenan: "Éntrate," "Zambúllete," "Escóndete" (vv. 607 ss.; 141-42). Los actos criminales de los rufianes no deben ser expuestos a la vista del público curioso. También en la jornada primera, una "Dama" casada, pero enamorada del rufián, aparece con el rostro cubierto para no ser reconocida. Cuando se encuentra con Lugo, se descubre ante él: "Lo que este manto os encubre / mirad y después veréis" (vv. 247-48; 126). En cuanto la dama se da cuenta de que su marido se acerca a ellos, se echa a temblar y se cubre de nuevo: "Sosegaos –la calma Lugo– ... que no os ha de descubrir" (vv. 339-40; 129). Lugo, en una prueba más de su astucia, engaña al marido con la verdad: que su mujer está en peligro de serle infiel. Le cuenta, para no culparla a ella, que un "galán" le ronda, y que lo mejor que el marido puede hacer es, precisamente, esconderla: "Retiradla" (v. 419; 132). Al mismo tiempo que encubre a la Dama, sin embargo, Lugo se descubre a sí mismo. Dice Lugo que el "galán" le ha pedido ayuda para conquistar a la dama, pero que él ha preferido avisar al incauto marido: "Yo ... / de ayudalle he prometido [al galán], / con intención de avisaros" (vv. 395-400; 131). Lugo se comporta, así, como el portador de un aviso, se convierte en un signo que alerta al marido de la posible infidelidad de su mujer.

En este sentido, Lugo actúa en consonancia con los orígenes etimológicos de la palabra "monstruo," pues el verbo latino "monere" significa decir, avisar, advertir de algo, normalmente un peligro o catástrofe. El poderoso "Yo" del rufián no tiene miedo a mostrarse, a tomar la iniciativa implicándose en primera persona para que la Dama se mantenga fiel a su marido y, al mismo tiempo, no perturbe la implícita castidad de Lugo. Recuerda Alberto Sánchez que la palabra "rufián" se deriva del latín "leno, el que trae las mujeres para ganar con ellas y riñe sus pendencias" (599; la definición proviene de Covarrubias, *Tesoro de la lengua castellana o española*). El carácter mujeriego está, por lo tanto, inscrito en el nombre mismo del "rufián." No obstante, y a pesar del carácter lujurioso de Lugo en las biografías del santo escritas por fray Agustín Dávila Padilla y por fray Antonio de San Román (Canavaggio, "Para la génesis"), Cervantes se aparta de sus fuentes y presenta a un "rufián" casto y marcadamente distinto respecto a las lascivas mujeres con quienes se topa (nota 1 a la edición de Talens y Spadaccini, pág. 109, Sánchez 605). A pesar de sus bravuconerías, el personaje ya demuestra un respeto absoluto por santas instituciones de la Iglesia tales como el matrimonio ajeno y la castidad propia. Lugo descubre su valentía y castidad al tiempo que empieza a anular su carácter de rufián y seductor.

El "Yo" monstruoso de Lugo quiere sin lugar a dudas descubrirse, mostrarse, ser notado por todos, en consonancia con el teatro de Lope que aspira al reconocimiento de las masas. Muy al principio de la primera jornada, Lugo emite un "bramo" que reclama la atención de toda Sevilla sobre su persona, con la intención de aumentar su fama:

> Que sólo me respeten por mi amo,
> y no por mí, no sé esta maravilla;
> mas yo haré que salga de mí un bramo
> que pase de los muros de Sevilla ...
> que yo seré famoso en mi ejercicio. (vv. 73-80; 116-17)

El bravo rufián considera una "maravilla" que no le conozcan sino por ser criado del inquisidor Tello, y afirma que lanzará "un bramo" por el cual sus orígenes humildes serán olvidados y ganará fama por sus extraordinarias cualidades personales. Como ha dicho Bruce Wardropper, "el móvil del rufián es el deseo de la fama" ("Comedias" 166), idea compartida también por Joaquín Casalduero: "Lugo ha decidido seguir la carrera de la fama, el título en que quiere graduarse es en el de famoso y busca sobresalir en el mundo maleante" (*Sentido y forma del teatro* 106) y por Stanislav Zimic: "el rufián Lugo se afanaba siempre para atraer las miradas del mundo sobre sí" ("La caridad" 148). De manera similar al Minotauro que representa la comedia de Lope, el rufián Lugo combina elementos opuestos (maldad y castidad, arrogancia y discreción, mentira y verdad) y los expone al público en reclamo de la fama que merece por su carácter excepcional. Se considera a sí mismo, sin duda, un monstruo merecedor de la admiración de las masas.

En diversos momentos de la primera jornada, el poderoso "yo" de Lugo se convierte en el centro de todas las miradas en satisfacción de su aspecto más exhibicionista y egocéntrico. Especialmente en su relación con las mujeres, Lugo controla siempre la situación. Como colofón a su rechazo a la "Dama" casada que aparece al principio de la obra, Lugo consigue que su marido la esconda y, para calmar a la enamorada mujer, le dice en el último momento: "Yo haré por verme contigo" (v. 483; 135). El hombre está en control absoluto de la mujer, decide su destino y, abiertamente, decide cuándo y en qué circunstancias verá o no a la dama. Confirmando el carácter bravucón de Lugo, Antonia, una prostituta, reconoce que el rufián enamora a las mujeres sobre todo por "bravato" (v. 767; 153).

Esta bravuconería de Lugo es enfatizada en otros pasajes de la comedia y por todo tipo de personajes, hampones y alguaciles, hombres y mujeres. Más tarde en la primera jornada, un pastelero reconoce al famoso rufián y le ofrece sus pasteles (v. 676; 148), consciente de que Lugo es "por toda la hampa respetado" por "valentón" (vv. 510 y 504; 136). En la paródica canción que Lugo canta a una dama a la que acusa de cuanto mal pueda pensarse (ser descendiente de moros, "puta," celestina...), el rufián pide a los músicos que toquen para que "presto llegue el bramo a los oídos / de la ninfa" (vv. 557-58; 138). Ese "bramo" de Lugo, el segundo en apenas seiscientos versos, advierte a las mujeres que el rufián no va a ceder a sus tentaciones. Con el objeto de esparcir su fama de maleante no sólo entre las mujeres, sino entre la sociedad sevillana en general, Lugo enumera a su amo Tello, con evidente satisfacción, las "liviandades / de mozo" de que le acusan: "cortar la cara / a un valentón arrogante," "procurar que ningún rufo / se entone do yo estuviere," y otras minucias por el estilo (vv. 794 ss.; 155).

Parecida actitud adopta el rufián cuando logra que unos alguaciles liberen al jefe del hampa sevillana, el padre Carrascosa, simplemente por plantarse ante ellos: "Todo viviente se tenga, / y suelten a Carrascosa / para que conmigo venga" (vv. 959-61; 163). El alguacil obedece al punto, y se encarga de que su obediencia sea notada no sólo por el jefe Carrascosa, sino sobre todo por Lugo: "Cristóbal, eche de ver / que no me quiero perder / y que le sirvo," a lo que el rufián responde orgullosamente: "Está bien; / yo lo miraré muy bien / cuando fuere menester" (vv. 974-78; 164). Su estatura de maleante se acrecienta al ser él quien, con sólo mostrarse, logra la liberación del jefe Carrascosa, apresado por la justicia y anulado como autoridad del hampa. Éste, agradecido, confirma sin paliativos la superioridad del bravucón sin igual: "Nuevo español bravonel, / con tus bravatas bizarras / me has librado" (vv. 985-87; 165). El ego de Lugo no puede ser más colmado de elogios por sus hazañas y, sobre todo, por su fenomenal capacidad de mostrarse, de hacer notar su presencia. El monstruo sale a la vista de su público e impone su voluntad gracias a una presencia amenazante, mezcla de bravuconería e intimidación.

El momento de la conversión de Lugo en el fraile Cristóbal de la Cruz se produce ante la sola presencia de las ánimas del purgatorio. Para entonces, Lugo/Cruz todavía necesita un público ante el cual mostrarse, y por ello les pide a las ánimas: "séaos notoria / mi angustia, y mi mal notorio" (vv. 1184-85; 175). La notoriedad de Lugo como rufián se transmite al nuevo ser que emergerá de esta conversión instantánea, de esta repentina metamorfosis en fraile. Al tiempo que el monstruo sufre una mutación que le convierte en otro ser, su necesidad de ser notado, mostrado al mundo, en cierto sentido aumenta. En sintonía con el monstruo teatral de Lope, la carrera hacia el éxito total de público parece imparable para Lugo/Cruz. La combinación más extraordinaria y rara posible en un ser humano, rufián y santo a la vez, se ha producido como expresión del lenguaje incomprensible de Dios. Su voluntad escapa a todo intento de racionalización; el producto de esta conversión milagrosa, como el monstruo, no puede ser explicado. En Lugo/Cruz se ha materializado la concepción medieval de lo monstruoso según la cual lo deforme sirve de lenguaje alternativo a la razón y la dialéctica, un discurso de lo incomprensible que codifica las voluntades y designios de Dios, a quien el hombre no puede siempre entender. Mediante la deformidad y lo raro se exponían en el pensamiento medieval "the secrets of substance, existence, and form incompletely revealed by the more orthodox rational approach through dialectics" (Williams 3).

Cervantes parece haber encarnado el espíritu del "Arte nuevo" de Lope, el nuevo dios del teatro español, en la figura de un monstruo Lugo/Cruz que reclama la atención hacia su personalidad única, fruto de una fenomenal combinación de opuestos. Pero Cervantes desarrolla sus propias ideas teatrales con notable independencia respecto a las doctrinas de Lope. Fray Cristóbal de la Cruz empieza muy pronto a comportarse de una manera radicalmente diferente a la del egocéntrico Lugo, cuya sed de atención y notoriedad raya en lo enfermizo. El nuevo fraile cambia sus actividades delictivas por la oración y el cristianismo más militante, pero además de la conversión espiritual, Lugo/Cruz lleva su metamorfosis a un extremo que Lope probablemente no desearía para su teoría y práctica teatrales. El fraile Cruz llama la atención por su forma monstruosa, sí, pero esconde en su lenguaje codificado otras verdades, otros secretos que el público debe interpretar acorde a su conciencia y su inteligencia. No todo se muestra de manera explícita; la literatura es un ejercicio en última instancia de libertad, y al espectador le corresponde interpretar las verdades inscritas en el lenguaje codificado del dios/creador literario.

El nuevo Lugo transformado en Cruz rehúye de su "yo" exhibicionista para convertirse en una suerte de monstruo humilde, que prefiere borrar su personalidad y abandonarse al destino último que Dios le asigne. Pronto en la segunda jornada se marca el contraste entre un fray Cristóbal satisfecho con su nueva vida y un Lagartija (convertido en fray Antonio) nostálgico de sus hazañas como rufián (por ejemplo, vv. 1396-1404; 184). Contra la personalidad flamante de un rufián que brama por ser visto y por su fama, fray Cristóbal intenta ahora borrar tanto su vida anterior como su presencia actual, en pos de una humildad que le santifica como verdadero seguidor de Cristo. Bruce Wardropper ("Comedias" 166), Alberto Sánchez (605-07) y William Stapp (442) afirman que la fama sigue siendo un objetivo fundamental para el personaje incluso después de su conversión en fraile, pero la evidencia textual sugiere lo contrario. Aunque estoy de acuerdo con Wardropper, Sánchez y Stapp en que la santidad es la fama cristiana por excelencia, en el texto se presenta a un humilde fray Cristóbal de la Cruz muy diferente del bravucón Lugo. La primera aparición de ninfas y demonios que ocurre tras la conversión de Lugo en Cruz escenifica a la perfección ese cambio de rufián vocal y bramador a un fraile humilde, silencioso. Cruz duerme y en sueños ("Debía de estar durmiendo, / y soñaba") tiene una visión que se le representa a fray Antonio/Lagartija, por el contrario, como real: "No, a fe mía; / padre Cruz, yo no dormía" (vv. 1824-26; 203). Ahora no es necesario que el rufián brame; incluso dormido, el fraile es capaz de conseguir que sus sueños sean contemplados por otros como una escena real. Su voz se apaga, su ego se hunde en la placidez del sueño, pero las resonancias de su mente se materializan para los demás con un poder que no proviene de la bravuconería y la ostentación, sino de una fuerza más alta que maneja el teatro del mundo desde arriba. El actor Lugo que escenificaba a bramos su obra en Sevilla cede el control ahora al poeta supremo: Dios. El lenguaje monstruoso de Cruz, sus visiones sobrenaturales de ninfas y demonios, (des)cifra el código divino de la misma manera que lo hacía el discurso de lo deforme, en la expresión de David Williams, en la Edad Media.

Las cualidades principales del nuevo monstruo, fray Cristóbal, son la paciencia y la humildad. Un ciudadano ve "la paciencia de Job" en el "rostro deslustrado" de Cruz (vv. 2237 y 2238; 221). Es necesario que el "yo" antiguo del rufián se desgaste, se deslustre, para mostrar sin ostentación al nuevo monstruo que, en su horrible cuerpo leproso, lleva la marca de una paciente, humilde santidad. De hecho, el fraile detesta la adulación que tanto reclamaba en su vida como rufián, y pide ahora, por el contrario, "humildad" (v. 2249; 221). Por tres veces, Cruz recordará la bajeza de su linaje, algo que cuando se llamaba Cristóbal Lugo siempre intentó esconder con exhibicionismo y bravuconería. Si al principio Lugo afirmaba "conténtese [mi padre] en su humilde y bajo oficio, / que yo seré famoso en mi ejercicio" (v. 77; 117), ahora, por el contrario, insiste con absoluta modestia en que "hijo soy de un tabernero" (v. 2247; 221, v. 2538; 235, y v. 2603; 238). En su voluntad de abandonar su personalidad y su cuidado personal, el fraile ni siquiera quiere que Antonio le cure las llagas que la lepra ha imprimido en su cuerpo (vv. 2489-90; 233).

El proceso de destrucción del yo poderoso y exhibicionista que compartía rasgos con el monstruo cómico de Lope, siempre orientado al éxito de público y al teatro de masas, tiene tres momentos de especial intensidad en la obra. Al final de la jornada segunda, el "yo" de Cruz aparece en escena sólo para, en lugar de mostrarse, vaciarse de sí mismo y llenarse de los pecados de doña Ana, quien recibe a cambio su salvación. El sacrificio del antiguo ego del rufián es absoluto: "Yo os daré todas las (obras) mías / y tomaré el grave cargo / de las vuestras a mi cargo" (vv. 2080-82; 214). El fraile repite su auto-invocación del "yo" en esta impresionante declaración: "Yo, fray Cristóbal de la Cruz, indigno / religioso ... doy de buena gana / todas las buenas obras que yo he hecho .../ y, en contracambio, tomo sus pecados" (vv. 2116 ss.; 215-16). Por salvar el alma de la pecadora doña Ana, Cruz entrega su "yo" más perfecto, se vacía de sí mismo, y acepta las malas acciones de la dama, llenándose de una lepra que representa los pecados ajenos con que se ha llagado su nuevo ser.

Su entrega a la causa religiosa es total, hasta el punto que su antiguo "yo" bravucón vuelve a mostrarse tan sólo cuando debe enfrentarse a los demonios que continúan asediándole hasta el final de su vida. A mitad de la jornada segunda, desafía a un demonio que se le aparece: "Vuelve, que te desafío / a ti y al infierno todo, / hecho valentón al modo / que plugo al gran Padre mío" (vv. 2476-79; 232). Ahora su valentonería responde no a un deseo de adquirir fama personal, de mostrarse teatralmente con bramidos si es necesario, sino a una silenciosa batalla contra el mal en la que cuenta con el respaldo del "gran Padre mío." Incluso Lucifer, aun cuando le llama "rufián" en un par de ocasiones (vv. 2648 y 2660; 240) en referencia a su vida pasada, admite igualmente que por ser excelente prior y provincial de su orden, el fraile merece el calificativo de "gran santo" (v. 2675; 241).

Otro momento decisivo en la transformación del monstruo-rufián, teatral y egocéntrico, en un humilde fraile enfermo de lepra, se produce cuando Cruz es nombrado prior. Fray Antonio, antes su compinche Lagartija, se opone vigorosamente al nombramiento, recordando la pasada vida de rufián que ambos disfrutaron en Sevilla:

>   Si yo pudiera dar voto,
>   a fe que no te le diera;
>   antes, a todos dijera
>   la vida que de hombre roto
>   en Sevilla y en Toledo
>   te vi hacer.
>   (vv. 2540-45; 235. Una cita similar
>   en vv. 2515-19; 234)

Conocedor de su vida pasada, de las "maravillas" que hizo como rufián (v. 2559; 236), fray Antonio/Lagartija se opone al nombramiento de Lugo/Cruz como prior. Fray Cristóbal, monstruo tanto por sus llagas horribles como por su extraordinaria metamorfosis, se siente igualmente indigno de tan alto honor. Aunque intenta argumentar su rechazo al puesto para evitar el éxito y la visibilidad personal, finalmente cede su palabra, su voz, al único personaje que se opone al nombramiento: al propio fray Antonio. Le dice a su antiguo compañero de correrías: "[te pido que] digas mi vida a voces" (v. 2575; 237); y "Amigo, fray Antonio, di a los padres / mi vida" (vv. 2598-99; 238). Del bramo que gritaba con bravuconería en la primera jornada, Lugo/Cruz ha pasado a una humildad que no le impide reconocer su pasado indigno, sino afirmarlo, y que le lleva a pedir a fray Antonio (opuesto, recordemos, al ascenso del fraile a prior) que hable por él. Del grito ha pasado al silencio, del "yo" espectacular y exhibicionista al "yo" dormido, mudo, humilde hasta el extremo. El propio Antonio reconoce que fray Cristóbal lucha para huir de la arrogancia y el egocentrismo: "Gusta este santo de verse / vituperado de todos, / y va huyendo los modos / do pueda ensoberbecerse" (vv. 2528-31; 235). Si antes gustaba de verse admirado, famoso, ahora prefiere ser "vituperado de todos." Tanto es su empeño en borrar su antigua personalidad, huyendo del reconocimiento y de la admiración de otros, que en último término su santidad empieza a hacerse evidente para todos los personajes. El prior actual sentencia, dispuesto a cederle el priorato a Cruz, que "lo que ha sido, / ha borrado lo que es" (vv. 2606-07; 238). El monstruo ha matado al monstruo anterior, el fraile ha borrado al rufián, ganando con su acción lo que en apariencia rehúye: la fama, la admiración de todos.

Podría pensarse que la humildad de Cruz no es más que una estrategia diferente a la de Lugo para obtener un mismo objetivo: la fama. Como no se puede entrar en la mente del personaje para entender sus posibles motivaciones más ocultas, debemos atender a lo que el texto nos sugiere con más persistencia. Sin duda, la voluntad de Cruz por hacerse desaparecer contrasta claramente con la voluntad de Lugo por mostrarse incluso mediante "bramos," actor en el teatro del mundo interpretando su papel ante la audiencia de Sevilla entera. Sin embargo, la gradual desaparición de Cruz culmina al final de la obra de una forma literalmente desgarradora. Cuando el fraile muere, después de trece años de estar llagado por la lepra, el pueblo se abalanza sobre el cadáver del santo para conseguir alguna reliquia: "[todos] se arrojan sobre el cuerpo, y le despojan / con ... celeridad" (vv. 2793-95; 245). En el capítulo 8 de la segunda parte del *Quijote*, Sancho Panza explica cómo "los cuerpos de los santos, o sus reliquias, llevan los reyes sobre sus hombros, besan los pedazos de sus huesos, adornan y enriquecen con ellos sus oratorios y sus más preciados altares" (II, 8; 607-08), testimonio de la obsesión por hacerse con reliquias y pertenencias de un santo que demuestra no sólo el pueblo, sino incluso la realeza de la época. Público enfervorizado, al estilo de los *fans* de una estrella de *rock* hoy en día, todo el pueblo desea conservar algún recuerdo del rufián convertido en santo: desgarran sus vestidos, despedazan sus objetos más personales. En la última escena, varios ciudadanos desfilan por el escenario con trozos de lienzo y de la capilla personal de Cruz (vv. 2800 ss.; 246). El espectáculo en que Cruz convirtió su vida ha conocido, paradójicamente, el mayor éxito posible mediante su callada, casi muda existencia de monstruo leproso. En lugar de seguir el gusto del vulgo como hace el Minotauro lopesco, Cruz borra su vida anterior y mancha su propio físico por una causa que, ya explícitamente convertido en monstruo, le reportará la mayor visibilidad posible en una cultura católica: la santidad. Con la aniquilación del individuo se logra, parece decirnos Cervantes, un fenomenal éxito en el teatro del mundo regido por Dios.

Hasta tal punto es humilde el nuevo monstruo Cruz, que sólo tras su muerte y desmembramiento consuma un nuevo milagro. El virrey se acerca al cadáver del fraile y, admirado al contemplar una nueva mutación del extraordinario personaje, se pregunta: "¿Que es éste el rostro que yo vi ha dos días / de horror y llagas y materias lleno?" (vv. 2831-32; 248). La lepra se ha limpiado del cuerpo de Cruz. Tras su máscara repugnante, el monstruo escondía la santidad que le convierte en un mensaje de "esperanza," en una "joya tan del cielo" en palabras del virrey (vv. 2844-45; 249). El proceso de autodestrucción ha concluido: el monstruo ha muerto y la comedia termina. Pero tanto el público de México que admira al fraile Cruz, como el público lector que lee la comedia de Cervantes, han aprendido la lección. La fama, el exhibicionismo, el mostrarse ante el mundo, sólo consigue su objetivo cuando, paradójicamente, el monstruo humilde consigue bajar, definitivamente, el telón.

No sólo el personaje del rufián/santo, ser imposible nacido de la combinación de dos personalidades opuestas, se muestra como un monstruo. La propia comedia *El rufián dichoso* presenta un carácter mutante, tanto por sus saltos temporales y espaciales (de Sevilla a México, de rufián a fraile), como por las afirmaciones metaliterarias de "Curiosidad" y "Comedia" que contradicen previas declaraciones cervantinas contra la comedia nueva. De hecho, el tema de la unidad de esta comedia ha sido discutido por varios críticos, quienes han intentado encontrar una coherencia estructural que el propio Cervantes, posiblemente, nunca buscó. Para Stanislav Zimic, como muestra de la opinión más extendida sobre el tema, la comedia representa la trayectoria vital de Lugo/Cruz desde el "ambiente infernal del pecado ... hacia la apoteosis espiritual" ("La caridad" 126). Al dividir la comedia buscándole un orden secuencial y lógico, algunos se han decantado por juzgar la calidad estética de cada jornada de modo independiente. Cierto consenso (especialmente entre la crítica de mitades de siglo XX) se ha creado en torno a la superioridad literaria de la primera jornada, retrato del hampa sevillana y su habla, respecto a las otras dos, de carácter hagiográfico (Nagy 24-27, Zimic, "La caridad" 136-37). En mi opinión, la espinosa cuestión de la unidad estructural del teatro cervantino la resolvió, sin embargo, Edward H. Friedman:

The structural center of the play is a concept, explored and analyzed through autonomous episodes analogically related to this concept. Concentric form (the episodes) predominates over the linear base (the plot). The theater serves an idea. (*The Unifying Concept* 38, y también 1-5, y "Dramatic Structure" 486, 496 para un análisis estructural de los *Pedro de Urdemalas* de Lope y Cervantes)

El monstruo teatral cervantino carece de un orden lineal, secuencial, de una trama desarrollada a partir de la unidad de acción aristotélica, que respeta Lope con escrupulosidad (Maestro 56-57). En el extremo opuesto, Cervantes escoge un tema y lo presenta de forma libre, poniendo en escena sólo sus momentos culminantes, más espectaculares, y prescindiendo del orden narrativo más tradicional. Esa forma concéntrica a la que se refiere Friedman, donde los episodios temáticos importan más que la historia lineal, confiere a la comedia cervantina un aspecto extraño, una superposición de elementos sin encadenamiento lógico similar a la figura del monstruo. A diferencia de Lope, el monstruo cómico de Cervantes no sigue el gusto del vulgo, sino un propósito temático y espectacular que prescinde de los elementos más comerciales en respuesta, quizás, a esa "tentation de l'exceptionnel" que Jean Canavaggio resalta en *El rufián dichoso* (*Cervantès dramaturge* 353). Como ha notado Alban K. Forcione, en el teatro cervantino triunfa la figura de Proteo, el ser mitológico mutante capaz de adquirir todas las formas y adalid de una libertad creativa absoluta ("The Triumph of Proteus," *Cervantes, Aristotle* 319-38; ver también Friedman, *The Unifying Concept* 35, para Pedro de Urdemalas como Proteo). En contraste, cabría cuestionarse si tras el éxito de público de Lope y su influencia en otros dramaturgos, la comedia nueva se puede calificar todavía de monstruosa por su excepcionalidad y rareza; pues si triunfa sobre las tablas y se procrea en la obra de sus seguidores, ¿qué hay de excepcional y raro en el arte nuevo? (agradezco a Eva Reichenberger esta observación).

En último término, la figura del monstruo cómico es extensible al propio autor de *El rufián dichoso*. Del mismo modo que Cervantes llama a Lope "monstruo de naturaleza," el alcalaíno se convierte en un Proteo cuyo deseo de mostrarse, siempre de forma contradictoria y espectacular, recuerda al fascinante monstruo teatral de la nueva comedia. En el caso de Cervantes, su actitud a veces paradójica, siempre apasionada respecto al teatro, esconde un juego entre el descubrir y el encubrir similar a las oscilaciones que presenta *El rufián dichoso* en torno a la figura del monstruo y la nueva comedia de Lope. Al tiempo que Cervantes escribe un teatro más para ser leído que visto o representado (ver Spadaccini y Talens, *Through the Shattering Glass* 30, para las declaraciones cervantinas al respecto en el *Viaje del Parnaso* IV), el alcalaíno se contradice sobre sus aspiraciones dramáticas en el prólogo, de un lado, y la dedicatoria al conde de Lemos, de otro, publicados en *Ocho comedias y ocho entremeses nuevos* (1615). En el prólogo, primero, se lamenta de no hallar "pájaros en los nidos de antaño; quiero decir que no hallé autor que me la pidiese [alguna comedia]" (103). Con notable amargura, Cervantes publica sus comedias ante todo porque no encuentra quien se las represente, a pesar de que sus primeras obras (hasta "veinte comedias o treinta") fueron bien recibidas, y a pesar de que, en la evolución del teatro áureo que traza en su prólogo, Cervantes se sitúa a sí mismo entre los geniales Lope de Rueda y Lope de Vega. Con ciertas inexactitudes, se auto-proclama innovador en la historia teatral española como primero en reducir las jornadas de cinco a tres (Sevilla y Rey Hazas XXV, Friedman, *The Unifying Concept* 17) y primero en sacar a escena personajes alegóricos, "figuras morales" (Cervantes 102-03). Pero, por el contrario, en la dedicatoria a Lemos de las *Ocho comedias* afirma que sus textos dramáticos "si alguna cosa llevan razonable es que no van manoseados ni han salido al teatro, merced a los farsantes que, de puros discretos, no se ocupan sino en obras grandes y de graves autores" (105). Tan obvia es la ironía de Cervantes respecto a esos "farsantes," quienes de "puros discretos" rechazan la representación de su teatro, como la amargura por lo "razonable" de que sus comedias y entremeses no hayan subido a las tablas. Autor clave en la modernización del teatro según él mismo, Cervantes nunca gana, no obstante, el favor de representantes ni del público en general.

Su teatro se comporta, en su conjunto, como un monstruo cómico más extraño aún que el de Lope, más raro en su afán de experimentación creativa y su falta de linealidad argumental, de coherencia narrativa. Comedias para ser leídas y novelas para ser representadas, algunos contemporáneos de Cervantes reaccionan con extrañeza ante la morfología de la obra cervantina, incluyendo la del propio *Quijote*. Por ejemplo, el autor del *Quijote* apócrifo, Avellaneda, afirma que "casi es *comedia* toda la historia de don Quijote de la Mancha" (I, 7), por lo que para lograr el mayor entretenimiento posible para los lectores "he tomado por medio entremesar la presente *comedia* con las simplicidades de Sancho Panza" (I, 9; cursiva mía). A caballo entre comedia y narrativa, entre rufián bravucón y santo humilde, Cervantes propone un monstruo cómico de carácter híbrido y elementos extraños. Frente al de Lope, el suyo es un monstruo cómico que se esconde, que pierde su capacidad de "mostrarse" donde debe, sobre las tablas, de modo similar al fray Cristóbal de la Cruz que renuncia a los bramidos del rufián Lugo para convertirse en un humilde monstruo, en un "espectáculo horrendo" que le reporta en última instancia la mayor visibilidad posible: la santidad. Sacrificado el sentido de espectacularidad escénica, el monstruo cómico cervantino se queda a medio camino entre la genialidad y el fracaso, entre la extrañeza y la inexistencia. Si Lope fue un "monstruo de naturaleza" por su talento y productividad, Cervantes se consagró en su teatro como un "monstruo" en el sentido más amplio: libre, extraño, y con un ansia siempre contradictoria de ser mirado.

Capítulo 4

DON QUIJOTE Y EL MONSTRUO MODERNO

EL lector sostiene un libro entre sus manos. Su expresión, su postura, sus gestos denotan gran agitación. A su alrededor, como si acabaran de saltar de las páginas del libro, se mueven figuras monstruosas, caballeros y doncellas. Esos seres fantásticos interactúan con el lector, adoptan posturas desafiantes o de súplica, le amenazan, le animan. Se han vuelto tan reales para el lector que ya no son meras letras impresas, sino seres con vida propia que pueden influir sobre él tanto como la realidad misma. Su poder es tal que convertirán al lector Alonso Quijano en el caballero andante don Quijote de la Mancha.

De este modo representan numerosas ilustraciones de la obra cervantina al hidalgo que enloquece leyendo libros de caballería en el capítulo 1 de la novela: rodeado de monstruos y seres prodigiosos. De los dos grabados más famosos de este momento crucial en la vida de Quijano, el de Gustavo Doré representa a Quijano con un libro en una mano y en la otra una espada, mientras una multitud de guerreros, mujeres suplicantes y monstruos le asedian. El dibujo de Francisco de Goya refleja una escena similar: del libro abierto que lee Quijano emanan seres fantásticos que toman cuerpo en la imaginación del lector y le trastornan la expresión y le ponen de punta un pelo hirsuto e imposible. En un volumen colectivo sobre *Marvels, Monsters, and Miracles,* David Sprunger documenta al menos desde el siglo XIII el uso de los pelos de punta como símbolo gráfico del loco "with literal demonic possession" (228). No es de extrañar que los ilustradores, para este momento clave de la novela, decidan rodear de monstruos y demonios al enloquecido hidalgo. Ni los escritores de caballerías, ni tampoco los ilustradores de Cervantes, podían pasar por alto el enorme impacto, visual y literario, que tienen las figuras monstruosas. Pertenecen a mundos hiperbólicos, excesivos, llevados al límite, donde el mal se encarna no en seres humanos como cualquiera de nosotros, sino en figuras extremas que agigantan la tarea del héroe. No basta con derrotar al enemigo; hay que derrotar al enemigo más poderoso, al que nos sobrepasa físicamente, y, a ser posible, hay que hacerlo en las condiciones más desfavorables. El héroe necesita al monstruo (Oriol-Boyer 30). El héroe es perfecto y, por lo tanto, casi invariable: joven, hombre, fuerte, inteligente. Por el contrario, el enemigo tiene la ventaja de que puede adquirir múltiples formas, puede representar el mal bajo multitud de cuerpos y deformidades. Puede multiplicar sus miembros (cabezas, brazos...) o su tamaño, contar con alas para alzar el vuelo y ser producto de la combinación de seres distintos (el minotauro o la esfinge, por ejemplo). Y en su diversidad, de algún modo, no cabe duda que el monstruo gana interés respecto al héroe.

De ese primer capítulo de *Don Quijote de la Mancha*, ilustrado por Doré, Goya o por cualquier otro artista, se despliega toda una galería de seres monstruosos a los que combatir, seres deformes que representan los vicios más extremos. En el acto de vencer a esas criaturas extraordinarias, los héroes de la caballería se convierten ellos mismos en héroes no menos excesivos, imposibles (Oriol-Boyer 31, 33). Todos estos personajes caballerescos, los monstruos y también los héroes –los Amadís, Roldán u Orlando que le sirven de modelo– terminan contribuyendo a la locura de Quijano por transportarle a un mundo hiperbólico de seres prodigiosos imaginados. Al fin y al cabo, y como explica Massimo Riva al respecto de la obra de Giambattista Vico, "'monstrosity' is ... the offspring of the 'heroic mind,' because to heroes monsters are necessary foes, part of their own identity" (286). No se puede separar al monstruo del héroe, ya que "the monster ... makes us face the 'other,' and this 'other' is, of course, our own self, our own species" (Riva 293). Se podría leer el *Quijote*, desde esta perspectiva, como Judith Halberstam intenta leer *Frankenstein*: "not as the making of a monster but as the making of a human. In what ways does the monster construct Frankenstein, in other words?" (32). O en el caso del *Quijote*, ¿cómo construye don Quijote al hidalgo Quijano que lo crea, qué nos dice sobre su identidad oculta, sus misteriosas motivaciones y estrategias?

Los monstruos y los héroes, además de ocupar la mente de Quijano, le convierten a él mismo, pues, en un héroe/monstruo inusual, un creador de sí mismo que no siempre triunfa como caballero andante, pero que nunca pasa inadvertido como personaje. Arguyo que la línea entre el héroe y el monstruo es delgada porque incluso las historias de los héroes que contribuyen a la asombrosa metamorfosis del viejo hidalgo en caballero andante son el objetivo inicial de la crítica cervantina (escribe contra los libros de caballería, afirma en el primer prólogo y al final de la segunda parte), y constituyen la fuente de inspiración que la sobrina y el ama maldicen por su influencia satánica sobre Alonso Quijano. No en vano, el capítulo 6 de la primera parte escenifica un simbólico auto de fe en que el cura quema (tras un proceso de selección significativamente arbitrario) algunos de estos libros sobre héroes caballerescos.

No obstante, como he dedicado buena parte de este libro a demostrar, los monstruos no representan sólo el mal y lo aborrecible. Por su desviación respecto al orden biológico y/o político, pueden interpretarse como prodigios cuyas características extremas y deformaciones fisiológicas les convierten en ejemplares únicos, en cifras de un lenguaje que sólo Dios conoce. La monstruosidad es un estado de excepcionalidad que puede ser interpretado de forma positiva o negativa; como decía Voltaire en su *Diccionario filosófico*, la definición del monstruo depende del ojo con que se mire (Knoppers and Landes 248, n. 6). De hecho, las ilustraciones de Doré y Goya presentan un mundo hiperbólico que no sólo atrae al hidalgo lector, sino a nosotros mismos, lectores de la obra cervantina. Como Quijano se rodea de sus monstruos favoritos, nosotros también sentimos fascinación por un personaje extremo y raro, único donde los haya, que se llama Quijana o Quijada o Quesada, y que emerge de las páginas del libro que sostenemos en las manos convertido en don Quijote. Desde este punto de vista, los monstruos que rodean a Quijano parecen unirse en nuestra imaginación a la figura del caballero andante loco que asombra al mundo por su extraordinaria peculiaridad. Con los pelos de punta, poseído por una legión de caballeros andantes y monstruos a la manera bíblica del Evangelio según San Lucas 8, 27-29 (Sprunger 229), don Quijote es ilustrado por Doré y Goya en toda su excepcionalidad: espada en alto y con expresión ensoñadora para Doré; de rodillas y con los pelos erizados, flaco y poseído, para Goya. Por las prodigiosas imágenes de Quijano/Quijote que nos ofrecen los ilustradores, el personaje cervantino es un ser tan excepcional como los monstruos que le rodean. En verdad, da la impresión de que las figuras fantásticas son apenas un marco para el mayor monstruo de todos: el propio Quijano/Quijote. El ser prodigioso, fuera de lo normal, que representa la figura del héroe en la piel y el cuerpo de un hidalgo mayor, flaco, débil, enloquecido por la lectura, es una inaudita síntesis de viejo lector y caballero andante tan extraordinaria como un centauro o una sirena. Su identidad es producto de la multiplicidad, del exceso de palabras y significados que emanan de los libros henchidos de héroes y monstruos, de mundos imposibles. "The monster's body, indeed, is a machine that ... produces meaning," afirma Judith Halberstam; "Monsters are meaning machines" (21). Las lecturas del monstruo son infinitas y admirables porque producen significados inabarcables, siempre en movimiento, inestables. En su análisis de las imágenes de libros y cuerpos en el *Quijote*, Georgina Dopico Black describe la relación entre creatividad y parto literario como una "monstrous mimesis" (110), "monstrous conception" (111) o "monstrous generation" (118) mediante los cuales el protagonista cervantino entra en un "haunted, enchanted space, a place in which reading is both refuge and risk" (118). En *Frankenstein*, Mary Shelley describe su libro mediante imágenes de paternidad/maternidad similares a las que emplea Cervantes en el prólogo a la primera parte. Al igual que Cervantes se desmarca de su hijo literario como "padrastro" y no padre del mismo, Shelley lamenta la "hideous progeny" de su Frankenstein. En ambos casos, "textual production itself is responsible for generating monsters" (Halberstam 31): los monstruos nacen de la imaginación a partir de un parto antinatural en que lectura y escritura escapan al control de sus creadores.

 El universo monstruoso vivido por Quijano con el resultado de su transformación en don Quijote emana, pues, de la lectura de los libros de ficción. De los libros que trastornan a Quijano surgen no sólo las hipérboles de las caballerías, sino también el personaje probablemente más estrambótico y prodigioso de la literatura universal, don Quijote. A partir de la lectura obsesiva de las descabelladas historias de caballería, el hidalgo Quijano –él mismo, por supuesto, personaje literario– hunde la cabeza en sus libros y la saca transformado en un ser extraordinario, don Quijote. El libro sostenido entre las manos irradia un universo hiperbólico que se proyecta sobre quien se asoma a él, invadiéndole la imaginación y la mente con una turba de seres fantásticos. Así, la literatura impresa se convierte ella misma en un producto monstruoso capaz de transformar la vida de sus lectores. Es la lectura de libros de ficción la que produce la metamorfosis que da origen al monstruo, ese ser desviado de la norma, un alguien único y diferente a lo demás.

El hidalgo manchego no es sólo un lector pasivo atacado por monstruos imaginarios. Su fuerza creadora, alentada por los mundos fantásticos de los libros, le pone las palabras de las historias caballerescas literalmente delante de los ojos, como reflejan los grabados de Doré y el dibujo de Goya. La retórica, el lenguaje, alcanza la que es su más poderosa (y peligrosa) manifestación posible: hace creer que la ficción es Historia, que la mentira es verdad. Las palabras se convierten en imágenes y logran que el mundo del libro invada el mundo de su lector. Por medio de esta *enargeia* o visualización de las palabras, la mente creadora de los autores de caballerías se trasvasa a la mente del hidalgo. En lugar de tomar la pluma y escribir la historia de un héroe, el lector Quijano toma la espada y sale a los caminos de España como personaje que, en principio, se llama don Quijote pero que, como reconoce en el capítulo 5 de la primera parte, podría ser los Doce Pares de Francia, o Valdovinos, o cualquier otro personaje de su mundo de lecturas heroicas. Su mutación, su metamorfosis le convierten a él mismo en un portento, un prodigio digno de recabar la atención de duques, licenciados, caballeros, labradores ricos y pobres, gentes de toda condición.

Por su excepcionalidad, el protagonista cervantino no puede ser más enigmático: unas veces loco, otras lúcido; a veces justo defensor de los débiles, otras injustificable en sus ataques a vidas y propiedades ajenas; poeta de las armas y guerrero de ideas literarias. Maestro de las metamorfosis, de Quijano a Quijote y de nuevo a Quijano al final de la novela, el hidalgo/caballero evoluciona entre contradicciones, cambios sutiles en su comportamiento e intensas interacciones con otros personajes, especialmente Sancho y, de manera más abrupta, el bachiller Sansón Carrasco. Conocedor en la segunda parte de la existencia de un libro sobre su vida, lector ahora de sí mismo, Quijano/Quijote persigue hasta la extenuación un continuo reafirmarse, un construirse la identidad que sólo termina en el lecho de muerte, dejando sus proyectos caballerescos y pastoriles a medias. Su vida se convierte así en un enigma abierto, un signo de interrogación con lanza, adarga y celada de quien no conocemos su pasado, ni entendemos su presente. Entre monstruos, entre seres imaginarios y extremos, el flaco hidalgo nos lanza su mirada retadora y alucinada, y nos invita a entrar en su prodigioso mundo de lo desconocido.

Entonces, ¿quién es el protagonista del *Quijote* de Cervantes? La naturaleza múltiple del extraordinario personaje don Quijote de la Mancha, creado por el hidalgo Alonso Quijano al principio de la novela, se refleja ya en los títulos de las dos partes de la obra cervantina. El título original propuesto por Cervantes al Consejo Real para conseguir las necesarias licencias para la primera parte fue *El ingenioso hidalgo de la Mancha* y para la de 1615, *Segunda parte de don Quijote de la Mancha*. Sin embargo, los títulos definitivos fueron otros. Mientras que la primera parte, de 1605, se titula *El ingenioso hidalgo don Quijote de la Mancha*, la segunda sustituye el término "hidalgo" por el de "caballero": *El ingenioso caballero don Quijote de la Mancha*. Hoy no sabemos si Cervantes cambió los títulos o si lo hizo algún editor o tipógrafo (Rico, "El título" 3) pero, en cualquier caso, en la segunda parte de 1615 se menciona el título completo de la primera parte en al menos dos ocasiones: primero lo cita Sancho (II, 2; 565) y más tarde la duquesa (II, 30; 780). También Alonso Fernández de Avellaneda reproduce el título definitivo de la primera parte en su continuación apócrifa de 1614. Lo importante es que los títulos definitivos de la obra (de Cervantes o no) reflejan la significativa desaparición del hidalgo Alonso Quijano. Se elimina la palabra "hidalgo" y se elimina al mismo tiempo la contradicción "hidalgo don Quijote de la Mancha," pues el hidalgo nunca se llamó "don Quijote," sino Quijano. Alonso Quijano completa así, como reflejan los títulos de las dos partes, su metamorfosis en caballero andante don Quijote de la Mancha, borrando por completo sus orígenes más prosaicos de hidalgo para dejar en primer término su flamante personalidad inventada.

Siguiendo esa estela deslumbrante del caballero frente al gris hidalgo, la mayoría de la crítica literaria de las últimas décadas ha preferido olvidar a Quijano separando a hidalgo y caballero en dos seres independientes, y considerando objeto de estudio sólo al segundo. Incluso entre los relativamente pocos estudios sobre Quijano, existe la clara tendencia a considerar a Quijote netamente superior a Quijano (Mancing 741), y eso a pesar de que (o precisamente porque) Quijote está loco y Quijano cuerdo (Close, *The Romantic Approach* 152). No obstante, el narrador afirma explícitamente que quien enloquece es Quijano, a causa de la falta de sueño provocada por tantas horas de lectura y la consecuente sequedad de su cerebro (I, 1; 29-30): y si enloquece, ¿cómo puede ser él cuerdo y el otro loco? En una interpretación interesante en otros sentidos, José Manuel Martín Morán también separa radicalmente al hidalgo del caballero, pues considera a don Quijote como lector culto frente a Quijano, representante rústico de la cultura oral (363-66). ¿Acaso la cultura libresca de don Quijote no la aporta el personaje de Quijano? En la novela, ¿quién dedica tiempo a la lectura hasta llegar a enloquecer: el hidalgo o el caballero? Indudablemente, el primero. De hecho, sin el lector Quijano, don Quijote no existiría.

Ese afán por enfatizar las rupturas entre hidalgo y caballero impide a muchos reconocer lo que es, para mí al menos, una realidad incuestionable: que un personaje carecería de valor sin el otro. Dice Javier Blasco que "la verdad del protagonista cervantino no está ni en don Quijote ... ni en Alonso Quijano ..., sino en la pugna de Alonso Quijano por ser don Quijote" (157). El hidalgo sin el caballero sería apenas un pequeño noble venido a menos, lector empedernido a falta de una vida apasionante que vivir. Pero en el caso contrario, ¿quién sería Quijote sin Quijano? El caballero andante es en diversas ocasiones un desastre en la aplicación de sus supuestos ideales de caballería: aunque a veces se pone del lado de algunos personajes necesitados de ayuda (Marcela, Basilio, la hija de doña Rodríguez), en otras ataca a inocentes (especialmente en la primera parte), pone en peligro la vida de muchos (incluyendo la suya y la de Sancho), libera a unos presos convictos, y es ridiculizado y burlado por la mayoría (Allen 90). Nada más lejos de un perfecto Amadís, si es que su misión era la de imitar al héroe de Montalvo. Por ello, el caballero adquiere todo su valor sólo si se considera que su personalidad (hasta cierto punto desastrosa como héroe) descansa sobre la piel de un viejo hidalgo que ha decidido dar un giro radical a su vida y lo ha conseguido, a pesar de tener todo y a todos en su contra. Como advierten Alfred Rodríguez y Tomás Ruiz Fábrega, el personaje cervantino "don Quijote" es producto de la suma de "Alonso Quijano" más ese caballero inventado que se auto-denomina "don Quijote" (216). O mejor todavía, como reclama Cristina Müller: "Alonso Quijano and Don Quijote appear as two different moments of one and the same process of individuation" ("Individuation" 156), dos momentos diferentes que, frente a la opinión de Roberto González Echevarría ("*Don Quixote*" 236), sí aparecen simultáneamente en algunos momentos, como veremos más adelante. Y si don Quijote y Quijano forman una misma unidad vital, sus orígenes se encuentran tanto en la caballería como, según explora acertadamente Augustin Redondo en *Otra manera de leer el* Quijote, en la Commedia dell'Arte y el carnaval (213-20).

Pocas lecturas del protagonista cervantino se basan en el personaje que, literalmente, se esconde detrás del genial caballero andante: el hidalgo Alonso Quijano. La más notable excepción a esta regla puede ser *El* Quijote *como juego* de Gonzalo Torrente Ballester, en donde se afirma que "el verdadero quijotismo ... consiste en crear, mediante la palabra, la realidad idónea al despliegue de la fingida personalidad" (194); es decir, el "verdadero quijotismo" es la actividad que realiza ante todo el hidalgo Quijano al convertirse en don Quijote por mediación de su palabra (Torrente Ballester 56). Esa idea de un Quijano artista que crea a don Quijote se encuentra ya en *La profesión de don Quijote* de Mark Van Doren, donde se define al hidalgo/caballero como "a la vez actor y autor" teatrales (30). En esa línea de interpretación, Esther Bartolomé Pons piensa que Quijano no está loco, sino que finge, crea y pone en la práctica a su personaje caballeresco, don Quijote (10).

Estuviera loco o cuerdo, fingiera o no, el verdadero protagonista de la máxima novela cervantina debe ser un personaje capaz de aunar las oposiciones y radicales desavenencias entre Quijano y Quijote, entre hidalgo y caballero, muy a pesar de quienes han prescindido del primero por considerarlo inferior al segundo. Este menosprecio por la existencia de Quijano puede deberse en parte al hecho de que Cervantes mismo nos incita a desatender al hidalgo manchego gris de cuya vida (apellido, pueblo, sangre, pasado...) sabemos tan poco. La presencia del hidalgo se borra del texto prácticamente en el primer capítulo para reaparecer apenas en los momentos en que el caballero andante vuelve a su hogar derrotado. Es evidente que la locura o el ansia de vivir la literatura del lector Quijano le fuerzan a anular su personalidad en favor de la imaginada, pero mucho más atractiva vida de don Quijote. En ese intento, el narrador (o narradores, dada la complejidad del esquema narratológico de la obra) secunda constantemente la voluntad del hidalgo de ser visto como héroe. Tanto el narrador como don Quijote y otros personajes se esfuerzan por relegar a Quijano y su insulsa vida de hidalgo a un segundo plano, en beneficio de la espectacularidad del fingido caballero andante. Incluso después de que Quijano dé por muerto a Quijote, en su vuelta a la cordura del último capítulo, el narrador sigue refiriéndose a Quijano como "don Quijote," como han notado agudamente Alfred Rodríguez y Tomás Ruiz Fábrega (215). Similar actitud adoptan los amigos de Quijano, el barbero y el cura, quienes, a pesar de sus intentos por devolverlo a su hogar, se divierten con la personalidad del caballero andante y le siguen el juego incluso en su lecho de muerte (Mancing 740). El mismo Sancho Panza termina ajustándose a su vida de escudero de don Quijote y sólo recurre a la biografía real de Quijano en momentos en que, maliciosamente, hace burla de su señor, como en el capítulo 31 de la segunda parte, analizado con perspicacia por Darcy Donahue y Alfred Rodríguez (41, 43). Igualmente, Torrente Ballester acusa a los duques, en la segunda parte del libro, de leer erróneamente a don Quijote como "loco sin paliativos" (198), olvidando al Quijano que crea a su personaje y perdiéndose así en la misma maraña ficcional que supuestamente enloqueció al hidalgo lector. La obra inventada (Quijote), una vez más, se toma como real, con la consecuente anulación de Quijano. Como cualquier lector de la obra, el narrador y los personajes quedan deslumbrados por la personalidad despampanante del caballero andante, y pierden de vista el poder creador del hidalgo Quijano que maneja los hilos de su historia con maestría sin igual.

Una vez reconocido que el origen del caballero don Quijote está en el hidalgo Quijano, me interesa volver de nuevo al momento genésico en que Quijano "enloquece" por sus lecturas y toma la decisión de re-crearse, re-nacer transformado en caballero andante. Eduardo Urbina ha notado cómo "Don Quijote nace viejo" (130), pues es creado por un hidalgo cincuentón del cual nada sabemos acerca de su niñez. Urbina ve en el protagonista cervantino una versión paródica del tópico del *puer-senex*, personaje que a la vejez regresa a la infancia y vuelve a nacer entre la locura, la puerilidad y el juego.

Diversos factores contribuyen a contextualizar el momento del nacimiento de don Quijote a partir del hidalgo Quijano en el capítulo primero. Las características del viejo hidalgo manchego, que sólo al final del libro se identifica con nombre y apellido (Alonso Quijano), no son las propias del héroe masculino al estilo de, por ejemplo, un Amadís. Primero, la cuestión del origen y linaje marca negativamente el tardío nacimiento del caballero don Quijote. Del buen vecino no se sabe en un principio su apellido: primero se dice que podría ser Quijada o Quesada, pero con más probabilidad es Quijana (I, 1; 28). Después, el vecino que lo recoge malherido en el capítulo 5 de la primera parte, el labrador Pedro Alonso, le llama "señor Quijana" (I, 5; 56). En protección de su verdadera identidad, oculta bajo la de don Quijote y difuminada por la incertidumbre sobre su verdadero nombre y apellido, el caballero andante, a punto de comenzar su penitencia en Sierra Morena, evita firmar un documento legal en el que ofrece tres pollinos a Sancho Panza, limitándose a estampar su rúbrica (I, 25; 246). Sólo en su última metamorfosis de don Quijote en hidalgo, a puertas de la muerte, el personaje nos informa por primera vez de su nombre completo y apodo: "ya yo no soy don Quijote de la Mancha, sino Alonso Quijano, a quien mis costumbres me dieron renombre de 'bueno'" (II, 74; 1100).

Para R. M. Flores, sin embargo, el verdadero apellido del hidalgo sería Quijana (a partir de un personaje histórico, don Alonso Quijada de Esquivias), pues el Quijano comúnmente aceptado respondería a un hipotético error de los cajistas (417). Por su parte, Tom Lathrop piensa que Cervantes no tenía intención de nombrar a su protagonista (204), y que sólo le llama Alonso Quijano en reacción al falso Martín Quijada de Avellaneda (208), opinión compartida por John Weiger (119, 211). Ninguno de estos dos argumentos me parece definitivo: el primero es imposible de probar irrefutablemente (ni el error de los cajistas, ni el modelo "histórico" de Quijano, don Alonso Quijada), y el segundo no explica por qué Cervantes no eligió cualquiera de los apellidos sugeridos en el primer capítulo de la primera parte que son diferentes del Quijada de Avellaneda: Quijana y Quesada. ¿Por qué, como reacción a Avellaneda, no recurrir a los apellidos ya utilizados en la primera parte e inventar uno nuevo, Quijano?

Además de la oscura cuestión del apellido, el nombre que Quijano escoge para su nueva vida caballeresca no puede ser más ridículo. El "quijote" es una pieza de la armadura que cubre el muslo e incluso puede, según Carroll Johnson, referirse a una pieza de una típica vestimenta morisca ("Dressing Don Quixote"). Por otra parte, el sufijo "-ote" se suele utilizar con tintes burlones y despectivos (nota 60 a la página 32 de la ed. de Rico; y como ejemplo, ver las rimas ridículas en "-ote" en el poema compuesto por el propio don Quijote en I, 26; 250-51). Frente a los reinos exóticos y prestigiosos que vieron nacer a los héroes de la caballería, el tal "Quijote" proviene de la "Mancha," uno de los territorios más pobres de la España imperial de entonces.

En todo caso, la cuestión del apellido importa sobre todo por cuanto tiene de ocultación del pasado de Quijano/Quijote. En la única referencia específica a su linaje en toda la novela, el falso caballero andante afirma descender "por línea recta de varón" de Gutierre Quijada (I, 49; 507), en un discurso en que se destaca sin embargo "la mezcla que don Quijote hacía de verdades y mentiras" (507). Los pocos datos que ofrece el propio Alonso Quijano sobre su pasado no bastan para determinar sus orígenes de una forma satisfactoria. Cuando se imagina famoso, bien recibido en una corte y en disposición de casarse con una princesa, don Quijote reconoce su linaje, los orígenes (a pesar de todo insatisfactorios) de Quijano: "Bien es verdad que yo soy hijodalgo de solar conocido, de posesión y propiedad y de devengar quinientos sueldos." Y a continuación, añade con regusto a fantasía infundada: "podría ser que el sabio que escribiese mi historia deslindase de tal manera mi parentela y decendencia, que me hallase quinto o sesto nieto de rey" (I, 21; 196). Por supuesto, lo que sí sabemos del hidalgo Quijano es que su modo de vida era más bien modesto: armas antiquísimas, rocín flaco y una "olla de algo más vaca que carnero" (I, 1; 27). Obsesionado por la lectura hasta el punto de abandonar la administración de sus propiedades, la compra de libros de caballería la sufraga el hidalgo vendiendo "muchas fanegas de tierra de sembradura" (I, 1; 28). En preparación para su segunda salida, ya con Sancho, "dio luego don Quijote orden en buscar dineros, y, vendiendo una cosa y empeñando otra y malbaratándolas todas, llegó una razonable cantidad" (I, 7; 73). Tampoco la relación de propiedades y dinero que contiene el testamento de Quijano al final de la novela impresiona por su abundancia (II, 74; 1102-04).

Sobre el pasado de Quijano/Quijote apenas se nos ofrecen un puñado de referencias en todo el libro, y siempre en un contexto más bien burlón. Vivaldo, en los episodios sobre Marcela y Grisóstomo, pide socarronamente a don Quijote que les informe sobre su linaje, a lo cual responde el aludido con un discurso disparatado, del cual concluye que el origen de su familia es "moderno." Junto a las burlas de los presentes, el narrador ofrece el sarcástico punto de vista de Sancho sobre esta cuestión: el escudero confirma que don Quijote dice ahora la verdad, "sabiendo él quién era y habiéndole conocido desde su nacimiento" (I, 13; 116). Cuando los duques, en la segunda parte, acogen a don Quijote como caballero andante en su castillo, le piden que se siente a la cabecera de la mesa y presida la comida en lugar del mismísimo duque. Sancho Panza, con gran socarronería, refiere un cuento sobre una pendencia en su pueblo en la que, alega, "entiendo mi señor don Quijote se halló en ella...

¿No es verdad todo esto, señor nuestro amo?" (II, 31; 789). El caballero, molesto, ignora la alusión de Sancho a su pasado y no le responde. Sancho continúa arremetiendo contra el inflado ego de su señor: el cuento trata sobre el hidalgo que invitó a un labrador a sentarse en la cabecera de la mesa. El labrador, consciente de su posición social inferior, se niega, hasta que el hidalgo, harto de la desobediencia del labrador, le obliga a sentarse reconociendo que "adondequiera que yo me siente será vuestra cabecera." Todos comprenden "la malicia de Sancho," incluyendo a un don Quijote que se puso "de mil colores" por la afrenta recibida de su escudero (II, 31; 791). Sancho implica que, sin linaje, don Quijote podía sentarse donde quisiera en la mesa y realizar tanta hazaña caballeresca como quisiera, pero que, al fin y al cabo, el duque y la duquesa estarían siempre por encima de él, a su cabecera.

De Quijano se desconoce, pues, el pueblo donde nació ("En un lugar de la Mancha, de cuyo nombre no quiero acordarme," I, 1; 27), su apellido, su linaje y su pasado. En consecuencia, se proyectan dos sombras, muy largas en la época, sobre el alumbramiento del caballero andante que promete restaurar en el mundo la mítica Edad de Oro. Primero, nunca se hace referencia alguna a la calidad de cristiano viejo de Quijano/Quijote, en abierto contraste con las numerosas ocasiones en que Sancho reitera la pureza cristiana de su sangre (I, 20; 183, I, 21; 197, I, 47; 489, II, 8; 604; ver Eisenberg, *La interpretación cervantina*, nota 29 al capítulo 6). ¿Se sugiere, por lo tanto, que el hidalgo manchego, de linaje "moderno" según sus propias palabras, puede ser cristiano nuevo o converso? En cualquier caso, la religiosidad del hidalgo/caballero queda en entredicho en varios momentos de la historia, según analizaré por extenso más abajo.

Y, en segundo lugar, Quijano transgrede el orden social de una manera clamorosa cuando añade a su nombre de caballero andante el "don." Como hidalgo empobrecido, Quijano no tenía derecho a llamarse don, aunque como don Quijote de la Mancha sí lo haga. En la primera parte de la novela hay un episodio donde la arbitrariedad de Quijano/Quijote en atribuir el calificativo de don/doña es particularmente evidente. En la venta donde es armado caballero, trabajan dos prostitutas a quienes él re-nombra "doñas" sin alterarles el nombre que denota su baja profesión: doña Molinera y doña Tolosa (I, 3; 47). Si don Quijote re-crea la realidad re-nombrándola, ¿no podía haber inventado nombres más apropiados para sus hermosas doncellas? ¿Por qué mantenerles los apodos (Molinera y Tolosa) que las identifican como prostitutas (Torrente Ballester 84-85)?

En varios momentos de la segunda parte de la novela se alude a la importante provocación social de Quijano/Quijote con respecto al uso del don. Primero, el bachiller Sansón Carrasco le informa, con evidente sarcasmo, de la recepción que ha tenido la primera parte de la novela entre los de su misma clase social: "Los hidalgos dicen que, no conteniéndose vuestra merced en los límites de la hidalguía, se ha puesto don y se ha arremetido a caballero con un trapo atrás y otro delante" (II, 2; 564). También Teresa Panza (o Cascajo) reprocha a Sancho las alocadas ideas de ascenso social que le ha imbuido don Quijote. Teresa es consciente de su humilde linaje y, por ello, rechaza los títulos de condesa y marquesa que le promete su marido a instancias del fingido caballero andante: "yo no sé, por cierto, quién le puso a él el don que no tuvieron sus padres ni sus abuelos" (II, 5; 585), protesta Teresa. Cuando Sancho es nombrado gobernador y Teresa recibe noticia de un mensajero que se arrodilla ante ella, le increpa al joven: "no haga eso, que yo no soy nada palaciega, sino una pobre hija de estripaterrones" (II, 50; 930). Lo cierto es, no obstante, que cegada por los regalos que le envían su marido y la duquesa, Teresa olvida en última instancia su humilde linaje y fantasea con una nueva vida de lujos de la cual sus convecinas se morirían de envidia (II, 50; 935 y II, 52; 950). Así, el narrador remarca con ironía el poder embaucador del dinero y la falsa posición social incluso entre quienes, como Teresa, critican el inapropiado "don" de Quijano/Quijote. La tendencia contraria muestra Sancho, sin embargo, quien como escudero sueña con ser gobernador y conde o duque, pero ya como gobernador de la ínsula Barataria rechaza que le llamen "don Sancho Panza": "yo no tengo don, ni en todo mi linaje le ha habido" (II, 45; 889). Por último, la propia sobrina le reprocha con crudeza a Quijano que se diga "caballero, no lo siendo, porque aunque lo puedan ser los hidalgos, no lo son los pobres" (II, 6; 591).

Y es que la teoría política de Quijano/Quijote al respecto del linaje debió ser para la época transgresora y atrevida. En respuesta a la provocación de su sobrina, el viejo hidalgo alega, con mucho tiento ("Tienes mucha razón, sobrina, en lo que dices," II, 6; 591), que no el linaje, sino las obras conforman el carácter de un caballero andante y, por extensión, de cualquier héroe o gobernante de la sociedad. Reconoce la importancia del linaje en la estructura social, pero también la existencia de aquellos que, proveniendo de un linaje humilde, ascienden en la escala de poder por méritos propios (II, 6; 591-93). Así instruye a Sancho cuando éste se encamina a la ínsula Barataria: "Haz gala, Sancho, de la humildad de tu linaje" (II, 42; 868), pues si el escudero se demuestra cuerdo, sensato y justo, su gobierno superará al de un mal gobernador, por muy alto que sea su linaje. En definitiva, y contra el orden social más tradicional de su tiempo, el hidalgo/caballero propugna la movilidad social y el ascenso al poder por méritos propios, y no exclusivamente por linaje.

El caballero andante don Quijote de la Mancha nace, pues, más bien hijo bastardo, cuya sangre impura (o al menos de la que demasiado poco se sabe) podría determinar su tendencia al comportamiento excesivo, inapropiado. A las dudas sobre la pureza de su pasado familiar cristiano se une la actitud transgresora respecto al linaje y el inmovilismo social. La monstruosidad de esta transgresión social estaba ya acuñada por las leyes romanas, que definían al monstruo civil como "the bastard offspring, the repugnant result of a misalliance between a nobleman and a plebeian" (Riva 286). El híbrido ilegal y monstruoso resultante de la mezcla entre clases sociales distintas (noble y plebeyo, o en este caso hidalgo pobre y caballero) amenaza el orden social con su actitud casi anárquica, disimulada sólo por una locura que le protege del castigo social y legal. Defensor de una especie de individualismo radical, Quijano/Quijote no tiene pasado: se inventa su presente, se labra trabajosamente su futuro. Se hace a sí mismo y se auto-inviste caballero y "don" por la gracia no de Dios o sus antepasados, sino de sus acciones y hazañas futuras. Producto de una insatisfacción social y vital profunda, el monstruoso híbrido hidalgo Quijano/caballero don Quijote quizás refleje, de forma más o menos encubierta, "the felt upheaval and disorder of political revolution" asociado a los usos más subversivos de la monstruosidad (Knoppers and Landes 9).

En segundo lugar, el género del héroe en tanto papel social (no me refiero en ningún momento a su posible orientación sexual) no corresponde al héroe masculino fuerte, joven y viril. Aunque don Quijote se encomienda con frecuencia a su dama Dulcinea, reconoce que nunca ha estado interesado en el matrimonio: "Yo no soy casado, ni hasta ahora me ha venido en pensamiento serlo" (II, 22; 716). Menos interesado debe estar ahora en su vida sentimental un hidalgo rayano en los cincuenta (I, 1; 28), a quien la edad le limita las fuerzas que se le atribuye en la sociedad patriarcal al sexo "fuerte" y quien ha perdido el juicio por leer libros de caballería. Ciertamente, de Aldonza Lorenzo se enamoró sin tener contacto alguno con ella: sólo la vio cuatro veces en los últimos doce años y sin que ella le mirara a él (I, 25; 242); o, como don Quijote se contradice más tarde, "en todos los días de mi vida no he visto a la sin par Dulcinea ... sólo estoy enamorado de oídas" (II, 9; 611). Don Quijote no duda en hacer explícito su desinterés por Dulcinea/Aldonza como mujer: "por lo que yo quiero a Dulcinea del Toboso tanto vale [Aldonza] como la más alta princesa de la tierra"; él simplemente la pinta "en mi imaginación como la deseo" (I, 25; 244), sin pretender poseerla nunca. En última instancia, a los duques les llega a admitir que ni siquiera está seguro de la existencia de su dama (II, 32; 800). Respecto a otras mujeres, el caballero sólo llega a convertirse en un objeto de burla, como en los episodios con Maritornes (especialmente I, 16 y I, 43) y con la condesa Trifaldi, la doncella Altisidora y la dueña Rodríguez durante los episodios de la segunda parte en el castillo de los duques. Sabido es, por último, que las acusaciones de múltiples moralistas contra los lectores de libros de ficción se centraban sobre todo en las mujeres, sentimiento que recoge María de Zayas en el marco narrativo de sus *Desengaños amorosos*: los hombres "siempre tienen a las mujeres por noveleras" (218), y que documentan ampliamente Daniel Eisenberg y María del Carmen Marín Pina con respecto a las mujeres lectoras de libros de caballería (ver su índice temático). El propio narrador de "El curioso impertinente," novelita inserta en la primera parte del *Quijote*, reconoce que "tiene la mujer ingenio presto para el bien y para el mal más que el varón" (I, 34; 357); y esa es precisamente la cualidad que los títulos de las dos partes de la novela resaltan en el protagonista: *El ingenioso ... don Quijote de la Mancha*.

Tomando en cuenta todos estos rasgos no-masculinos del protagonista cervantino (ausencia de linaje, de fuerza física, locura derivada de la lectura de libros ficcionales), Alonso Quijano se presenta en el capítulo primero como un hidalgo sexualmente neutro que da a luz a un ser diferente de él mismo (don Quijote), y cuyo laborioso proceso de gestación y parto dura varias semanas. Después de trabajar más de una semana en restaurar sus armas, su espada se rompe a la primera prueba (I, 1; 31). Quijano tarda cuatro días en dar un nombre a su caballo, y ocho en dárselo a sí mismo (31-32). Luego se encuentra una amada (Aldonza Lorenzo) y le crea un nombre, Dulcinea (33). Durante aproximadamente un mes, por las indicaciones que nos da el narrador, el hidalgo Quijano construye su mundo caballeresco antes de salir como don Quijote a los caminos de España. A pesar de la impaciencia y entusiasmo por comenzar su vida de aventuras, el hidalgo pasa semanas enteras trabajando en la escritura (dar nombres, encontrar el estilo adecuado) de su nueva identidad. No en vano, la primera salida la imagina y recita antes incluso de haberla vivido: "Apenas había el rubicundo Apolo..." (I, 2; 35), demostrando no tanto su destreza con las armas como con las letras.

Más adelante abundaré en las conexiones entre monstruosidad, imaginación y parto, pero ahora me interesa destacar cómo la monstruosidad está íntimamente relacionada tanto con los orígenes del ser humano como con un proceso introspectivo de auto-creación similar al que experimenta el hidalgo Quijano. Según el historiador de arte Heinz Mode, las imágenes de monstruos aparecen al mismo tiempo que las primeras muestras de alfabetización, lo cual lleva a David Gilmore a conjeturar que "monsters arise with civilization –with human self-consciousness" (5). Por su valor para definir mediante la negatividad (yo soy lo que el monstruo no es), "discourse on monsters plays a significant function in cultural self-definition and provides useful clues to cultural valuations in general" (Jewell 11). Como pedía Jeffrey Jerome Cohen hace pocos años, podría formularse "a method of reading cultures from the monsters they engender" (3), pues el valor definitorio y generador de identidades de los monstruos es universal. Ahondando en esa propuesta, Massimo Riva arguye que las culturas y el orden cívico nacido en occidente de la civilización greco-romana debe su origen a los monstruos, pues estos representan "the embodiment of the cultural logic and the historical self-creation and self-education of the human species" (288) a través de mitos como Hércules y Orfeo (el destructor y el domesticador de monstruos), y de Pan y Proteo, derivados ambos de Orcus, "the ultimate monster, Chaos itself." Dado que del caos monstruoso surge, por oposición, un nuevo cosmos ordenado, "the logic of monstrosity ... is a logic of *self-birthing*" (290); en otras palabras, de la crisis y el caos extremos nace, por reacción, un nuevo orden.

A partir de esta misma lógica de "self-birthing," el hidalgo Quijano, mediante la auto-invención y el uso de los nombres, da a luz a un nuevo ser, don Quijote, se metamorfosea en él. Afirma Louis Andrew Murillo que, por encima de todo, "Don Quixote is a story about a self transformation ... retaining certain features of age-old mythological 'tales of metamorphosis'." (1). En ese proceso de re-escritura y re-creación de su identidad, el hidalgo se transforma en el ser prodigioso y admirable que tanto le acerca al mundo de los monstruos y héroes excepcionales que causó el desborde de su imaginación. Al llevar a la práctica su exaltada imaginación y su monstruosa creación de un nuevo cosmos, Quijano suplanta a Dios en un génesis lingüístico que recuerda pasajes bíblicos como el *Génesis* 1, 3ss., *Judit* 16, 14, el *Salmo* 33, 6, el *Eclesiástico* 43, 26, o el *Evangelio según San Juan* 1, 1-3: "En el principio existía la Palabra y la Palabra estaba con Dios, y la Palabra era Dios. Ella estaba en el principio con Dios. Todo se hizo por ella y sin ella no se hizo nada de cuanto existe." Un nuevo Adán (*Génesis* 2, 20) inspirado por los libros de caballería, Quijano da nombre a su nuevo mundo, y usurpa así el poder creador de Dios mediante el tipo de escritura que Roland Barthes describió como "an anti-theological activity, and activity that is truly revolutionary, since to refuse to fix meaning is, in the end, to refuse God and his hypostases –reason, science, law" (142-43).

Al desestabilizar los significados de las cosas mediante nombres que no les corresponden (llamar don Quijote al hidalgo Quijano, gigantes a los molinos, etcétera), se propone una alternativa radical a las bases legales y naturales del orden establecido. Sin origen definido, la mente del hidalgo enloquecido por sus lecturas propone un mundo nuevo de base tambaleante y significados inestables. De similar modo, el *Frankenstein* de Mary Shelley prueba que, en la lectura de Fred Botting, "the monstrosity of writing breaks the frames, undermines all origins and defers any revelation of meaning ... *Frankenstein* [is] an interrogation of origination, creativity and authority" (22). Igualmente, el *Quijote* y otras obras cervantinas cuestionan esos principios creadores de autoridad y origen, según ha demostrado convincentemente Michael Gerli en *Refiguring Authority*. Con su obra en general, y *Don Quijote* en particular, Cervantes escenifica con meticulosa sofisticación el acto de escribir que Mario Vargas Llosa ha descrito, en referencia a Gabriel García Márquez, como un acto deicida. "Escribir novelas es un acto de rebelión contra la realidad, contra Dios, contra la creación de Dios que es la realidad ... cada novela es un deicidio secreto, un asesinato simbólico de la realidad" (85). En el creador, Vargas Llosa destaca una "demencia luciferina a que lo empuja su rebeldía –suplantar a Dios, rehacer la realidad" (86). El escritor es un ser "egoísta y demencial" (por "rivalizar con Dios"), que paga su rebeldía con la vida: "escribir es la *única* manera de vivir. [El escritor y, por lo tanto, deicida] no escribe para vivir, vive para escribir" (210). Según explica Anne J. Cruz, el *Quijote* establece esos parámetros del deicidio novelístico: "By creating not a formal, but an alternate reality, the novel's author is both a fiction-making demon and a God-killer." Y advierte Cruz: "We should take seriously the demonic force behind the modern novel's characteristics" (26). Quijano, como creador de don Quijote, participa igualmente, según comentaré más abajo, de ese poder creador y deicida que caracteriza el acto de escritura.

De forma similar a Dios, pues, pero con un marcado tono ridículo y paródico, Quijano re-nombra el mundo y se re-crea a sí mismo como don Quijote de la Mancha. Lo hace, no obstante, con una enigmática tendencia hacia el ridículo: se llama a sí mismo "Quijote," un nombre nada heroico, y a los grandes caballeros que divisa en el episodio de los ejércitos/rebaños de ovejas los llama Alifanfarón de Trapobana, Pentapolín del Arremangado Brazo, Micocolembo (I, 18; 157-58). Aquí don Quijote no está imitando los nombres de ningún libro de caballería, sino que los inventa él mismo. La forma de nombrar que tiene el aspirante a caballero no puede ser más ridícula, como si hiciera una parodia de su propia fantasía; y si esto fuera cierto, ¿cómo puede estar loco quien se burla de su propia locura? El aspecto paródico de este ridículo renombramiento del mundo podría ser la clave que permite explicar la publicación de un libro tan subversivo sin mayores objeciones por parte de la Inquisición. ¿Qué amenaza supone para el orden social este "loco," este prodigio con exceso de imaginación y ridículo en linaje y nombre, que despierta la risa y la conmiseración por su absurdo intento de crear un nuevo mundo imposible?

Lo cierto es, sin embargo, que Quijano/Quijote admite fingir su locura en al menos una ocasión. Cuando realiza la penitencia en Sierra Morena, don Quijote envía a Sancho con una carta para su Dulcinea, mientras él se queda haciendo locuras para demostrar al mundo su amor por la dama de sus pensamientos. Si la respuesta de Dulcinea fuera favorable, "acabarse ha mi sandez y mi penitencia; y si fuere al contrario, seré loco de veras" (I, 25; 236). Loco "de veras" no queda don Quijote en Sierra Morena, pues, sino "de mentira." Don Quijote sabe y reconoce fingir su comportamiento estrambótico, irracional, que utiliza a conciencia para crearse un mundo propio, extremo y fuera de las normas sociales, biológicas y religiosas de su época. Loco o no, o loco desde una perspectiva u otra, don Quijote sigue adelante con su plan monstruoso.

Al final del libro, en un intento desesperado de supervivencia, el don Quijote derrotado por el caballero de la Blanca Luna y obligado a reposar en su casa durante un año entero intenta re-crearse de nuevo en el pastor Quijotiz. Mucho más rápido que en la primera ocasión, en apenas unos párrafos se re-nombra a sí mismo y a sus amigos, incluyendo al cura, al barbero y a Sansón Carrasco (II, 67; 1061-63), para continuar su vida fingida, ahora como pastor. Finalmente, las fuerzas le fallan y la intervención creadora *in extremis* del gran enemigo de don Quijote en la segunda parte, el bachiller Sansón Carrasco, resulta un fracaso. La palabra creadora de Sansón, auto-proclamado "celebérrimo poeta" (II, 73; 1097, y II, 74; 1099, 1101 y 1103), no tiene la capacidad de insuflar nueva vida en un Quijano/Quijote que desiste de sus ficciones y muere como Alonso Quijano el bueno.

La importancia de nombrar y del poder creador (o embaucador, según se vea) de la palabra es fenomenal en todo el libro. Además de hacer posible el alumbramiento de don Quijote por parte de un locuaz hidalgo obsesionado con sus lecturas de caballería, la palabra sustenta el mundo fantástico, loco, alucinado de don Quijote de la Mancha. Las transformaciones, mudanzas, cambios y metamorfosis abundan, y se basan normalmente en puras alteraciones lingüísticas. Los encantadores que persiguen a don Quijote le trastocan la realidad para que los gigantes que él ve se conviertan súbitamente en molinos (I, 8; 76), los ejércitos en rebaños de ovejas (I, 18; 162), o el caballero de los Espejos en Sansón Carrasco (II, 15; 656 y II, 16; 660). Tras destrozar el retablo de maese Pedro, creyendo ser realidad la representación que contemplaba, don Quijote reconoce que los encantadores le ponen delante unas realidades que "luego me mudan y truecan en las que ellos quieren" (II, 26; 757, y similar idea en I, 25; 237, II, 56; 978 y II, 59; 1002). Desde un punto de vista que no sea el del propio don Quijote, sin embargo, las transformaciones las hace él por mor de su locura o de su ficción, y son mudanzas al principio exclusivamente lingüísticas: llama a los molinos, gigantes, y a un rebaño, ejército, por ejemplo. Más tarde, el juego se complica cuando otros personajes, como el Sansón disfrazado de caballero de los Espejos y más tarde de la Blanca Luna, también fingen y transforman la realidad que rodea a don Quijote. Hasta tal punto le roban el juego lingüístico a don Quijote que él mismo se asombra de ver a otros re-nombrar la realidad y transformarla.

En la primera vez que esto ocurre, don Quijote queda "espantado" cuando se topa en Sierra Morena con el cura de su pueblo y éste le llama y trata como caballero andante: "Para bien sea hallado el espejo de la caballería, el mi buen compatrioto don Quijote de la Mancha ... la quintaesencia de los caballeros andantes" (I, 29; 296). La reacción de don Quijote es digna de ser citada: "espantado de lo que veía y oía decir y hacer a aquel hombre [el cura], se le puso a mirar con atención, y al fin le conoció, y quedó como espantado de verle" (296-97). Dos veces espantado, don Quijote es consciente quizás por vez primera que otros están aprendiendo su juego y no tienen ningún reparo en entrar en él. Ahora al hidalgo/caballero ya no le basta con re-nombrar el mundo y acometer su nueva realidad, sino que debe amoldarse también a la realidad creada por otros. Dorotea, a instancias también del cura, se transforma en la princesa Micomicona con la intención de atraer a don Quijote a su pueblo, donde podría ser retenido y curado con el tiempo. Cuando Sancho informa a don Quijote que Micomicona no lo es tal, sino Dorotea, el caballero no le reprocha a su escudero la desconfianza o falta de credulidad; por el contrario, afirma: "quiero ver los sucesos y transformaciones que dices" (I, 37; 385). Sin embargo, Dorotea opta por continuar el juego, y oculta de nuevo su identidad real tras la que ha creado para la ocasión. Ella sigue siendo la princesa Micomicona, afirma, pues nadie ha "trocado y mudado de mi ser" (387; ejemplos similares, en que Sancho advierte a don Quijote de los engaños de otros, en I, 48; 499 y I, 49; 501).

Las redes, lanzadas por otros, en que caerá atrapado don Quijote repetidamente durante la segunda parte, ya han comenzado a enredarse en el cuerpo flaco de don Quijote en la primera parte. A partir de ese momento, el cura, el barbero y los demás (el enjaulamiento de don Quijote a finales de la primera parte), los duques (con los episodios de la Trifaldi, Tosilos, el ataque de los gatos, la resurrección de Altisidora, la ínsula Barataria para Sancho), el bachiller Sansón Carrasco (el caballero de los Espejos y después de la Blanca Luna) y don Antonio Moreno (la cabeza encantada y la visita a las galeras), entre otros, participan en el mundo alucinado de don Quijote mediante bromas y transmutaciones lingüísticas por las que la realidad y las palabras que la nombran no coinciden. Incluso el absurdo "humanista" que acompaña a don Quijote y Sancho a la cueva de Montesinos está escribiendo su propia versión de los *Metamorfóseos, o Ovidio español* (II, 22; 718), obra a la que se refiere también como *Transformaciones* (720). Como revela Michel Foucault en el capítulo 3 de *Les mots et les choses* (*Las palabras y las cosas* en la traducción al español, *The Order of Things* en inglés), en ese mundo de metamorfosis que es el *Quijote* se rompen los vínculos entre el significante y el significado, entre la forma y el contenido, y aumenta la desconfianza respecto a la posibilidad de reflejar fielmente el mundo con la palabra. La palabra crea sólo mentiras, realidades dispares y poderosas, recreaciones de fantasías cuya existencia se reduce a sonidos, letras, fonemas. La palabra crea un mundo de ficción en el que vive don Quijote y en el que entran paulatinamente todos los personajes a su alrededor. Incluso los lectores que sostienen en sus manos el libro *Don Quijote de la Mancha* de Miguel de Cervantes se sienten atrapados por la prosa hechizante y se asombran ante la fenomenal parodia cervantina del mundo, de la Creación, de los fundamentos de la "realidad." En este mundo de metamorfosis continuas y mutaciones sorprendentes, ¿dónde termina la realidad y comienza la ficción; cuándo las palabras transmiten verdades y cuándo metáforas, alegorías o simples mentiras?

El poder de nombrar adquiere particular relevancia cuando es ejercido por Sancho Panza, quien aprende de su señor el arte o la herejía de imitar a Dios en su capacidad para dar vida con la palabra. Sancho comienza a entrar de lleno en el juego de re-nombrar cuando llama a su señor "caballero de la Triste Figura" (I, 19; 171) tras la aventura con los encamisados y el cuerpo muerto. Sancho, respondiendo a un bachiller, afirma que eligió el sobrenombre porque "verdaderamente tiene vuestra merced [don Quijote] la más mala figura, de poco acá, que jamás he visto" (171). En la misma línea paródica y burlesca en que cae don Quijote al nombrarse a sí mismo o a los contendientes en la aventura de los ejércitos/rebaños, Sancho elige para su amo un nombre cuyas resonancias son más ridículas que heroicas. Don Quijote acepta el sobrenombre, implícitamente satisfecho de que Sancho entre en su juego estilístico, y con la excusa de que el sabio que ha de escribir sus hazañas "te habrá puesto [a Sancho] en la lengua y en el pensamiento ahora que me llamases el Caballero de la Triste Figura, como pienso llamarme desde hoy en adelante" (172). Del propio Sancho o del sabio que escribirá su historia, don Quijote adopta en definitiva el nombre que le dio su escudero, un nombre nacido de una derrota, inventado por su escudero y con el cual el caballero no resulta exaltado, sino más bien humillado. Arrastra su "Triste Figura" por toda la novela hasta que en el capítulo 17 de la segunda parte intenta enfrentarse a un león y culmina su transformación en caballero andante al llamarse de los Leones, según analicé en el primer capítulo de este libro.

Según evoluciona Sancho a lo largo del libro, su poder creador y su dominio estilístico aumentan. El episodio en donde Sancho confirma la eficacia de su palabra creadora es el décimo de la segunda parte, el encantamiento de Dulcinea. El escudero se ve en el compromiso de conducir a su amo al "palacio" de Dulcinea en el Toboso, adonde supuestamente le había llevado una carta de don Quijote a mediados de la primera parte. Dado que Sancho, consciente de las fantasías de su amo, nunca llevó tal carta a la ficticia Dulcinea ni a Aldonza Lorenzo, ahora se encuentra en un serio apuro. Después de meditarlo, decide que la primera labradora que se cruce en su camino la tomará por Dulcinea, y cuando don Quijote alegue que no lo es, Sancho recurrirá, al igual que su amo, al maleficio de los encantadores que transforman la realidad a cada paso. Dulcinea, así, va a ser encantada esta vez no por don Quijote, sino por Sancho, quien tendrá que recurrir a sus mejores habilidades lingüísticas para hacer el engaño aceptable para su amo.

El episodio plantea, en mi opinión, un discurso de la monstruosidad por el cual personajes ideales se transforman en seres viles y feos, introduciendo una violencia entre la palabra y la cosa y haciendo que los significados de las personas y del mundo queden a merced de quien los nombra. Primero, conviene recordar que una persona muy fea se describe en varios pasajes del libro (igual que a nivel coloquial todavía hoy) como monstruo. Es el caso, por ejemplo, del escudero del caballero de los Espejos (Tomé Cecial), cuya nariz es tan monstruosa y él tan feo que, según el narrador, le parece a Sancho un "vestiglo" (II, 14; 651), y don Quijote mismo "le juzgó por algún monstruo o por hombre nuevo" (652). Siendo la nariz de Tomé Cecial postiza, su monstruosidad nace de una metamorfosis artificial, fingida, que le permite entrar junto con el bachiller Sansón Carrasco en el mundo extremo de la caballería andante. Una simple transformación fingida, y ya puede participar del juego quijotesco.

Similar metamorfosis sufre la idealizada, perfecta Dulcinea cuando Sancho decide que tres labradoras con las que se encuentran son la dama de don Quijote y dos de sus doncellas. A Dulcinea los encantadores la han "vuelto y transformado ... en una figura tan baja y tan fea" (II, 10; 622), de tan "mala figura" (623), que se ha quedado en apenas una "aldeana soez y baja" a ojos del atribulado don Quijote (II, 14; 647). Sancho reprocha a los encantadores "haber mudado las perlas de los ojos de mi señora en agallas alcornoqueñas, y sus cabellos de oro purísimo en cerdas de cola de buey bermejo" (II, 10; 622), una descripción parecida a la que realizará don Quijote de la encantada Belerma en la cueva de Montesinos (II, 23; 728). El juego lingüístico es en este caso doble. Sancho convierte en monstruosamente feo el canon de belleza petrarquista: los ojos como perlas se convierten en "agallas alcornoqueñas" y los cabellos de oro se transforman en "cerdas de cola de buey bermejo." Pero, además, el escudero se había desviado ya del lenguaje de Petrarca al utilizar la metáfora de las perlas para los ojos, según le corrige de inmediato don Quijote: "los ojos que parecen de perlas antes son de besugo que de dama ... esas perlas quítalas de los ojos y pásalas a los dientes, que sin duda te trocaste, Sancho, tomando los ojos por los dientes" (II, 11; 624). Los trueques y metamorfosis en la novela siguen siendo predominantemente lingüísticos. La única diferencia con respecto a aventuras anteriores es que don Quijote no re-escribe y re-inventa la realidad mediante nombres que no corresponden a lo que denominan; este papel le corresponde ahora a Sancho. A la violencia y mudanza estilística que introduce Sancho entre su descripción de Dulcinea y la labradora que tiene enfrente, se añade su inseguro manejo de los códigos petrarquistas. Corregido por don Quijote, pues las perlas son los dientes y no los ojos, el escudero no puede por menos que reconocer que "tanto me turbó a mí su hermosura [de la supuesta Dulcinea] como a vuesa merced su fealdad [de la labradora]" (624). Turbado, Sancho equivocó los trueques y creó un monstruo doble, tanto por su fealdad (los ojos como "agallas alcornoqueñas" y los cabellos como "cerdas de cola de buey") como por su falta de decoro estilístico (los ojos perlados más "de besugo que de dama").

Todas estas metamorfosis equivocadas sumen a don Quijote en una tristeza tan profunda que Sancho se preocupa por su amo y le advierte: "si los hombres las sienten demasiado [las tristezas] se vuelven bestias" (II, 11; 624). De tanto trueque lingüístico, la realidad de don Quijote puede volverse tan dolorosa y tan fuera de su alcance que acabe él mismo sufriendo una nueva metamorfosis: de hidalgo a caballero andante, y ahora de caballero a bestia.

Entre tanta metamorfosis y cambios de identidad, ha fascinado a diversos críticos el tema de la reproducción y la paternidad (o su ausencia, más bien) en el *Quijote*. Al analizar la práctica ausencia de niños y de nacimientos biológicos en el *Quijote*, María Mercedes Carrión parte de las teorías sobre "reproductive futurism" de Lee Edelman para interpretar a don Quijote como un personaje *queer*, no en el sentido de homosexual, sino de alguien cuya identidad no es categorizable (93-104). Frente a una sociedad heteronormativa que prioriza la reproducción como fin último del individuo, don Quijote queda al margen de las leyes naturales y sociales de la paternidad. No tiene hijos, no sabemos nada de sus padres biológicos ni literarios (el narrador del prólogo a la primera parte afirma que, aunque parezca "padre, soy padrastro de don Quijote," 7), y "nació" sólo para la pluma de Cide Hamete (II, 74; 1105). Fuera de los órdenes naturales, en última instancia don Quijote es hijo del hidalgo lector que enloquece y le crea a partir sólo de palabras. Por ello, el momento en que el hidalgo se transforma a sí mismo en un ser nuevo, don Quijote, mediante el poder de la palabra, puede entenderse en mi opinión como un parto de la imaginación de Quijano. El símil que iguala reproducción biológica y actividad creativa no es extraño a la novela: el prólogo le resulta difícil de "sacar a luz" al narrador de la primera parte (8), don Quijote se refiere a las poesías del hijo del caballero del Verde Gabán como "hijos" (II, 18; 688; similar referencia en el prólogo a la primera parte, 7) y, cuando asegura a los duques no haberse inventado a Dulcinea, el caballero se defiende: "Ni yo engendré ni yo parí a mi señora" (II, 32; 800). Y si don Quijote, entre tanta imagen que asocia parto biológico e imaginación literaria, nace en efecto en el capítulo I, ¿cómo se gesta, qué tipo de criatura es, qué teorías explican su formación, cuáles son las consecuencias de su parto?

La crítica ha utilizado el discurso científico de los humores formulado por Juan Huarte de San Juan en su *Examen de ingenios* para explicar el carácter de don Quijote. Su sequedad y sus reacciones airadas, repetidas a lo largo de la novela, llevó a Otis Green a llamarlo colérico (Green), mientras que Teresa Soufas lo describe más bien como melancólico (35-36). La misma Soufas afirma que la melancolía afecta al entendimiento de un enloquecido Quijano, mientras que Juan Bautista Avalle-Arce, y probablemente la mayoría de la crítica, atribuye la causa última de la locura del hidalgo (lo que yo prefiero llamar el nacimiento de don Quijote) a la imaginación. Sin embargo, como ha recordado Frederick de Armas, la supuesta separación entre melancolía e imaginación es inexacta, pues autores tan influyentes en el momento como Marsilio Ficino (*Los tres libros de la vida*) afirman, en la tradición clásica, que la melancolía se apropia del individuo por influencia de Saturno a través de la *vis imaginativa* (de Armas, "Teresa Scott Soufas" 213). Martín de Riquer intentó zanjar hace ya algún tiempo la cuestión al afirmar de forma algo inexacta que el físico de Quijano/Quijote correspondía a los hombres de temperamento caliente y seco los cuales, "sigue Huarte, son ricos en inteligencia e imaginación, de carácter colérico y melancólico y son propensos a manías" (*Don Quijote*, ed. Riquer, I, 1; 33, n. 11). En realidad, el temperamento colérico sí es caliente y seco, pero el melancólico no: es frío y seco (Murillo 23). En último término, y tras ponderar lo que la crítica ha dicho sobre el tema (163-64), Roger Bartra admite que "no siempre es posible asignarle al caballero de la Triste Figura el modelo melancólico," dada la complejidad y multiplicidad del personaje y sus acciones (166).

Más interesantes son las conexiones entre locura y creatividad que Cristina Müller encuentra en la obra de Huarte. "La enfermedad mental es inseparable de la fuerza creadora del espíritu humano," pues "la excelencia del poeta se debe a un desequilibrio del temperamento determinado por el exceso de calor. Y la imaginación del poeta saca provecho del calor, mientras que el entendimiento se ve afectado por él" (*Ingenio y melancolía* 132 y 137). Más allá de las diferencias de temperamento entre el colérico y el melancólico, importa que el desequilibrio de los humores puede provocar en Quijano/Quijote una excitación de su capacidad imaginativa en detrimento del entendimiento. Siempre ingenioso, a veces colérico y las más veces melancólico, en Quijano/Quijote predomina siempre una poderosa tendencia hacia la imaginación.

El nexo entre melancolía, imaginación y locura centra igualmente un tipo de discurso poco explorado por la crítica hasta ahora: el de la monstruosidad. Massimo Riva reconoce que "in modern literature, the representation of monsters and monstrosity is linked to melancholy and the discourse of melancholy," y cita el ejemplo de Charles Baudelaire y "the 'modern monster' of ennui" en *Les Fleurs du Mal* (279). Volviendo a nuestra época, la relación entre melancolía, ingenio, locura y creación poética es igualmente indudable. En su reciente estudio sobre *Exorcism and Its Texts: Subjectivity in Early Modern Literature of England and Spain*, Hilaire Kallendorf concluye que "melancholy was ... valorized by the Neoplatonists as the originating condition from which [poetic] genius was born" (202). La melancolía que sufre Quijano le inflama la imaginación y le estimula el genio poético pero, y como advierte de nuevo Kallendorf, "melancholy was a double-edged sword: it could lead to depraved insanity, or it could lead to the highest intellectual accomplishments" (Kallendorf 202). Según creencias bien extendidas en los siglos XVII y XVIII, de hecho, la locura viene causada tanto por la melancolía como por el exceso de imaginación. Para John Locke, por ejemplo, "all the art of rhetoric [and] word eloquence ... insinuate wrong ideas, move the passions, and thereby mislead the judgement"; para el filósofo británico la locura es "a too lively imagination" (Grant 199). Si el melancólico tiene una tendencia al genio poético y la imaginación exaltada, el arte de la palabra y la retórica pueden apoderarse del individuo y causarle la locura. Según advierte el francés Malebranche, "reason is silent and escapes us ever, when imagination comes in the way" (Grant 196). La imaginación es para Malebranche ni más ni menos que un juego de locos: "'a fool that likes to play the fool' and its 'phantasms'" (Grant 196). ¿Podría ser Quijano un loco por querer interpretar el papel de un loco, don Quijote?

De la locura, la melancolía y los excesos de la imaginación nace el monstruo, entendido como ser prodigioso que merece ser mostrado (*monstrare*) o que representa una señal o portento cuyo significado debe ser descifrado (*monere*). Tanto John de Mandeville como el más importante teratólogo europeo en los siglos XVI y XVII, Ambroise Paré, reconocen que "la monstruosité est une sorte de folie, et en tout premier lieu, folie de l'imagination" (Kappler 216). En otras palabras, el monstruo se crea cuando la imaginación se exalta y forma un ser diferente a cuanto es conocido o ha sido visto con anterioridad. Siguiendo esa relación recíproca entre monstruos e imaginación, David Gilmore revela que, en el caso particular de los niños, "monsters contribute to the development and growth of the imagination," pues siguiendo las teorías del psicólogo del desarrollo infantil Jean Piaget, al imaginar monstruos los niños y jóvenes pueden experimentar "with revolutionary ideas and images" (190). En el centro del caos imaginativo a partir del cual Quijano se transforma en don Quijote parece existir ese mismo proceso infantil de desarrollo: Quijano rompe con las barreras sociales, biológicas, religiosas y legales de su tiempo para llevar a cabo mediante palabras una revolución individual por la cual su nuevo ser, ese nuevo monstruo nacido de la imaginación, merecerá máxima visibilidad y fama eterna.

La locura potencia la cualidad monstruosa de la imaginación, pues anula los mecanismos de racionalidad y lógica que controlan la tendencia al exceso de un cerebro melancólico, enajenado. Siguiendo a Claude Kappler, cuando es creado por la locura "le monstre est un miroir du monde" cuyo "centre est le malade lui-même qui, à partir de sa propre forme, répète l'acte divin" (284). En el capítulo primero de la novela cervantina encontramos exactamente ese mismo proceso creativo: un "loco" con una enfermedad mental (se le seca el cerebro) crea a un monstruo que se apropia de su forma humana (don Quijote vive literalmente en Quijano). El creador repite "l'acte divin" y crea a partir de palabras un nuevo mundo en cuyo centro se encuentra él mismo, transformado en caballero andante. El narrador oculta el nombre verdadero de Quijano hasta el último capítulo de la novela, para que así el personaje disponga de mayor libertad para transformar su identidad proteica en quien él quiera, como reclama a principios del capítulo 5 de la primera parte: "Yo sé quién soy, y sé que puedo ser no sólo los que he dicho [Valdovinos, Abindarráez], sino todos los Doce Pares de Francia, y aun todos los Nueve de la Fama" (I, 5; 58). Melancólico el creador, su criatura monstruosa también lo es. Según Boaistuau (*Historias prodigiosas y maravillosas*, 1603), los monstruos "siempre viven poco por el abundancia del humor melancólico que los predomina, por verse como en oprobio de todos" (del Río Parra 87). Ciertamente, melancolía, locura e imaginación constituyen una fórmula poderosa con que convertir la vida de un hidalgo gris en el espectáculo extraordinario del caballero don Quijote. Pero como anticipa Bovistuau, el monstruo quijotesco tendrá asimismo una vida limitada, porque el "oprobio de todos" le colocará en su camino duques con un apetito insaciable de bromas, Sanchos que aprenden a encantar Dulcineas, y barberos, curas, licenciados Carrasco cuyo objetivo es domeñar el espíritu libre de don Quijote para terminar, paradójicamente, suplicándole que no se muera.

Junto a sus tendencias melancólicas y su locura, Quijano sufre de una imaginación excesiva a causa de la persistencia de las imágenes que los libros de caballería ponen en su memoria. En *Éléments de physiologie*, Denis Diderot afirma: "No imagination without memory; no memory without imagination" (Huet 103). La memoria y la imaginación son, como la melancolía y la locura, múltiples caras de un mismo fenómeno, elementos comunes a un discurso extremo que crea monstruos. Afirmaba Villiers que la causa de la monstruosidad "is not the power of imagination, but rather the persistence of the idea": "the monstrous mother has transmitted a memory rather than a simple image" (Huet 103). El afán permanente de don Quijote por seguir a sus modelos caballerescos, y en especial a Amadís, se nutre de la memoria de unos libros que perviven en su imaginación exaltada. Por ejemplo, Quijano/Quijote re-creó a su rocín "Rocinante" "después de muchos nombres que formó, borró y quito, deshizo y tornó a hacer en su memoria e imaginación" (I, 1; 32). Por si fuera poco, algún encantador maligno le destruyó la biblioteca a Quijano (capítulo 6 de la parte I), forzándole a prescindir de los textos que inflaman su imaginación en favor de la memoria de los mismos.

El loco-monstruo se aferra al recuerdo de una imaginación melancólica que se convirtió en locura. Combinados, todos estos conceptos médicos y científicos tienen como elemento común en la época su capacidad de crear monstruos. La imaginación, la locura, la melancolía y la memoria son factores determinantes en la metamorfosis que desvía a un ser vivo de la normalidad y le convierten en un "visionario melancólico" (Müller, *Ingenio y melancolía* 128).

Según Ambroise Paré, trece son las causas posibles de la monstruosidad. Las cuatro primeras son la gloria y la ira de Dios, y la abundancia o escasez de semen, y la quinta es la imaginación (4). Paré reconoce que el parto del monstruo puede estar relacionado con la voluntad divina (su gloria o su ira), pero también con causas puramente fisiológicas, como el semen, el útero o un desequilibrio de humores que inflame la imaginación. En realidad, y como explica Claude Kappler, el monstruo se identifica en la época pre-moderna como una "créature de Dieu," pero "il est engendré aussi par l'esprit de l'homme ... L'imaginaire et ses monstres restent le domaine de l'homme" (293). En este sentido, el parto del monstruo y la creación literaria comparten una fuente común: la imaginación. De hecho, existen varias tradiciones que asocian "imaginative literature ... with diabolical forces" (Forcione, *Cervantes, Aristotle* 322, nota 35), implicando la inmoralidad del acto creativo a la manera de Platón. Sin embargo, esta percepción del acto creador como negativo convive con la noción de que "demons were a potential enhancement to the self [for] the notions of prophecy and poetic frenzy"

(Kallendorf XV), en la tradición del poeta-vate al estilo de Homero. En cualquier caso, y en sentido negativo o positivo, "Demons ... have the ability to take over a person's identity" (Kallendorf XIII). Cuando esto sucede, la persona poseída se metamorfosea en un nuevo ser, ahora extraordinario y con gran capacidad poética. Esa relación entre creatividad y monstruosidad la plasma Francisco de Goya en un dibujo preparatorio para su famoso grabado "El sueño de la razón produce monstruos." El esbozo, ya casi idéntico en su contenido al producto final, tiene un título revelador: "El autor soñando." Cuando el autor sueña, tanto como cuando la razón duerme o sueña, su imaginación produce monstruos; su arte "conjures and exorcises terror by giving it a shape" (Hofman 59). Con la imaginación inflamada, el ser atacado por la necesidad de crear entra en un furor poético cuyo máximo exponente, en mi opinión, podría ser el Quijano que se transforma literalmente en don Quijote. Dado su carácter demónico/poético, el hidalgo es poseído por sus lecturas, sufre una metamorfosis, y comete por ello el acto más diabólico de todos: suplanta a Dios con su Verbo creador.

Regresando al tema del parto o nacimiento de don Quijote, cabe reseñar que la imaginación todavía se relaciona con instintos sexuales y reproductivos antinaturales hacia finales del siglo XIX y principios del XX (Foucault, *Abnormal* 281). Para el Siglo de Oro, la relación entre imaginación y concepción/reproducción es incuestionable y se basa fundamentalmente en las teorías de Aristóteles expuestas en *Sobre los animales* que confieren a la imaginación de la madre el poder de alterar el feto que crece en su interior. Siguiendo esta línea de pensamiento aristotélica, Paracelso afirma que "the woman is the artist and the child the canvas on which to raise the work" (Huet 7) y reconoce así que la imaginación de la madre-artista tiene una influencia determinante en la fisonomía y carácter de su descendencia. Si esto es cierto, entonces la imaginación puede interferir en las interacciones entre realidad, representación y reproducción. Según advierte Marie-Hélène Huet, en su magnífico estudio *Monstrous Imagination*, "a weakened imagination was characterized by its inability to differentiate between a living model and its representation" (19). Una vez borradas las fronteras entre realidad y representación, la criatura nacida de la imaginación reflejaría un deseo reprimido en la madre, o en palabras de Huet, "nothing more than the sad reflection of another image, an unfulfilled desire, the twofold sin of idolatry and moral adultery" (30). El Quijano poseído por sus libros de caballería, que desafía leyes naturales, sociales y religiosas para provocar un nuevo génesis (de él y del mundo) a partir de la palabra, da luz a un ser, don Quijote, que encarna "the sad reflection of another image, an unfulfilled desire": el héroe caballeresco, al estilo de un Amadís, que Quijano no puede ser. Ante todo, el nuevo ser extraordinario refleja el fenomenal *ego* de Alonso Quijano, quien se cree capaz de re-crear el mundo para vivir su fantasía y procurarse así "eterno nombre y fama" (I, 1; 31).

Entonces, ¿cuál es la relación entre el hidalgo melancólico, imaginativo y loco, y el caballero en que se transforma? Como establecí al principio de este trabajo, don Quijote de la Mancha nace de la imaginación de Alonso Quijano, lo cual provoca el parto de una criatura excepcional, discursiva, cuya identidad múltiple y cambiante puede explicarse desde las teorías de la monstruosidad. En su *Monstrous Imagination*, Marie-Hélène Huet distingue tres etapas en el estudio de las conexiones entre imaginación y monstruosidad que, en mi lectura, contribuyen a la interpretación de Quijano/Quijote.

Primero, la teoría aristotélica expuesta en *Sobre los animales* y adoptada hasta finales del siglo XVII por los europeos predica que el hijo que no se parece a sus progenitores es un monstruo, fruto de una relación adúltera, o bien fruto de la imaginación excesiva de la madre (Huet 2-3). En el caso que nos ocupa, don Quijote nace de la desbordante imaginación de la "madre," el Quijano fecundado por las lecturas caballerescas, para encarnar su extremo opuesto, todo lo que él mismo no es. Contrario al hidalgo sin pasado, de vida gris y obsesión por la lectura, don Quijote representa al caballero andante capaz de las hazañas más imposibles. En ese sentido, el hijo nacido de la imaginación no puede ser más diferente a la realidad de su progenitor.

Segundo, a partir de fines del XVII, y como consecuencia del individualismo descartiano que se impone en Europa, la ecuación diferencia/monstruosidad se cuestiona cuando se reconoce que "nature itself produces only dissimilarities, unfaithful images, and marked differences" (Huet 96). Si esto es verdad, y en una afirmación de claras reminiscencias barrocas, "the natural diversity of things allows for every monstrous variation, without the least intervention of the maternal imagination" (Huet 101). Ahora lo natural es el cambio, la diferencia: la descendencia nunca es exactamente idéntica a sus progenitores, pues la variedad es la regla y no la excepción. En un debate que anticipa las polémica sobre clonación de hoy en día, los intelectuales del siglo XVIII, en especial, defienden la necesidad fisiológica de la diferencia e implican que lo idéntico es monstruoso: el monstruo es una hija o hijo idéntico al padre o a la madre, una repetición exacta de rasgos genéticos a través de sucesivas generaciones. Según explica Massimo Riva en referencia a las investigaciones genéticas de nuestro tiempo, este problema de identidad exacta se relaciona con el mismo acto de nombrar, tan querido a Quijano/Quijote. Todavía hoy seguimos atrapados "in the vicious circle of 'naming' the un-nameable, the metamorphic principle itself. The logical monstrosity (the monstrosity of logic) is metamorphosis, because we cannot name it without 'differentiating' it, giving it a form" (292-93). Aplicado esto al caso del hidalgo/caballero, el cambio de nombre de Quijano en Quijote implica una metamorfosis que intenta paradójicamente fijar significados e identidades en permanente movimiento. Con el acto de re-nombrar (buscar un nombre nuevo a algo), reconocemos que el monstruo es único (no existía antes) y cuestionamos la lógica de la igualdad y de la identidad. Si la naturaleza es metamórfica, al igual que las palabras que nombran el mundo, la igualdad absoluta, la identidad estable, es imposible en un mundo en constante mutación.

Si aceptamos que la descendencia idéntica es monstruosa, por lo tanto, la imaginación de la mujer puede afectar al feto tanto como la del hombre, pues la niña-o idéntica-o a su padre (no a su madre) debería atribuirse al poder "reproductor" del propio padre, y no de la madre (Huet 101). Volviendo a la novela cervantina, el hijo (Quijote) coincide físicamente con su progenitor (Quijano): don Quijote es ciertamente opuesto al padre/madre en su manera de nombrarse y comportarse en la sociedad, pero utiliza su mismo cuerpo, y es por lo tanto exactamente idéntico a Quijano. No en vano, y en referencia al propio Cervantes y su "ahijado" literario, el autor nos advierte en el prólogo a la primera parte que "cada cosa engendra su semejante" (7). Esta situación monstruosa, por la que el poder de la imaginación pasa de la madre o del padre al feto, imprimiéndole sus mismos rasgos, adquiere en el caso de Quijano/Quijote un sentido extremo. La criatura, don Quijote, se ha apropiado por completo de su "padre," Quijano. El progenitor, de imaginación exaltada, ha creado un monstruo que se le parece hasta el extremo: es él mismo, aunque diferente. Es el mismo y el otro en uno solo. Es diferente al progenitor por cuanto el caballero es la imagen opuesta del hidalgo, lo cual le convierte en monstruo para Aristóteles y los renacentistas; pero también es idéntico al progenitor por cuanto utiliza o invade su cuerpo, lo cual le convierte en monstruo para los pensadores barrocos y neoclásicos que ven en la semejanza absoluta un exceso monstruoso de la imaginación paterna o materna.

En último término, don Quijote es el producto de una escritura más o menos exitosa de la ficción caballeresca en el cuerpo del creador mismo. A semejanza de un científico que experimenta consigo mismo, Quijano usa el poder de su imaginación para crear un ser diferente y exacto a él mismo, un monstruo que tras un parto extenuante necesita ser admirado. Este artista que no solamente crea monstruos, sino que es él mismo una criatura extraordinaria, caracteriza según Marie-Hélène Huet la teoría sobre el parto monstruoso predominante en el siglo XIX.

Los estudios sobre la monstruosidad tomaron en cuenta a partir del siglo XIX el hecho de que, mediante avances genéticos, los científicos creyeron posible crear criaturas monstruosas (la oveja Dolly que inauguró la era de las clonaciones de seres vivos en nuestra época) en un laboratorio. Por un lado, se aparta a la madre y al padre del proceso reproductivo, y por tanto se elimina el poder de su imaginación para alterar la formación del feto. La reproducción del monstruo ha alcanzado su máxima cota de anti naturalidad, sin intervención alguna de madre y/o padre. Por otro lado, el científico mismo se convierte en un artista capaz de crear monstruos artificiales, como en el caso del doctor Frankenstein que protagoniza la novela de Mary Shelley (Huet 108-10). Como consecuencia, el monstruo se define ahora como una organización celular única, no menos única que la de cualquier ser "normal" (pues todos somos diferentes), pero sí extraordinaria por formarse fuera del orden biológico. Para el científico, la cuestión de la monstruosidad se convierte en la práctica en una forma de escritura, en un escribir en orden diferente los elementos que componen el abecedario genético de los seres vivos. Ahora ese científico/madre/padre tiene "a recognizable role in generation, not in terms of images, resemblances, or likenesses, but in terms of words ... [the monster is] a form of writing" (Huet 106-07).

De similar modo, Quijano escoge diferentes elementos del mundo caballeresco y los re-escribe en su mundo "real" en un orden inapropiado que distorsiona tanto al individuo como a su entorno. Del alfabeto hiperbólico de los libros de caballerías sólo pueden nacer monstruos; el artista (sea científico o, como en este caso, lector obsesivo) sólo puede combinar las letras de la vida de modo caótico y antinatural. Quijano es en último término padre y madre de su criatura, semejante y diferente a él, pero, sobre todo, artista que usa el enorme poder de su imaginación en un experimento estético de consecuencias admirables, del que todos se van a maravillar. Las teorías de la imaginación y la monstruosidad se fusionan con el desarrollo de la genética en la figura de un científico/artista que crea seres sin la presencia de padres/madres. En ese sentido, genética y literatura se superponen: "the question of the artist as a single father challenged and repudiated the metaphor of birth as natural conception. The work of creation became an agony of labor. Virginia Woolf once remarked: 'Novels are such clumsy and half extinct monsters at the best'" (Huet 122).

De Quijano, ese madre/padre y en último término, artista, nace contra el orden biológico un ser extraordinario fruto de la imaginación y producto de una re-escritura del alfabeto de los libros caballerescos, el caballero don Quijote. La relación entre monstruosidad y leyes biológico-naturales no es, ciertamente, fortuita. Monstruos como los hermafroditas, seres con ambos sexos, ilustraban según Denis Diderot (*Éléments, Le rêve de D'Alembert*) lo superficial de la diferencia entre los sexos, pues monstruosidad y sexualidad "could be measured only in terms of degree of variation" (Huet 88). Siguiendo las teorías sobre gestación y monstruosidad que del siglo XVI al XIX reinterpretan a Aristóteles, el hidalgo Quijano, madre, padre y artista, crea a un ser excepcional sin características físicas deformes, pero cuyo grado de monstruosidad es indudable si atendemos a sus orígenes anti naturales, a su gestación imaginativa y melancólica, y al hecho de que altera el orden biológico, religioso (suplanta a Dios al provocar con la palabra el génesis de un nuevo mundo) y social (pasa de hidalgo a caballero andante al margen de las leyes imperantes en el momento). Quijano/Quijote se sitúa en una zona límite, fuera de las normas lingüísticas, sociales y económicas. Su nacimiento es contrario a los órdenes establecidos.

Por último, la capacidad reproductora/creativa del hidalgo se traspasa al producto de su metamorfosis, don Quijote. Nacido fuera de los parámetros de la normalidad, la poderosa personalidad de Quijano/Quijote es capaz de seguir multiplicándose y re-produciéndose, como se demuestra especialmente en el capítulo 5 de la primera parte, cuando el caballero andante arremete contra unos mercaderes toledanos. En la carrera, Rocinante tropieza y da con su amo en el suelo, lo cual aprovecha un mozo de mulas de los mercaderes para propiciar una brutal paliza al caído don Quijote, incapaz de defenderse. El caballero es encontrado por su vecino Pedro Alonso en un estado de delirio causado por los golpes y el calor, estado que le transporta ahora al mundo de los romances. Don Quijote se cree Abindarráez y Valdovinos, y confunde a Pedro Alonso con el Marqués de Mantua y con Rodrigo de Narváez (I, 5; 56-57). Cuando el labrador intenta sacar de su error al caballero caído, don Quijote reacciona con gran ira: "Yo sé quién soy, y sé que puedo ser no sólo los que he dicho [Valdovinos, Abindarráez], sino todos los Doce Pares de Francia, y aun todos los Nueve de la Fama" (I, 5; 58). La importancia de su afirmación es tal para don Quijote que repite casi las mismas palabras antes de la aventura de los batanes: "Yo soy ... quien ha de resucitar los [caballeros] de la Tabla Redonda, los Doce de Francia y Nueve de la Fama" (I, 20; 175). Cuando se descubre que la causa del fenomenal ruido es simplemente unos batanes golpeando el agua de un río, Sancho repite con sorna las palabras de don Quijote: "Yo soy..." (I, 20; 184), lo cual molesta tanto a don Quijote que le da dos golpes con su lanza. Según el narrador, la ira del caballero era tal que podría haber matado al escudero de darle en la cabeza y no en las espaldas (I, 20; 185).

El pasaje del capítulo 5 ha despertado el interés de diferentes críticos. Américo Castro piensa que la frase "Yo sé quién soy" tiene raigambre bíblica y que representa para don Quijote el "sentido pleno del ser," el "imitar la constancia del ser divino" (332 ss.; ver también Presberg, *Adventures in Paradox* 195-96). Según Helena Percas de Ponseti, don Quijote se iguala a los caballeros que menciona al defender que "cada uno es hijo de sus obras" (424, nota 15). Por su parte, Torrente Ballester acierta a ver en el exabrupto del personaje un recurso de emergencia para mantener su juego de identidades falsas al sentirse descubierto (62 ss.). Esta última interpretación, en mi opinión, allana la lectura más literal e inmediata del pasaje: el caballero sabe quién es (el hidalgo Quijano), y reconoce airado su poder creador, su capacidad de metamorfosis, el arrebato poético que puede multiplicar su personalidad hasta el infinito.

La interpretación del "Yo sé quién soy" depende, por lo tanto, de a quién consideremos "yo" en boca del personaje. Podría desde luego ser el caballero andante don Quijote de la Mancha, como piensan Castro y Percas de Ponseti, pero no habría que desechar la posibilidad de que el "yo" capaz de "resucitar" a los Doce Pares de Francia fuera, siguiendo a Torrente Ballester, el hidalgo lector/creador Alonso Quijano, y no el guerrero. Este lector que se ha convertido en lector activo, creador, se diferencia de otros autores en que no compone un libro, sino que saca a su personaje (don Quijote) al mundo "real"; lo vive, literalmente, en su propia persona. En este sentido, suscribo sólo en parte la interpretación de John Weiger de Quijano/Quijote como un "failed writer" porque nunca lleva a cabo la continuación del *Belianís* que promete y porque su carta a Dulcinea que entrega a Sancho en los capítulos de Sierra Morena nunca llega a su destino. En la segunda parte de la obra, don Quijote se presenta como un escritor más productivo, pero todavía irrelevante: escribe una carta al Sancho gobernador, un romance en el capítulo 46 y un madrigalete en el 68 (Weiger 83-96). No obstante, en mi opinión, el poder creativo de Quijano no se canaliza a través de pluma y papel, sino que literalmente toma cuerpo, le invade el cuerpo, y su escritura le convierte en su nuevo ser. El vecino tranquilo que pasa las horas muertas enfrascado en su lectura se convierte en un "yo" creativo, capaz de inventarse una personalidad para sí mismo, como reconoce bravuconamente ante Pedro Alonso: "sé que puedo ser"... quien a él le apetezca.

Como demuestra este pasaje, el hidalgo manchego siente no sólo el poder, sino también la necesidad de mostrar su capacidad de multiplicación con un rotundo "Yo sé quién soy." Desde esta perspectiva, el ansia de fama no caracteriza tanto a don Quijote (el caballero andante) como al protagonista "multiforme," como lo llama Joseph V. Ricapito (506), que puede transformarse en cualquier otro personaje ficcional que le apetezca (Abindarráez, Valdovinos, los Doce Pares de Francia...; el pastor Quijotiz al final del libro). Ese ser prodigioso, obsesionado con mostrarse al mundo y alcanzar el reconocimiento de todos, es tanto el personaje creado (don Quijote) como sobre todo su creador (Quijano), quien multiplica su personalidad como le place, independientemente de a quién afecte el fenomenal despliegue de su imaginación. De este modo, Quijano/Quijote podría representar una suerte de nuevo Proteo, quien, "in his monstrosity, is the irreconcilable otherness of our own identity, an ideal portrait of the species (*genere*) as an infinite realization of the metamorphic principle" (Riva 292). El héroe múltiple y cambiante pasa de una personalidad a otra a su antojo, por lo que presenta la monstruosidad de un Proteo en constante metamorfosis.

Sin forma definida, sin identidad, ese "Yo" que afirma saber quién es reconoce su proteica capacidad de reproducción y la radical inestabilidad de su ser.

Ciertamente, Quijano/Quijote se comporta a lo largo de la novela como un ser prodigioso que deja a su paso un rastro de admiración y excepcionalidad. Nadie es como él, los personajes con los que se topa nunca han visto nada igual, su comportamiento es único. Ese ir contra la naturaleza que le hace extraordinario y visible, así como la multiplicidad intrínseca a su persona, confiere al protagonista de la novela un carácter que responde con gran riqueza de matices a la idea de "monstruo" que fascinó a tantos científicos, teólogos e intelectuales de la modernidad temprana en Europa. Para entender mejor a ese personaje dual Quijano/Quijote que busca la fama mediante su capacidad de metamorfosis y asombro, propongo el análisis del protagonista cervantino como monstruo, en el sentido de portento o ser prodigioso.

Soy consciente de que, para un hispanohablante de hoy día, la palabra "monstruo" connota fundamentalmente rasgos negativos: lo temible, feo, espantoso, cruel... Mi aplicación del término al caso del *Quijote* resulta, sin embargo, de las características del monstruo que he intentado reconstruir a lo largo del presente estudio y que no presuponen un juicio negativo contra el personaje cervantino. Más bien al contrario: la complejidad del protagonista del *Quijote* es tal, y tan prodigiosa, que en mi opinión sólo el concepto de la monstruosidad puede darle cierta coherencia a ese híbrido extraordinario que es Quijano/Quijote (para la hibridez en Cervantes, Diana de Armas Wilson 105-08). Para quienes recelen de esta lectura mía de Quijano/Quijote, les recuerdo que la violencia generalmente asociada al monstruo surge, más que por su maldad innata, por el alejamiento de la normalidad que representa su carácter único. El hecho de que la naturaleza del ser monstruoso es libre, sin reglas, diferente, choca violentamente con la necesidad de categorizar y clasificar que sienten las sociedades jerarquizadas, los "normales."

Asumiendo, en cualquier caso, que la violencia y la amenaza son parte del comportamiento del monstruo, don Quijote evidencia igualmente, a través de todo el libro, una notable tendencia hacia los actos violentos. En los próximos párrafos, quisiera no caracterizar a don Quijote como un loco violento sin ideales ni buenas intenciones (un monstruo en el sentido coloquial), sino matizar caracterizaciones que considero incompletas, cuando no ingenuas, y que nos han legado una imagen falsa del caballero andante como adalid de los desvalidos y hombre poco menos que perfecto. A esta impresión popular de que don Quijote aspira sólo a la justicia y el ideal ha contribuido, sin duda, la interpretación romántica del protagonista cervantino que Anthony Close (*The Romantic Approach*) y Eric Ziolkowsky (*The Sanctification of Don Quixote*) han estudiado de forma brillante. Además de poseer nobles instintos y declamar impecables discursos, el caballero manchego es en ciertos pasajes de la novela, por el contrario, un ser violento que busca su fama personal a costa de inocentes: niños como Andrés en la parte I, capítulo 4; ovejas en I, 18; asistentes a un funeral en I, 19; y disciplinantes pidiendo el fin de una terrible sequía en I, 52. No sólo deja de ayudar a Sancho en varias ocasiones a lo largo del libro, sino que no defiende al ventero cuando dos huéspedes que se iban sin pagar le muelen a golpes; a resultas de su acción, Maritornes, la ventera y su hija denuncian la "cobardía de don Quijote" (I, 44; 461-62). Su locura, que algunos llaman temerariamente idealismo, es como mucho selectiva, intermitente: ataca molinos de viento (en I, 8) y se enfrenta a un hambriento león africano (en II, 17), al tiempo que enuncia discursos de gran sofisticación, como el de la Edad de Oro (I, 11) y los consejos a Sancho sobre el buen gobierno (II, 42-43). Además, al leer *Don Quijote de la Mancha*, no sólo leemos las aventuras del tal caballero andante, sino que el libro empieza y termina con otro protagonista, uno ordinario, uno de los nuestros; no un idealista, ni un aventurero, sino el mediocre hidalgo Alonso Quijano, obsesionado y consumido por la lectura. ¿A dónde se nos fue el "nuestro señor don Quijote" de Unamuno, el caballero andante que desface entuertos y defiende a viudas, el idealista cuyo objetivo es enderezar los torcimientos del mundo? ¿Quién es el verdadero protagonista del *Quijote* de Cervantes, el hidalgo lector con quien todo empieza y termina, o el caballero andante cuya terquedad y sed de fama le suponen mil palizas (los mercaderes en I, 4, los yangüeses en I, 15, los disciplinantes, en I, 52, la derrota contra el caballero de la Blanca Luna en II, 64), burlas sin fin (especialmente en los episodios con los duques en la segunda parte), y cuyas acciones caballerescas incluyen atacar a inocentes (el vizcaíno de I, 8-9, el barbero con el baciyelmo en I, 21) y destrozar propiedades ajenas (molinos, rebaños de ovejas, cueros de vino)?

El texto cervantino mismo matiza la visión idealizada y simple de don Quijote como caballero cuya misión es salvar el mundo en pos de la justicia y el ideal. Para comenzar, varios personajes reconocen que tanto la orden de caballería, como los libros de caballería y las letras en general son endiablados. Cuando es investido caballero en la venta del capítulo 3 de la primera parte, don Quijote ataca a dos arrieros inocentes mientras vela sus armas, con lo que "infundió un terrible temor" que convenció al ventero para "darle la negra orden de caballería" sin más delación (I, 3; 44-45). Los libros de Quijano (más de cien según el ama y los demás, I, 6; 60, y más de trescientos según don Quijote en I, 24; 229) llevan el diablo dentro (I, 6; 62-63), son "malditos ... encomendados sean a Satanás y a Barrabás" según el ama (I, 5; 58) y "descomulgados libros ... que bien merecen ser abrasados, como si fuesen de herejes" (58-59) según la sobrina. Para la muchacha, el origen del problema no es sólo la caballería misma, sino sobre todo la ficción que ha secado el cerebro de su tío: "lo que sería peor [que hacerse caballero], hacerse poeta, que según dicen es enfermedad incurable y pegadiza" (I, 6; 66). Quizás sin saberlo, la sobrina apunta al "problema" fundamental de Quijano/Quijote: su condición de artista, de creador. Con cierta admiración, Sancho le dice a su amo, tras leer la carta que ha escrito a Dulcinea: "es vuestra merced el mismo diablo" (I, 25; 246). Explica don Quijote cómo los poetas "también se llaman vates, que quiere decir 'adivinos,'" lo cual les confiere la capacidad de escribir "como profecía" en una época en que la lectura del futuro era condenada por la Inquisición por herejía (II, 1; 560 y también II, 16; 667). En el cénit de su fama literaria, siendo reconocido don Quijote por las calles de Barcelona, un castellano le increpa: "Válgate el diablo por don Quijote de la Mancha ... Tú eres loco y ... tienes la propiedad de volver locos a cuantos te tratan y comunican" (II, 62; 1024). La "diabólica" enfermedad de Quijano/Quijote es, en efecto, contagiosa: termina por convertir a Sancho, al cura, a Sansón, a los duques, a don Antonio, en actores que dan la espalda a la realidad mediante ficciones muchas veces crueles hacia los demás.

Parte esencial del mundo de caballerías es la presencia de encantadores, descritos en varios momentos del libro como diablos. Cuando el ama le dice a don Quijote, tras el escrutinio de la librería, que "todo se lo llevó el mismo diablo," la sobrina le corrige rápidamente y lleva el juego al terreno de la caballería: "No era diablo, sino un encantador" (I, 7; 71). Sancho intuye "diablos" en la venta durante el episodio de Maritornes, mientras que para don

Quijote "este castillo es encantado" (I, 17; 146). Del bálsamo de Fierabrás, Sancho le dice a don Quijote: "Guárdese su licor con todos los diablos" (I, 17; 153) y los manteadores de la venta le parecen "fantasmas y gente del otro mundo" a don Quijote (I, 18; 54). Hacia el final de la primera parte, don Quijote piensa de la venta que "este castillo [es] encantado, y que alguna región de demonios debe de habitar en él" (I, 45; 470; también I, 46; 478 y 480). Quienes le enjaulan son "todos demonios que han tomado cuerpos fantásticos" (I, 47; 483), y en la burla del gato, en el palacio de los duques, don Quijote se pelea con el felino mientras grita que quiere acabar con "este demonio, con este hechicero, con este encantador" (II, 46; 898). En el mundo de caballería, los encantadores se confunden a menudo con diablos, hasta tal punto que el San Jorge que mató al demonio "fue uno de los mejores [caballeros] andantes que tuvo la milicia divina" (II, 58; 986). Rodeado de encantadores y demonios (por ejemplo en la farsa de la muerte de Altisidora, II, 69; 1072), don Quijote vive en un terreno peligroso entre la orden caballeresca y la herejía. En una imagen que recuerda las ilustraciones de Goya y Doré, don Quijote vive rodeado y necesita de sus enemigos encantadores o, quizás, incluso del propio Satán.

Elementos textuales no faltan para caracterizar el mundo quijotesco como satánico, más que divino y justo. En primer lugar, en numerosas ocasiones ataca a inocentes y, peor todavía (desde el prisma contrarreformista, al menos), a representantes del clero y de la justicia. En el capítulo 8 de la primera parte, ataca brutalmente a unos frailes de San Benito a quienes llama "gente endiablada" (80), cuando son los frailes quienes huyen del caballero "haciéndose más cruces que si llevaran al diablo a las espaldas" (81). Poco después, amenaza que si no le dejan pelear contra el vizcaíno "él mismo había de matar a su ama [del vizcaíno] y a toda la gente que se lo estorbase" (82). Para las damas, por ello, don Quijote supone "tan grande peligro" (83). Con no menos saña, el caballero manchego ataca a los enlutados que llevan un cuerpo muerto a Segovia, quienes "pensaron que aquél no era hombre, sino diablo del infierno" (I, 19; 169). Don Quijote casi mata a Sancho por burlarse de él tras el fraude de la aventura de los batanes (I, 20; 185), ataca a un barbero para robarle lo que él cree es el yelmo de Mambrino (el barbero cree "fantasma" a don Quijote, I, 21; 189) y ataca primero a un comisario para liberar a los galeotes (I, 22; 208) y, más tarde, a unos cuadrilleros de la Santa Hermandad (I, 45; 469). Por último, al final de la pimera parte ataca también a unos disciplinantes en procesión para pedir el fin de una terrible sequía, lo cual lleva a Sancho a preguntarle a su amo: "¿Qué demonios lleva en el pecho que le incitan a ir contra nuestra fe católica?" (I, 52; 524).

El caballero que lucha contra encantadores y demonios no puede evitar que su "negra orden de caballería," en palabras del ventero que le inviste caballero, le conviertan a él mismo en un ser peligroso para muchos, endiablado y, sobre todo, en una amenaza para el orden biológico, social y político-religioso (la autoridad civil y la clerical). Su violencia es a veces incontrolable, dirigida en ocasiones contra los fundamentos más sagrados de la sociedad barroca. Pronto en la novela, don Quijote es acusado repetidas veces de posible "gentilidad," es decir, herejía, falta de convicción católica. En la pelea con el vizcaíno, don Quijote jura por Dios vengarse de él por haberle roto la celada, pero luego anula su juramento. Sancho le increpa con rotundidad: "Que dé al diablo vuestra merced tales juramentos ... que son muy en daño de la salud y muy en perjuicio de la conciencia" (I, 10; 93). En un episodio lleno de dudosos creyentes (a Marcela se la llama "endiablada moza" y los abades del pueblo no quieren cumplir las cláusulas del testamento de Grisóstomo "porque parecen de gentiles," I, 12; 103), el amigo de Grisóstomo, Vivaldo, acusa a don Quijote de "gentilidad" por encomendarse antes de entrar en batalla a su dama antes que a Dios (I, 13; 112-14). Poco después, de nuevo Sancho se refiere a don Quijote como "pertinaz," palabra que en la época incluía el sentido de hereje (I, 19; 166, nota 4). Y, en dos de las frases de don Quijote más ambiguas y potencialmente hostiles a la religión católica, el caballero confiesa que "religión es la caballería" (II, 8; 608) y se lamenta a Sancho de que, a la entrada del Toboso de noche, en lugar del palacio de la inexistente Dulcinea, "Con la iglesia hemos dado" (II, 9; 610).

En contraste con el pasado incierto de su amo, Sancho Panza se identifica como cristiano viejo en numerosas ocasiones (I, 20; 183, I, 21; 197, I, 47; 489, II, 8; 604), dejando abierta la posibilidad de que don Quijote sea, por contra, cristiano nuevo. Entre otras tendencias dudosas, el caballero manchego se siente peligrosamente atraído hacia la herética actividad de interpretar agüeros, desde el relincho de Rocinante en la salida al principio de la segunda parte (II, 4; 577), a las imágenes de santos para un retablo (II, 58; 987) y los malos agüeros sobre Dulcinea en los capítulos 9 (609) y 73 (1094-95) de la segunda parte. Tanto don Quijote como Sancho son perfectamente conscientes, sin embargo, de que ser agorero es herejía. De los cuervos y grajos que emergen de la cueva de Montesinos, don Quijote reconoce que "si fuera tan agorero como católico cristiano, lo tuviera a mala señal" (II, 22; 721; también en II, 41; 856); y Sancho recuerda a su amo, en un regreso final al pueblo marcado por los malos presagios de don Quijote, "que eran tontos todos aquellos cristianos que miraban en agüeros" (II, 73; 1095).

Asediados por demonios, agüeros y encantamientos en el ejercicio de la orden caballeresca, don Quijote e incluso el propio Sancho no pueden evitar la presencia inmediata, cercana del diablo. Cuando le pide a don Quijote que se case con Micomicona, Sancho encomienda a su amo "a Satanás ... y en siendo rey ... siquiera se lo lleve el diablo todo" (I, 30; 306); y tras la batalla con los cueros de vino, pide Sancho asimismo: "llévelo todo Satanás" (I, 37; 385). La discusión entre caballero y escudero tras la aventura de los batanes fue para Sancho una "pendencia que entre los dos trabó el diablo" (308). Y con la misión de entregar la carta de don Quijote a Dulcinea, "legión de demonios pudieron llevar a Sancho tan rápido" (I, 31; 314). Al yelmo de Mambrino, Sancho lo llama "yelmo de Malino" en alusión al "maligno," Satanás (I, 44; 465, nota 41). Finalmente, y reforzando ese ambiente diabólico en que se desarrollan las aventuras caballerescas del famoso par de manchegos, don Quijote mismo maldice a Sancho por su cobardía en los términos más contundentes posible: "Maldito seas de Dios y de todos sus santos, Sancho maldito" (II, 34; 817).

Más significativo todavía que esas legiones de demonios que persiguen al caballero y su escudero (además de los ejemplos citados, el cortejo de Merlín para desencantar a Dulcinea en II, 34; 818 no tiene desperdicio), Sancho se refiere a su amo en diversas ocasiones, de forma directa o indirecta, como demonio. Cuando se prepara la salida a principios de la segunda parte, llama "Ama de Satanás" al ama de don Quijote, a lo cual le responde la sobrina llamándole "maldito" (II, 2; 561). Empeñado don Quijote en encontrar a Dulcinea en el Toboso, a quien se supone Sancho le entregó en mano una carta de su amo en la primera parte del libro, el escudero exclama: "¡El diablo, el diablo me ha metido a mí en esto!" (II, 10; 616). Para escapar de la difícil situación en que se encuentra, pues por supuesto nunca entregó la carta a la inexistente Dulcinea, Sancho intenta engañar a su amo y le dice que tres vulgares labradoras son Dulcinea y sus damas de compañía. Conociendo el temperamento iracundo de su amo, ruega: "¡Ahora me libre Dios del diablo!" (619). De forma algo indirecta, don Quijote también es caracterizado como demonio por sus vastos conocimientos. En el episodio de "Las cortes de la Muerte," uno de los actores que va en la carreta disfrazado como diablo afirma: "como soy demonio, todo se me alcanza" (II, 11; 627). Al igual que el demonio, que todo lo alcanza, la sobrina afirma que su tío sabe de todo (II, 6; 593) y, según Sancho, "el mismo Satanás no las podría decir mejores" que su amo don Quijote (II, 33; 807). Tras escuchar los consejos del caballero sobre el matrimonio (a pesar de que nunca ha estado casado), Sancho Panza exclama: "¡Válate el diablo por caballero andante, que tantas cosas sabes" (II, 22; 716).

Inmersos en un mundo caballeresco repleto de demonios y encantadores, varios personajes reconocen cualidades diabólicas en don Quijote, algunas positivas –sus amplísimos conocimientos, por ejemplo–, y otras negativas. El ventero llama al caballero "don Quijote o don diablo" cuando éste le acuchilla los cueros de vino, deseando ver "el alma en los infiernos de quien los horadó [los cueros]" (I, 35; 366 y 367). Tras una brutal pelea a los puños con el cabrero que se burla de él, don Quijote para la pendencia refiriéndose a su enemigo como "Hermano demonio" (I, 52; 523). En la aventura del barco encantado en que Sancho y don Quijote la emprenden con unas aceñas o molinos de río, salen unos hombres que les increpan: "¡Demonios de hombres!, ¿dónde vais?" (II, 29; 776), al igual que los lanceros que observan a don Quijote parado en medio del camino de unos toros bravos: "¡Apártate, hombre del diablo!" (II, 58; 995), le gritan. Los frailes de San Benito, atacados y perseguidos por don Quijote, creen llevar el "diablo a las espaldas" (I, 8; 81) y un castellano increpa a don Quijote en Barcelona: "¡Válgate el diablo por don Quijote" (II, 62; 1024), a lo cual el caballero ni siquiera reacciona.

Con su lucha por la justicia y por "desfazer entuertos," don Quijote parece sin embargo acercarse peligrosamente a una actividad pseudo-satánica que, en dos momentos de la historia, le llevan a la excomunión. El caballero acepta un duelo con el lacayo Tosilos para defender la honra de la hija de la dueña Rodríguez a pesar de que "iba contra el decreto del santo Concilio que prohíbe los tales desafíos" (II, 56; 975). Aunque don Quijote obtiene permiso del duque, el concilio de Trento imponía pena de excomunión para quienes se vieran involucrados en este tipo de duelo (II, 56; 975, nota 2). Mucho antes en la novela y de forma más explícita, se produce otro incidente gravísimo desde la óptica católica del momento. Tras atacar a los enlutados que llevan un cuerpo muerto a Segovia, quienes "pensaron que aquél no era hombre, sino diablo del infierno" (I, 19; 169), don Quijote se excusa diciendo que los religiosos en procesión parecían "cosa mala y del otro mundo" (170; "cosa mala" es sinónimo de demonio en II, 34; 821), "satanases del infierno" (171) y no "hombres de la Iglesia, sino fantasmas y vestiglos del otro mundo" (172-73). Por su inaceptable confusión y la brutalidad de su ataque contra unos clérigos que transportan a un difunto, uno de los enlutados le acusa de "gran sacrilegio" (169) y, finalmente, el caballero es excomulgado (172). Los "descomulgados libros" a los que se refería la sobrina (I, 5; 59) han llevado a su tío a la excomunión de la Iglesia, la pena máxima para un católico, que don Quijote ignora para continuar con su supuesta búsqueda de la justicia.

Excomulgado desde el capítulo 5 de la primera parte y en diatriba constante con diablos y encantadores, demonio él mismo a ojos de varios personajes, no sorprende que Altisidora llame a don Quijote "monstruo horrendo" (II, 57; 981) por no responder a su fingido amor en una de las pesadas bromas orquestadas por los duques. También Sancho Panza es acusado de "monstruo" si no acepta azotarse para desencantar a Dulcinea (II, 35; 826). A medio camino entre excomunión y satanismo, la actividad de don Quijote deja un reguero de monstruosidad a su paso que se origina en la gravísima subversión de los órdenes biológico, social y religioso que supone su mera existencia. Hidalgo transformado por su exceso de imaginación en caballero, don Quijote se embarca en una búsqueda de la justicia desde una posición externa a las jerarquías de la sociedad barroca, re-naciendo, re-nombrándose, y auto-investiéndose con una autoridad militar y social que no le corresponde. Como hidalgo lector que inscribe en su cuerpo la personalidad límite y múltiple de don Quijote, Quijano pone en práctica esa actividad anti-teológica y revolucionaria que Roland Barthes identifica en el acto mismo de escribir (142-43) y que Vargas Llosa llama "deicida" (85-86).

Como dije anteriormente, sin embargo, la monstruosidad de don Quijote no puede explicarse sólo por una supuesta intrínseca maldad del personaje. Además de las benévolas intenciones que el hidalgo manchego hace siempre explícitas en justificación de su actividad caballeresca, debemos recordar que el monstruo es un signo cultural situado en un espacio extremo, fuera de lo común, rara vez o nunca visto, y cuya capacidad para generar discurso e interrogar los órdenes establecidos puede interpretarse también de manera positiva. Reitero que cuando me refiero al discurso de la monstruosidad que don Quijote activa, no estoy emitiendo un juicio moral negativo sobre él. Algunos personajes le interpretan ciertamente como diabólico; pero otros (y especialmente sus lectores de los últimos dos siglos) le consideran héroe, o al menos ser humano digno de compasión, amistad, y muchas veces también de admiración. Para remarcar la naturaleza ambivalente del monstruo, debo traer a colación ahora las estrechas conexiones entre monstruosidad, divinidad y la representación del hombre perfecto que abundan en la tradición teratológica anterior al siglo XX.

En la Edad Media, el "deformed discourse" (por parafrasear el título del magnífico estudio de David Williams que cité en capítulos anteriores) de los monstruos se utiliza como vehículo para decodificar el lenguaje secreto de Dios. Además de las observaciones de Williams al respecto, Virginia Jewiss afirma que para San Isidoro (*Etimologías* 11, c. 3, 1) y San Agustín (*Ciudad de Dios* 16.8, sobre "El origen de los monstruos"), los monstruos son parte integral del plan de Dios para adiestrar a los seres humanos en el temor al mal y la necesidad de la salvación eterna. Parte del lenguaje con que Dios se comunica con los hombres, "monsters startle and terrify us but they do not ruffle God, for they are part of his design" (186). Los monstruos pueden interpretarse por lo tanto como seres malignos y repugnantes, o como cifras o incluso símbolos divinos. En el "Purgatorio" (19, 31 y 32) de la *Divina Comedia* de Dante, aparece un grifo –mitad león y mitad águila– que, lejos de inspirar terror y repugnancia, se ha interpretado "as a symbol of Christ in his two natures, human and divine" (Jewiss 187). Más allá de la religión cristiana, son numerosas las culturas donde "the monster is demonic of course, but it is also paradoxically divine" (Gilmore 192). Desde el Congo a Francia, de Babilonia a España, la antropología cultural ha encontrado múltiples ejemplos de monstruos que presentan lo que Beaudet llama una "god-demon duality." Por dar sólo dos ejemplos recogidos por David Gilmore, Strickland estudia representaciones medievales de santos e incluso de Dios como monstruos; y Campbell reconoce que el monstruo siempre se presenta "as a kind of god," a la manera del famoso parque de Bomarzo en Italia, conocido también como "the Sacred Wood" (Gilmore 193). Robert Mills ha escrito un ensayo en que repasa las representaciones medievales de "Jesus as Monster," donde se ilustra la naturaleza extraordinaria del hijo de Dios mediante criaturas fantásticas como el grifo y seres tricéfalos que simbolizan la trinidad (el padre, hijo y espíritu santo).

Junto con su carácter divino, el monstruo también es esencial e inseparable del héroe, como ya mencioné arriba. Para Giambattista Vico, según explica Massimo Riva, los fundamentos de la sociedad civil contemporánea y sus leyes más básicas vienen determinados por la mitología clásica y neoclásica, donde "heroes and monsters are inseparable." Si el concepto de normalidad y el de legalidad se establecen a partir de estas historias mitológicas, entonces los monstruos "have to do with Culture, not with Nature, with human not with natural laws; actually, they have to do with the archetypical laws of the 'heroic society'" (284). Fundamentales en la determinación del bien y del mal, los monstruos son figuras extremas que pueden ser interpretados a través de parámetros no sólo biológicos, sino también legales y culturales. En la Edad Media, recordemos, se piensa que las razas monstruosas se encuentran más cerca de Dios que el ser humano, tanto geográficamente (ver el estudio fundacional de John B. Friedman) como en términos discursivos (el "deformed discourse" de David Williams codifica el lenguaje secreto de Dios). No puede sorprender, por ello, el hecho de que el monstruo sirviera no sólo de alegoría del mal, sino también de su opuesto: el hombre perfecto. En una idea que encuentra ecos desde Giordano Bruno y Pico della Mirandola al prefacio de La Fontaine a sus *Fábulas*, el hombre perfecto se representa mediante "the recomposition, in one subject, of the allegorical creatures of bestiaries and mythical kingdoms. This monster, the perfect man, is, according to ... Baltrusaitis, 'un hybride dont chaque anomalie incarne une vertu'" (Riva 282). En constatación de esta ambivalencia, las representaciones medievales del héroe y el monstruo son en algunos casos intencionalmente similares. En el anónimo *Beowulf*, por ejemplo, "the language of the poem makes this closeness of hero and monster unequivocal. In the Anglo-Saxon, Grendel is described as 'monster,' 'demon,' 'fiend,' and so on, but he is also called 'warrior' and 'hero.' Both the monster and the monster-slayer in the original verses are called 'awesome' and 'awe-inspiring,' and 'formidable'" (191). Además de a nivel lingüístico, el héroe y el monstruo ofrecen comportamientos similares, de forma que moralmente podría resultar difícil distinguir a uno del otro: "Beowulf is disturbingly like Grendel: he is outsized, aggressive, fearless, and has the same superhuman powers and limitless stamina. Like Grendel, he mutilates his vanquished foes in battle, even the females, decapitating Grendel's mother and displaying the grisly remains as a trophy" (Gilmore 191). Si el héroe y el monstruo tienen mucho más en común de lo que puede parecer a primera vista es porque ambos escapan al concepto de normalidad (Oriol-Boyer 30-33). Ambos son extraordinarios, viven en un terreno hiperbólico y se alimentan de hechos y enemigos de formidable estatura.

Volviendo al caso de don Quijote, el mundo caballeresco le propicia a Quijano el escape ideal a su vida de hidalgo aburrido, viejo y empobrecido. El universo ficticio que crea y en el que entra de lleno es, sin lugar a dudas, extremo, lo cual facilita el nacimiento del héroe o monstruo –según quién le juzgue– que debe combatir a otros monstruos. Junto a los gigantes que don Quijote ve en los molinos (I, 8; 75), los enemigos de los caballeros andantes son por la mayor parte fenomenales, auténticos monstruos que requieren un héroe fuera de lo normal para combatirlos (ejemplos de enemigos monstruosos, entre muchos más, en I, 1; 30, I, 17; 147, I, 21; 194, I, 30; 303, II, 1; 558, y II, 6; 589). La caballería consiste para don Quijote en "hender gigantes, descabezar serpientes, matar endriagos" (I, 25; 235), pelear "con algún endriago o con algún fiero vestiglo" (I, 31; 313); se conocen casos de caballeros encantados que viajan "en algún carro de fuego, o ya sobre algún hipogrifo o otra bestia semejante" (I, 47; 482). Para justificarse ante los ataques de un clérigo en casa de los duques, don Quijote afirma "caballero soy, y caballero he de morir," pues "he vencido gigantes y atropellado vestiglos" (II, 32; 793). Según deduje en el capítulo 1 a raíz de mi análisis del episodio de los leones, la identidad caballeresca del hidalgo sólo puede ser constituida de forma plena cuando se enfrenta a enemigos tan fenomales como los monstruosos "gigantes y ... vestiglos." Para ser caballero andante, no basta vencer a un enemigo; hay que vencer al enemigo más formidable posible, uno de características extremas y peligro mortal.

No sólo don Quijote describe en estos términos maravillosos, fuera de lo común, el mundo de los caballeros andantes. También el canónigo, en su conversación con don Quijote en el capítulo 49 de la primera parte, reconoce que "tantas sierpes, tantos endriagos, tantos gigantes ... tanto género de encantamiento ... tantos enanos graciosos" forman parte de las aventuras caballerescas (503). Cambiado ya radicalmente por su experiencia con don Quijote, Sancho es capaz de justificar su nueva salida como escudero ante su mujer, Teresa Panza, por "tener dares y tomares con gigantes, con endriagos y vestiglos, y a oír silbos, rugidos, bramidos y baladros" (II, 5; 582, y II, 13; 642). Y un eclesiástico en casa de los duques, porque le "oyó decir de gigantes, de follones y de encantos, cayó en la cuenta de que aquel debía ser don Quijote de la Mancha" (II, 31; 791).

¿Qué consecuencias para el lenguaje de los libros de caballería o, en nuestro caso, del *Quijote*, conlleva lo excepcional, lo extremo del mundo caballeresco? Multitud de personajes y situaciones se describen con superlativos. Por ejemplo, la barba del escudero Trifaldín de la Blanca Barba es "la más horrenda, la más larga, la más blanca y la más poblada barba que hasta entonces humanos ojos habían visto," la cual le convertía en un "espantajo prodigioso" (II, 36; 834). La dueña Dolorida o condesa Trifaldi habla repetidamente en superlativos (II, 38; 840), la visión de Dorotea, bañándose los pies disfrazada de labrador, presenta "cosas raras y ... jamás vistas" (I, 28; 277), y a Marcela se la adjetiva de "fiera" (I, 13; 118). En la canción que Grisóstomo escribe quejándose por el desprecio de Marcela, se iguala "el rugir del león ... [a] el espantable baladro de algún monstruo" (I, 14; 120). Tan extremo es el sentimiento de Grisóstomo, y tan inflamado el mundo pastoril con el cual se topa don Quijote, que "la pena cruel que en mí se halla / para cantalla pide nuevos modos" (120; también 123). Y es que la historia de las aventuras de un caballero andante, como reclama a lo largo de todo el libro don Quijote, "por fuerza había de ser grandílocua, alta, insigne, magnífica y verdadera" (II, 3; 566). Los personajes y situaciones extremos requieren un nuevo modo de narrar, un nuevo lenguaje de la monstruosidad en el que las palabras se escriben en hipérbole. Tan hiperbólico es el discurso del monstruo que las palabras terminan por hacerse carne, montan a caballo con armas viejas y espíritu indomable, y salen a los campos de España a contar hechos inusuales y pasear "la figura contrahecha," la "graciosa y extraña figura" de don Quijote (I, 2; 38 y 39; también I, 4; 53).

Esta rareza física de don Quijote, precisamente, es tan fundamental para una puesta en práctica del discurso de la monstruosidad como el lenguaje hiperbólico. Cuando don Quijote y Sancho se encuentran con Cardenio por primera vez, el desafortunado amante aparece de improviso y ataca a la manera de una bestia (I, 23; 216,

220, y I, 27; 272-73); tiene el "rostro desfigurado" (I, 23; 219) por la locura. No obstante, y más significativo todavía, Cardenio queda "no menos admirado quizá de ver la figura, talle y armas de don Quijote que don Quijote lo estaba de verle a él" (I, 23; 221). En el mundo extremo de la caballería quijotesca, el héroe no es menos extraño que los personajes con los que se encuentra y, a menudo, contra los que pelea. De aspecto casi inhumano, Quijano/Quijote estaba al principio de la segunda parte "tan seco y amojamado, que no parecía sino hecho de carne momia" (II, 1; 549) y la esposa e hijo del caballero del Verde Gabán, como tantos otros personajes a lo largo del libro, "quedaron suspensos de ver la extraña figura de don Quijote" (II, 18; 680). A oscuras, doña Rodríguez entra en la habitación donde un gato le ha destrozado el rostro a don Quijote. A la dueña el caballero le parece "la más extraordinaria fantasma que se pudiera pensar," y mientras "él se quedó medroso en ver tal figura, ella quedó espantada en ver la suya" (II, 48; 909). A pesar de la extrañeza que despierta en los otros su destartalada figura, el viejo hidalgo transformado en caballero afirma que, aunque "no soy hermoso ... no soy disforme, y bástale a un hombre de bien no ser monstruo para ser bien querido" (II, 58; 990). Si bien físicamente don Quijote no se considera "monstruo," su porte y su comportamiento extraños dan pie a que varios personajes le comparen, como ya hemos visto, al diablo, o que incluso, como Altisidora, le reproche la "fea y abominable catadura" (II, 70; 1082) del "monstruo horrendo" (II, 57; 981) en que se ha convertido. Quijano/Quijote no es "bien querido" por todos y sí resulta "disforme" (con una apariencia anormal, sorprendente) para muchos.

En un mundo y un discurso hiperbólicos, don Quijote se ve atrapado entre las múltiples monstruosidades que, advertía Baltasar Gracián, uno se topa en la vida. Al igual que los gigantes, vestiglos y endriagos contra los que se supone debe luchar el caballero andante, la propia figura del héroe viene "contrahecha," es extraña y fea, y actúa a veces de forma como mínimo cuestionable. En ese sentido no el fin, sino los medios, parecen ser el centro de la actividad del hidalgo/caballero, cuyo éxito no depende tanto de sus irrelevantes victorias militares, como de su capacidad para llamar la atención y generar discurso. No en vano, don Quijote es consciente de la extrañeza y admiración que despierta en otros, lo cual aprovecha para hacerse oír. En la aventura de los rebuznos, don Quijote ve a los aldeanos "admirados con la admiración acostumbrada en que caían todos aquellos que la vez primera le miraban." Lejos de enojarse, "don Quijote los vio tan atentos a mirarle [que] quiso aprovecharse de aquel silencio [y] alzó la voz" para ser escuchado por todos (II, 27; 763). Así triunfa el hidalgo/caballero: concentrando la atención de su público, dejándose oír, dando una nueva visibilidad a su existencia invisible de hidalgo en un pueblo manchego sin nombre.

El mundo extremo de la caballería, que requiere un nuevo héroe y un nuevo discurso, se basa en la presentación de historias y personajes nunca vistos antes. Marcela es "una maravillosa visión" para quienes, "suspensos ... nunca la habían visto" antes (I, 14; 124-25). El episodio de los batanes es "no vista y tan temerosa aventura" (I, 20; 177), al igual que, de la historia de la pastora Torralba que cuenta Sancho, su "modo de contarla ni dejarla jamás se podrá ver ni habrá visto en toda la vida" (I, 20; 181). Al presentar hechos, personajes, incluso trajes nunca vistos (I, 27; 262 y 265, I, 37; 389, I, 52; 529), la narración de las historias de don Quijote alcanza esa cualidad que siempre deseó el hidalgo/caballero en quien contara su historia: grandilocuencia, novedad, admiración. Por su extrañeza, el encuentro entre Cardenio, Luscinda, Dorotea y don Fernando en la venta se convierte en un "extraño espectáculo de tan no visto suceso" (I, 36; 380). Nunca visto antes, un suceso se transforma en espectáculo, adquiere visibilidad y concentra la atención de quienes miran llenos de admiración.

Ese efecto tan propio de los monstruos es el que don Quijote necesita para culminar su transformación de hidalgo en caballero. Mediante su rareza, debe despertar curiosidad, convocar las miradas de los otros, interrogarles de forma abrupta para que traten de conjeturar su identidad, sus motivaciones, sus poderes. Ya desde las leyes romanas, la rareza se relaciona con la monstruosidad y exige un ejercicio de interpretación que no puede ser regulado o determinado de antemano. Según Massimo Riva, "anything rare in nature is called monstrous [and] legislators leave to the discretion of judges those cases that seldom present themselves" (285). Además de la rareza física, se califica a refugiados e hijos bastardos (de mujeres no casadas) como monstruos civiles, seres afuera de los márgenes de la normalidad legal (285). Para el monstruo, tanto como para don Quijote, la rareza es intrínseca a su identidad fluida, inestable y sujeta a la interpretación de otros. Determinado por su (in)visibilidad, la rareza del monstruo se manifiesta por el hecho de que no ha sido visto nunca antes, o sólo raras veces.

Al principio de su historia en el capítulo 39 de la primera parte, el cautivo ofrece una perfecta descripción de lo que el monstruo significaba para el español del Barroco. Según el cautivo, su padre gastaba demasiado a causa de "haber sido soldado," pues los soldados disponen siempre de dinero y lo gastan con ligereza. Soldados pobres, por el contrario, "son como monstruos, que se ven raras veces" (399), nos recuerda el cautivo. Esta definición está en perfecta sintonía con la de Enrique de Villena que cité en otro capítulo: el "monstro" es "cosa vista no acostumbrada de ver" (Alatorre 148). Carlos Sigüenza y Góngora (1681?) destaca cómo "la etimología de *monstrum*, que es de *monstrare*" es compartida por la "de sus casi sinónimos *portentum*, *spectaculum*..." (del Río Parra 22). Tomando en cuenta que lo nunca visto despierta gran expectación, Ambroise Paré hace del monstruo –un juego fortuito, una broma irrepetible de la naturaleza– un elemento indispensable para el reconocimiento y aceptación del poder ilimitado de Dios: "Nature s'y est jouee, pour fair admirer la grandeur de ses [de Dios] oeuvres" (139, ver también 102, 117). Con la llegada del capitalismo, el aspecto visual y espectacular, nunca o rara vez visto, del monstruo se aprovecha comercialmente en los *freak shows*, los cuales "seized upon any deviation from the typical, embellishing and intensifying it to produce a human spectacle" (Thomson 5; ver también 2 y 4).

En ese juego de convertir lo natural en extraordinario, de encontrar "any deviation from the typical," entra de lleno don Quijote, transformando molinos en gigantes y ventas en castillos. Sus "nunca vistas ceremonias" para ser armado caballero sorprenden a clientes y trabajadores en la venta (I, 3; 47). Velando sus armas, "era bien visto de todos," y todos "admiráronse ... y fuéronselo a mirar desde lejos" (44). El hidalgo gris se ha convertido ciertamente en un espectáculo humano, una visión extraña nunca vista antes. Armado de su extraordinaria capacidad para llamar la atención, Quijano/Quijote provoca una curiosidad insaciable en otros que le otorga al caballero una visibilidad extrema. En la aldea del Caballero del Verde Gabán todos "cayeron en la misma admiración en que caían todos aquellos que la primera vez veían a don Quijote, y morían por saber qué hombre fuese aquél tan fuera del uso de los otros hombres" (II, 19; 689). Cuando se va del palacio de los duques, "Mirábanle de los corredores toda la gente del castillo, y asimismo los duques salieron a verle" (II, 57; 980). Consciente del magnetismo de la extraña figura que supone el hidalgo metamorfoseado en don Quijote, don Antonio Moreno lo lleva a su casa en Barcelona y lo primero que hace es "sacarle [a don Quijote] a un balcón... a vistas de las gentes y de los muchachos, que como a mona le miraban" (II, 62; 1021, y una escena similar en el episodio de la dueña Rodríguez, II, 48; 909). Acto seguido, le llevan a pasear con un cartel en la espalda que dice "Este es don Quijote de la Mancha"; ese rótulo lo veían "los ojos de cuantos venían a verle," y eran tantos que "admirábase don Quijote de ver que cuantos le miraban, le nombraban y conocían" (II, 62; 1024). En el mesón del capítulo 66 de la segunda parte, don Quijote dejó a todos "admirados de haber visto y notado así su extraña figura" (1057).

A pesar de su proclamada locura, el caballero es consciente del poder que su visibilidad le otorga. En una importante conversación con el Caballero del Verde Gabán que ya comenté por extenso en el capítulo primero, don Quijote exclama: "Esta figura que vuesa merced en mí ha visto, por ser tan nueva y tan fuera de las que comúnmente se usan, no me maravillaría yo que le hubiese maravillado" (II, 16; 662). Como en la aventura de los rebuznos que menciono unas líneas más arriba, don Quijote aprovecha la curiosidad (admiración, extrañeza) que despierta en otros para hacerse escuchar. Es visto por muchos, desde luego, como ridículo o incluso monstruoso, pero a fin de cuentas su espectacularidad le concede ante otros personajes la posibilidad de hablar y ser escuchado en una sociedad autoritaria ahogada por la represión y la censura. Esta reciprocidad entre el monstruo y la sociedad viene alimentada en el barroco por la sed de maravilla que siente el público, especialmente atraído hacia híbridos y monstruos (González Echevarría, "El 'monstruo'" 28), y que se refleja en las variantes etimológicas del verbo latino *mirari*: mirar, admirar, maravilla, milagro (Kappler 54, González Echevarría 31-32). Todos quieren (ad)mirar al monstruo.

En un episodio de incomparable profundidad humana, el final de la parte I del *Quijote* ilustra de nuevo esa estrecha relación entre el monstruo y la maravilla mediante el plan elaborado por el cura para devolver a su loco vecino al pueblo. Varios personajes se disfrazan de seres fabulosos, atrapan a don Quijote y, con la excusa de que está encantado, le atan de manos y pies y le encierran en una jaula (I, 46; 480). Después de algunas peripecias y tras recibir una paliza más en la aventura de los disciplinantes, don Quijote llega a su pueblo enjaulado como un animal (o, si se quiere, como un "monstruo humano" al estilo del Segismundo en la torre de *La vida es sueño*):

entraron en la mitad del día, que acertó a ser domingo, y la gente estaba toda en la plaza, por mitad de la cual atravesó el carro de don Quijote. Acudieron todos a ver lo que en el carro venía, y cuando conocieron a su compatrioto [sic], quedaron maravillados. (I, 52; 527)

Como en un espectáculo de feria (una especie de *freak show*), el extraordinario personaje, que debería ser conocido en el pueblo como Quijano (su "compatrioto") y no don Quijote, se muestra a todos en su forma más denigrante. Rareza única, el híbrido Quijano/Quijote causa maravilla y sentimientos extremos a quienes le ven. No en vano, también el canónigo y sus acompañantes quedaron admirados ("en la misma admiración cayeron todos," I, 47; 487) cuando se encontraron con él recién enjaulado. El monstruo, sea Segismundo o este Quijano/Quijote, a veces temible, casi siempre bienintencionado y digno de simpatía, despierta admiración, maravilla, y es mostrado y visto por las masas.

Del lado negativo, la visibilidad del monstruo le expone también a la persecución pública, a la humillación y a la explotación. Alerta Rosemarie Garland Thomson que con la llegada de la modernidad, el cuerpo se convierte en "one's primary social resource," cuyas características principales ("unmarked, normative, leveled") convertían el cuerpo monstruoso en un espacio ambivalente que representaba "boundless liberty and appalling disorder, the former the promise and the latter the threat of democracy" (12). Admirado por su libre individualidad y denostado por su radical desacato al orden biológico-legal, el cuerpo deforme se explota, sobre todo a partir del siglo XIX, con fines comerciales. Dejando al margen la interpretación profética y la curiosidad científica, los empresarios de las nuevas sociedades capitalistas explotan la urgencia de ser visto que el monstruo provoca. Como en esos *freak shows*, populares hasta entrado el siglo XX y brillantemente retratados en *The Elephant Man* (1980) de David Lynch, el don Quijote enjaulado le recuerda al canónigo a uno de esos leones o tigres exhibidos "de lugar en lugar, para ganar con él dejando que le vean" (I, 49; 504). Buscando la excepcionalidad, exponiéndose a la mirada pública, el monstruo corre el riesgo de perder su voz bajo la explotación de otros y terminar siendo no más que un espectáculo comercial, una amenaza bajo control, y una muestra de libertad domesticada.

Peor todavía, no obstante, el monstruo deja de existir cuando ya nadie le mira, pues el sentido de mostrarse o ser mostrado le es necesario para certificar su existencia. Obligado a regresar a su casa durante un año tras perder la justa contra el Caballero de la Blanca Luna, don Quijote entra por última vez a su pueblo con Sancho Panza. Esta vez, y en contraste con el final de la primera parte, los jóvenes aldeanos desvían sus miradas de la estrafalaria pareja, caballero y escudero, a sus animales: "Venid, muchachos –clama uno–, y veréis el asno de Sancho Panza ... y la bestia de don Quijote más flaca hoy que el primer día" (II, 73; 1095). En lugar del "Volved los ojos y veréis el monstruo" (v. 2221) que pronuncia un ciudadano en referencia al cadáver milagroso de *El rufián dichoso* (ver el capítulo anterior), en el caso de don Quijote su monstruosidad ya se ha visto antes, y por ello ya no despierta la misma fascinación en los muchachos. Ahora la gente del pueblo se fija en "la bestia de don Quijote," y no en el caballero andante mismo. Cansado, con su espectacularidad bajo mínimos, forzado a la invisibilidad durante un año, el monstruo muere antes de dejar que el hidalgo, ya "curado" de su locura, pueda reposar su buen nombre en la tumba que le cava la mano de Cide Hamete. Quijano el Bueno, después de todo, no necesita ser visto de nadie.

Para el personaje dual Alonso Quijano/don Quijote, el sentido de mostrarse al mundo está presente en prácticamente todos sus actos caballerescos, especialmente en los primeros capítulos del libro. Don Quijote siente un deseo de fama incontrolable que determina sus acciones y que arrolla literalmente a los personajes que participan, incluso a pesar de su voluntad, en el "mostrarse" del caballero andante. La figura del caballero andante la crea Quijano para aumentar su honra (I, 1; 31), siguiendo el deseo de alcanzar una "fama increíble por todo el universo" (I, 21; 196), hasta el punto que, en justificación de su tercera salida, afirma que "el deseo de alcanzar fama es activo en gran manera" (II, 8; 605). No sólo debe el caballero realizar actos justos, sino también "los más famosos hechos de caballería que se han visto" (I, 5; 57), pues la grandeza del héroe pasa por que éste "se cobre nombre y fama" (I, 21; 193). Con la aspiración de convertirse en "tan valiente y tan nombrado caballero" (I, 4; 52), el "ganar perpetuo nombre y fama" anima a don Quijote a imitar en Sierra Morena la penitencia de Amadís por su dama (I, 25; 234). Por incrementar su "inmortal fama" (confirmada burlonamente por la fingida Micomicona, I, 29; 294 y I, 30; 304), don Quijote soporta las penalidades de su enjaulamiento al final de la primera parte; sin tanto sufrimiento innecesario, "no me tuviera yo por famoso caballero andante" (I, 47; 484).

La fama, en fin, es la vida para don Quijote, y por eso teme a la muerte sobre todo porque le quitaría "la ocasión de hacerme famoso y conocido por el valor de mi brazo" (I, 38; 397). A la hora de presentarse, afirma con orgullo: "Caballero andante soy ... [de los que] ha de poner su nombre en el templo de la inmortalidad, para que sirva de ejemplo" (I, 47; 487). Consciente de que don Quijote cojea de ese pie, el socarrón barbero del pueblo se burla de su convecino llamándolo "el famoso don Quijote de la Mancha" (I, 52; 522). Nada molesta más a don Quijote que cuando, en el capítulo 44 de la primera parte, "vio que ninguno de los cuatro caminantes [los criados de don Luis en camino a la venta] hacía caso de él, ni le respondían a su demanda"; por este motivo, ignorado por los viajeros, don Quijote "moría y rabiaba de despecho y saña" (458).

El deseo de fama de don Quijote se origina sin duda alguna en Quijano mismo. El nacimiento del caballero Quijote responde a una acción minuciosa del hidalgo lector, quien elabora a su *alter ego* en un proceso creativo y lingüístico, de imitación literaria, que se alarga varias semanas. Ese "yo" creador se esconde durante todo el libro detrás de su magnífica, admirable creación; Quijano queda oculto tras la estrambótica personalidad de don Quijote. En algunos momentos, sin embargo, el protagonista de la novela muestra sus verdaderos orígenes y presenta los rasgos que lo caracterizan de manera más profunda y determinante. Edward C. Riley ha concluido que el destino de Quijano/Quijote es "ganar mayor fama como héroe literario [y] no como héroe de tipo tradicional, como triunfador glorioso" (35), convirtiéndose en un "héroe no heroico de nuestros días" (35-36). Según Riley, toda la segunda parte del libro consistiría precisamente en un enfrentamiento entre la fama caballeresca de don Quijote y su fama literaria, que sale victoriosa respecto a la primera (31). Si como guerrero don Quijote no consigue un triunfo incuestionable al estilo de su modelo, Amadís, como héroe literario su impacto en los personajes (en nosotros mismos, sus lectores) es espectacular. La mayor fuente de satisfacción para el héroe cervantino en la segunda parte de su historia es saber que la primera ha sido leída por multitud de personajes con los que se encuentra en su camino, anticipando así el deseo expresado por Sancho al final de la primera parte de que su tercera salida "nos sea de más provecho y fama" (I, 52; 526).

Para su tercera salida, el caballero y su fiel escudero son ya famosos, pero esto les reporta no sólo el reconocimiento de otros sino, muy a su pesar, multitud de problemas. A don Quijote y a Sancho les preocupa qué se ha escrito sobre ellos en la primera parte, especialmente cuando se enteran de que su historiador es árabe (II, 2; 563, y II, 3; 568). La fama literaria de los dos protagonistas provoca que otros personajes entren de lleno en su juego, hasta el punto de determinar su destino y crear sus aventuras. Así sucede con Sansón Carrasco y su empeño en derrotar a don Quijote, primero como Caballero de los Espejos (II, 14; 646) y luego como de la Blanca Luna. La segunda parte apócrifa del Quijote, publicada por el anónimo "Avellaneda" en 1614, altera el itinerario de la pareja cervantina y determina que la pluma de Cide Hamete entierre al auténtico Quijote para que otros no lo puedan resucitar (prólogo a la segunda parte y II, 74; 1105-06). En una venta primero (II, 59; 999-1001), en una imprenta en Barcelona (II, 62; 1033-34), en la visión de Altisidora (II, 70; 1079), en el encuentro con don Álvaro Tarfe (II, 72; 1089-93), y en el testamento de Quijano (II, 74; 1103), la presencia de la primera parte de Cervantes y de la segunda parte apócrifa enriquecen las aventuras de don Quijote de una manera innovadora y muy efectiva desde un punto de vista (meta)literario. Aunque don Quijote argumenta que para alcanzar la fama es mejor "tomar la estrechísima [senda] de la andante caballería" que la ruta mucho menos peligrosa de la poesía (II, 18; 688), lo cierto es que su fama le llega gracias a la publicación de la primera parte de su libro, transformado una vez más de caballero andante desastroso en brillante protagonista literario de una historia que desde siempre conectó con el público. Esa fama literaria permite a Sancho reclamar su ínsula, "pues que tengo buena fama" gracias a la publicación de la primera parte de sus aventuras (II, 33; 811). También a don Quijote, en el episodio de la Arcadia fingida, lo reconoce una zagala como "el más valiente y el más enamorado y el más comedido que tiene el mundo" (II, 58; 992). En similares términos describe el bandolero Roque Guinart a don Quijote en el capítulo 60 de la segunda parte, cuando redacta un salvaconducto para "el más gracioso y el más entendido [caballero] del mundo" (1017).

En última instancia, don Quijote se ha convertido en protagonista de un libro publicado sobre él, y la segunda parte de su historia se dedica a explorar los efectos de esa fama literaria en las andanzas caballerescas del viejo hidalgo. En el contexto de un discurso monstruoso, nunca visto antes, fruto de una metamorfosis y producto extraordinario creado fuera de los órdenes biológico, social y religioso, don Quijote de la Mancha ha triunfado en despertar la curiosidad y atención de sus hoy millones de lectores. Como el libro o la obra teatral de mayor éxito posible (quizás ese monstruo cómico que Lope crea mediante un arte nuevo de hacer comedias), el ser prodigioso necesita la mirada asombrada y constante de otros. De hidalgo gris, anónimo, el protagonista de Cervantes se ha elevado a las cotas más altas de la fama literaria gracias a su transformación en un ridículo y anacrónico caballero andante llamado don Quijote. Por una parte, la posible locura del personaje atempera el sentido de amenaza social y religiosa que representa el híbrido Quijano/Quijote, pero por otra, la fama literaria le concede una visibilidad extrema. Descartado el poder militar del viejo hidalgo/caballero, su poder reside en la palabra, por lo que la fuerza descomunal de los gigantes y monstruos del mundo caballeresco se transfiere a la pluma de quien escribe todo, el gran hacedor, el creador de un universo extraordinario y nunca visto antes. Quijano/Quijote representa a ese ser prodigioso a quien todos conocen y quieren leer o ver, un "monstruo o ... hombre nuevo" (II, 14; 652).

El protagonista cervantino oscila durante todo el libro entre las letras y las armas. Aparte de los varios discursos sobre el tema, ampliamente comentados por la crítica, en ciertos momentos emerge a la superficie la naturaleza híbrida del Quijano/Quijote que poco puede demostrar con el poder de su brazo, pero que triunfa a la hora de embarcar a múltiples personajes en su descabellada ficción caballeresca. Desde Sancho a Sansón, el cura, el barbero, los duques y tantos otros, en ocasiones forzados y en otras muchas por voluntad propia, numerosos personajes penetran en el mundo ficcional inventado por la locura o la imaginación del hidalgo viejo y lector obsesivo. Esa base puramente literaria, retórica, que subyace al caballero andante incapaz de emular los éxitos caballerescos de sus héroes, la hace evidente Sancho Panza cuando le advierte a su señor: "Más bueno era vuestra merced para predicador que para caballero andante." Un tanto resignado, responde don Quijote: "nunca la lanza embotó la pluma, ni la pluma la lanza" (I, 18; 164). El propio don Quijote reconoce que "todos o los más caballeros andantes de la edad pasada eran grandes trovadores y grandes músicos" (I, 23; 214), y para el gobierno de la ínsula que el duque concede a Sancho, admite que "tanto son menester las armas como las letras, y las letras como las armas" (II, 42; 866). A pesar de la superioridad de las armas sobre las letras que defiende don Quijote en algunos momentos (I, 37; 392-97, II, 6; 592 y II, 24; 739), la poesía es una suma de ciencias de la que uno debe enorgullecerse, como en el caso del hijo del caballero del Verde Gabán (II, 16; 666), ya que la poesía supone un conglomerado de todos los saberes (II, 18; 682-83). Confiesa don Quijote haber sido "aficionado a la carátula," pues siempre "se me iban los ojos tras la farándula" (II, 11; 627), y a lo largo del libro escribe una carta y unos versos a Dulcinea (I, 25; 245 y I, 26; 250-51), un madrigalete (II, 68; 1067) y, incluso desde antes de transformarse en don Quijote, el hidalgo expresa ya su deseo de "tomar la pluma" (I, 1; 29). En el mundo de farándula y escritura que ha creado, Quijano pasea por los campos de España su triunfal creación, don Quijote. En contraste, el caballero andante acumula fracasos militares que le llevan al borde del abandono, según advierte tras la paliza que sufre durante la aventura del barco encantado: "¡Basta! ... Yo no puedo más" (II, 29; 777).

No obstante, también a nivel discursivo el protagonista híbrido de Cervantes irá cediendo terreno en la misma medida en que otros personajes adquieren mayor iniciativa literaria. Al final de la primera parte, el cura y sus amigos ya enjaulan a don Quijote para devolverlo al pueblo; al principio de la segunda, Sansón Carrasco le cuenta la primera parte del libro a Quijano/Quijote sin que el hidalgo, el lector empedernido, tenga acceso directo a su propia historia. ¿Por qué no simplemente se consigue el libro de sus aventuras y lo lee él mismo? Sancho Panza encanta a Dulcinea en los capítulos 9-10 de la segunda parte, al igual que Sansón Carrasco y los duques crean bromas y situaciones fingidas en las que don Quijote queda atrapado, en un proceso que culmina con la derrota final frente al fingido caballero de la Blanca Luna. La voz narrativa, la creatividad de Quijano/Quijote se apaga en la medida en que los personajes a quienes ha conseguido meter en su universo caballeresco asumen el control de la historia. Hacia el final del libro, Quijano/Quijote ha perdido incluso el poder de afirmar "Yo soy..." que reclama con fuerza en el capítulo 5 de la primera parte ("Yo sé quién soy..."). Ante don Álvaro Tarfe, en el capítulo 72 de la segunda parte, es Sancho quien se identifica a sí mismo primero, y luego a su amo, sin que don Quijote siquiera intervenga: "el verdadero Sancho Panza soy yo" y "don Quijote de la Mancha ... es este señor" (1090).

En el libro, narrar equivale en muchos momentos a (sobre)vivir. Don Quijote de la Mancha sale a la luz sólo cuando Alonso Quijano le inventa y le nombra, inspirado en parte por complicadísimos discursos retóricos como los de Feliciano de Silva (I, 1; 28-29). De ahí que su primera aventura sea lingüística, emulando las frases rimbombantes con que un historiador describirá su primera salida: "Apenas había el rubicundo..." (I, 2; 35). Pero no sólo Quijano/Quijote le debe su existencia a las palabras. Al desequilibrado y salvaje Cardenio, en Sierra Morena, no le gusta que le interrumpan la narración de su historia para no revivirla en exceso y enloquecer o perecer en el intento (I, 24; 223). A Luscinda le confesó su amor y la enamoró por escrito, por carta (224) y, del mismo modo, a causa de sus precisas descripciones de su enamorada, encendió la pasión en el pecho del traidor don Fernando (227). Para el ventero, en el capítulo 32, los libros dan la vida y sólo pueden ser verdaderos (321). Sancho Panza se convierte en "hombre de pro" para don Quijote sólo cuando éste vio "cuán bien se defendía y ofendía su escudero" en el argumento sobre si la bacía de barbero era yelmo de Mambrino o no, a lo que Sancho responde creando una nueva palabra: el "baciyelmo" que da la razón tanto al barbero como al caballero (I, 44; 464-65). Tras ser apaleado por los disciplinantes, Sancho consigue revivir a don Quijote con su genial lamento por quien considera "flor de la caballería": según el narrador, "con las voces y gemidos de Sancho revivió don Quijote" (I, 52; 526). Para evitar la prolijidad, no voy a comentar en detalle la miríada de ejemplos en los que no tanto lo que se cuenta, sino el cómo se cuenta, impresiona a los personajes: el cura gusta del relato del "Curioso impertinente" no por su invención sino por "el modo de contarle" (I, 35; 374); el oidor queda impresionado por "el modo y discreción con que don Luis" le pide la mano de su hija doña Clara (I, 44; 463); y la evolución de Sancho como personaje se evidencia en su "término y modo de hablar" (II, 7; 600, II, 10; 618, II, 49; 917, II, 66; 1054, II, 68; 1066, y para otros ejemplos al respecto de otros personajes, ver también I, 51; 521 y II, 59; 1002).

En suma, y como ya discutió Michel Foucault en su célebre capítulo 3 de *Las palabras y las cosas* centrado en el *Quijote* (46-77), la relación entre los nombres y las cosas determina el éxito de un libro que refleja la crisis fundamental que inaugura para muchos la era moderna: la introducción de la subjetividad. Fuera del nominalismo y de la credulidad absoluta, existe un "yo" capaz de alterar y crear la realidad mediante el poder de las palabras. Cuando dos caballeros que comentan la segunda parte apócrifa del *Quijote*, la de Avellaneda, conocen al "verdadero" don Quijote de Cervantes, uno de ellos admite: "Ni vuestra presencia puede desmentir vuestro nombre, ni vuestro nombre puede no acreditar vuestra presencia" (II, 59; 1000). Ese simulacro de identificación entre "presencia" y "nombre" no hace más que enfatizar una constante de todo el libro: la imposibilidad de confiar ciegamente en las palabras, en molinos llamados gigantes o en escuderos llamados Tomé Cecial que parecen "monstruo o ... hombre nuevo" (II, 14; 652). En realidad, ese monstruo u hombre nuevo innombrable pone en peligro el orden social, cultural y religioso precisamente porque "the attempt at normalising is self-deconstructive –the more language seeks to express itself metaphorically, the more unstable it becomes" (Hock-soon Ng 180). El hidalgo Alonso Quijano no se convierte en un verdadero caballero andante aunque se re-nombre, aunque bautice el mundo en un nuevo y ridículo génesis donde las leyes religiosas, sociales y lingüísticas quedan suspendidas y a merced de la imaginación monstruosa de los diferentes artistas que pueblan el libro. De hecho, ni siquiera el hidalgo Alonso Quijano existe, tenga nombre o no, conozcamos su pueblo de origen y su linaje o no; también él es ficción, un entramado de lecturas, un palimpsesto de palabras creado por el gran Hacedor, el Poeta, el máximo Artífice: Cervantes, claro. En una lectura fenomenológica y posmoderna, ni siquiera el autor-dios cuenta con el poder suficiente para dar nuevos significados a la realidad: somos todos nosotros, los lectores del texto, quienes en última instancia llenamos de significado los vacíos del lenguaje, los abismos de la ficción, quienes damos sentido y existencia al mundo. Todos somos dioses, todos autores; y eso a pesar de que en el último siglo tanto Dios como el autor han sido proclamados muertos. En ese caso, quizás deberíamos decir que todos somos monstruos, a lo Gracián; todos protagonistas en la historia de un deicidio, por parafrasear a Mario Vargas Llosa.

Resumiendo lo dicho hasta ahora, puede decirse que Quijano ha creado al caballero andante don Quijote de la Mancha y el mundo de gigantes, monstruos y encantadores que le acompaña. Esos monstruos de la lectura que el hidalgo encontraba en sus libros son ahora creados por él mismo, convertido en el autor de un mundo imaginario que nos acompaña también a nosotros, los participantes externos en su historia: sus lectores. Como el labrador Alonso que reacciona con sorpresa y conmiseración, el lector de la obra cervantina contempla a un prodigio de personalidad múltiple que imita a Dios (mal, si se quiere) en su febril actividad creadora, en su poderosa fuerza inventiva. Las metamorfosis de Quijano le convierten en un ser anti-natural que el mundo a su alrededor no comprende, al que reacciona como si de un monstruo se tratara. Al lector asediado por los monstruos de la lectura se le superpone ahora el monstruo creador que inventa una nueva personalidad para sí mismo.

Alonso Quijano/don Quijote es por lo tanto un "hombre nuevo" (II, 14; 652), un ser prodigioso, nacido de un parto de la imaginación con la pretensión máxima de ser visto como signo o emblema de una crisis general en la sociedad, el arte y el conocimiento de la época; la misma "Crisis of the Word" que, en la expresión de Julia Kristeva, es inherente al uso artístico de lo monstruoso (208). Para sacar adelante la asombrosa metamorfosis de Quijano, el narrador le quita el papel protagonista al hidalgo y le relega a un segundo plano, cumpliendo así un doble objetivo: destaca más la figura del caballero andante y deja en la sombra al misterioso personaje que, especie rara de escritor o científico, ha creado vida fuera de los órdenes biológicos, sociales y religiosos. Mientras que don Quijote se exhibe por España de la forma más grandilocuente posible, los diversos personajes y el propio narrador relegan a Alonso Quijano a los tristes momentos de las derrotas.

Ya desde el inicio de la primera parte, el narrador y los personajes se refieren a la casa de Quijano como la de don Quijote (I, 5; 58). Cuando en los capítulos de Sierra Morena envía una cédula para que se le dé a Sancho varios animales como compensación por su pérdida del rucio, Quijano pone una rúbrica para evitar firmar con su auténtico nombre legal (I, 25; 246). Dos personajes avistan a Sancho camino al Toboso para entregar la carta de don Quijote a Dulcinea y exclaman: "aquel es el caballo de nuestro señor don Quijote" (I, 26; 252; y también I, 29; 291). Estos dos personajes son el cura y el barbero, quienes precisamente vienen en busca de Quijano con la pretensión de que el hidalgo deje de creerse caballero y regrese a su casa. ¿Cómo llaman "nuestro señor don Quijote" a quien pretenden vuelva a convertirse en Quijano? No menos significativo es que el ama y la sobrina del hidalgo, quizás las más enconadas enemigas del fingido caballero andante don Quijote, no pronuncien nunca el auténtico nombre de su amo y tío. Su personalidad original desaparece incluso para su entorno familiar y social más íntimo, extremo que predomina en toda la segunda parte del libro a causa de la inmensa fama literaria de *Don Quijote de la Mancha* (Torrente Ballester 31). Como ha notado agudamente Juan Eugenio Hartzenbusch en referencia al último capítulo de la primera parte, cuando don Quijote regresa derrotado a su aldea "los muchachos decían unos a otros: 'Venid y veréis [a] don Quijote." No es verosímil que los muchachos del lugar diesen a nuestro hidalgo este nombre que él se había puesto, sino el que anteriormente tenía, que era el de Alonso Quijano" (*Diccionario de autoridades*, v. "verosímil").

¿Qué se esconde detrás de esa insistente ocultación de Quijano? ¿Por qué parece interesarle a Cervantes mantener siempre en primer plano a don Quijote en detrimento del hidalgo que lo crea? Se podrían aducir varias respuestas a esta pregunta. Es obvio por una parte que el personaje más interesante, más atractivo para el público es el del caballero andante que camina por los pueblos de España con la intención anacrónica, idealista, alucinada, de poner en práctica la orden de caballería aprendida en sus libros. Ciertamente, el hidalgo manchego de vida rutinaria y una nobleza venida a menos, entrado en años, soltero, lector obsesivo, no presenta *a priori* gran interés como protagonista de una novela.

Por otra parte, Cervantes desarrolla su historia en un doble plano: don Quijote aspira a ser un caballero andante tanto como Quijano aspira a ser un creador. Si bien el libro abunda en reflexiones explícitas sobre la literatura (sobre retórica, poética, géneros literarios, público receptor...), el hecho de que don Quijote surja como la creación maestra de un lector crédulo, Quijano, se mantiene en un discreto segundo plano mediante su supresión del texto. Da la impresión de que el éxito de Quijano como creador depende en todo momento de la visibilidad de su prodigiosa descendencia, don Quijote. Para evitar acusaciones de deicidio al estilo de Vargas Llosa, nada mejor que esconder el acto de creación bajo la supuesta locura de un personaje (Quijano) transformado de la noche a la mañana en "otro" (don Quijote).

En esta confusión de personalidades, de guerreros y poetas, ¿quién es el verdadero protagonista del *Quijote*? ¿El lector crédulo que se decide a crear un ente vivo, una especie de literatura puesta en práctica, o el caballero andante que unas veces razona como cuerdo y otras actúa como loco? ¿Cuál es la reflexión última de Cervantes sobre el protagonista de su novela y su condición no sólo de guerrero (Quijote) sino también de lector/creador (Quijano)? ¿Qué discurso revolucionario articula un libro que, durante su 400 aniversario en el 2005, continúa siendo celebrado como la novela que sienta las bases de la modernidad?

La multiplicidad del prodigioso Quijano/Quijote, que exploré unas páginas atrás, se traslada incluso al lenguaje mismo. En su primera salida, don Quijote recurre a un estilo sobrecargado de metáforas y figuras retóricas, un estilo excepcional por lo excesivo, monstruoso en el sentido de desproporcionado y único. Como en una acción reminiscente del parto del monstruo, el lenguaje se multiplica en boca de don Quijote. El ejemplo más significativo de esta sobreabundancia de figuras retóricas es el famoso discurso de don Quijote (¿o se debería decir "del lector/escritor Quijano"?) al alba de su primera salida: "Apenas había el rubicundo Apolo tendido por la faz de la ancha y espaciosa tierra las doradas hebras de sus hermosos cabellos, y apenas los pequeños y pintados pajarillos con sus harpadas lenguas habían saludado con dulce y meliflua armonía la venida de la rosada Aurora..." (I, 2; 35).

Volviendo al capítulo 5 de la primera parte, el aspecto múltiple del personaje se demuestra una vez más en las dos posibles lecturas de este pasaje. Por un lado, el caballero don Quijote sufre una incuestionable y ridícula derrota militar cuando su caballo tropieza y él resulta apaleado por un mozo de mulas. Pero por otro lado, el "Yo sé quién soy" presenta al creador invencible que reclama su poder de auto-transformación y que asombra al mundo con su creatividad ilimitada. Independientemente de cuál sea el resultado de las aventuras del caballero andante don Quijote, el "yo" de Quijano sale siempre victorioso en una batalla poética que multiplica no sólo su personalidad de un modo un tanto esquizofrénico, sino que multiplica también su poder, aun apaleado. El "yo" de Quijano se presenta ante su vecino (ante los lectores, en una de las primeras aventuras del libro) al menos desde dos perspectivas triunfantes: como un escritor extraordinario que improvisa su creación viviéndola en el mundo real, y como un ser capaz de reinventar su identidad tantas veces como quiera. Esas dos características esenciales del personaje condicionan su comportamiento durante toda la novela y dan coherencia a un ser doble, hidalgo y caballero andante, un ser de extremos opuestos, cuerdo y loco, héroe y villano, lector y creador, poeta y guerrero.

Muy especialmente en los primeros capítulos de la novela, el personaje ofrece, en efecto, una doble cara: una ridícula (en la venta donde es investido caballero, por ejemplo, o en el ataque a los molinos de viento), pero también otra despiadada y cruel. Ataca sin más a unos pacíficos mercaderes, hiere gravemente al vizcaíno, embiste contra los frailes que transportan un cuerpo muerto, empeora la situación de Andrés, azotado por Juan Haldudo. Sus arranques de ira son incontrolables, peligrosos, arremete contra propiedades (los rebaños de ovejas, por ejemplo) tanto como contra personas (incluso contra su propio escudero tras el fiasco de los batanes [I, 20; 185]), llegando a poner a varios personajes al borde de la muerte. Al tiempo que se comporta como loco (ridículo o peligroso), en otras ocasiones actúa como sabio que ofrece excelentes discursos y consejos (sobre la Edad de Oro, sobre el buen gobierno, etc.). Si consideramos a Quijano como artista/creador, sus dos caras son reflejo incluso de su propia condición social. Así lo apunta John R. Beverley en su definición del artista barroco: "The artist is himself ... an hidalgo or gentleman, yet at the same time aware of the ambiguous nature of his ... social position as a kind of artisan producing ... a specific knowledge artifact" (225). El hidalgo, perteneciente a la pequeña nobleza, no debe trabajar con sus manos; y sin embargo, el artista-hidalgo produce sus obras de arte de modo similar a como un artesano elabora sus productos. A partir de esa misma dualidad intrínseca al protagonista cervantino, diversos personajes y críticos describen a don Quijote como cuerdo y loco a la vez, lúcido y demente, confortante tanto como peligroso, lo que ha llevado a Francisco López Estrada a llamarlo "bifronte" (199). Esa doble faceta del caballero recuerda el origen también dual del personaje: Quijano crea a don Quijote, es por lo tanto lector y creador, hidalgo y caballero, poeta y soldado.

Concluyendo, los monstruos de la lectura han originado un prodigio, un lector-creador-caballero al que siempre acompañan monstruosas invenciones y disparates. Pero ese monstruo no tiene sólo una cara, no es sólo un caballero andante loco de visión idealista y valores trasnochados. Como si buscara finalmente enfatizar el carácter múltiple del personaje, en los últimos capítulos de la novela Cervantes hace que don Quijote muera para dejar morir a su otro, primer rostro: Quijano. El hidalgo manchego, de vida lenta y aburrida, de imaginación monstruosa, reaparece ante los ojos del lector para clarificar sus orígenes. El guerrero agoniza y desaparece para descubrirnos al creador que, agotado tras el parto extenuante de su imaginación, se está muriendo. Tras las dudas iniciales sobre su verdadero apellido (Quijana, Quesada, Quijada...), ahora el aventurero moribundo nos confiesa en primera persona y sin ambigüedades su verdadero nombre: Alonso Quijano. La otra cara del monstruo se nos ha revelado por fin. Admirable y brutal, loco y cuerdo, lector y creador, el hidalgo/caballero andante se presenta como un individuo común a quien la imaginación y las obras ficcionales han convertido en un héroe ambivalente. Personaje sacado de una realidad cotidiana, insignificante, Quijano/Quijote se erige en el nuevo monstruo moderno que amenaza los órdenes establecidos por su carácter extraordinario, fuera de la normalidad y de la legalidad. El sentido etimológico de lo monstruoso, lo digno de mostrarse, pasa ahora a un primer plano absoluto. Enigma para ser interpretado, el caballero andante despierta la curiosidad de quienes son testigos de un comportamiento nunca visto, único, raro. Se pasea por los campos de España planteando preguntas, desmontando jerarquías, amagando su irreverencia tras una locura que le protege contra los instrumentos represivos del estado y que, al mismo tiempo, le condena al trato vejatorio de los "normales." Y la literatura se presenta, en último término, como el vehículo idóneo mediante el cual mostrar, sacar a la luz pública, esos seres prodigiosos nacidos de los prodigios de la lectura.

Junto al lector obsesionado con los libros de caballería, Cervantes nos presenta al creador que escribe en su propio cuerpo y en su comportamiento al personaje nacido de su imaginación. Mientras que Quijano se esconde, don Quijote pregona por el contrario su ansia de fama, su intención de ser admirado por todo el mundo. Además de caballero, Quijano/Quijote se presenta como un creador comprometido de una manera extraordinaria con su tarea creativa. Producto de un parto monstruoso, se convierte en un objeto de admiración, en un producto de la imaginación que maravilla independientemente de cuál de sus dos rostros enseña. La base común a todas las facetas distintas del personaje es, entre otras posibles, su poder creativo, su capacidad artística.

En realidad, la aparente contradicción entre el Quijano que expone su obra monstruosa (don Quijote) para la admiración de todos y el Quijano de quien no sabemos ni siquiera su apellido, se encuentra en Cervantes mismo. Al tiempo que se esconde tras diferentes capas autoriales (Cide Hamete, el segundo autor, el traductor...), en los preliminares a varios de sus libros (especialmente en la segunda parte del *Quijote*, motivado por la publicación de la continuación apócrifa, y en su obra póstuma, el *Persiles*) reclama con insistencia su fama literaria. De modo similar, Quijano/Quijote también se reviste de varias personalidades al mismo tiempo que exclama coléricamente "Yo sé quién soy" y aspira a su fama personal. Sabe quién es, qué es, pero sabe por encima de todo quién puede ser: "sé que puedo ser no sólo los que he dicho, sino todos los Doce Pares de Francia y aun los Nueve de la Fama." Ese dios creador, hidalgo empobrecido y guerrero sin fortuna, es el mayor héroe de todos: el monstruo que sabe "monstrarse" mejor.

El esfuerzo sistemático de Cervantes por borrar a Alonso Quijano de su novela responde, pues, al hecho de que al esconder al hidalgo, el autor deja en primer plano al caballero andante, al loco cuya personalidad se ha trastocado. Sin embargo, la verdad es que don Quijote no es simplemente un loco, sino que más allá de sus actos irracionales, Quijano/Quijote se comporta como un prodigio, un ser heterogéneo nacido del poder de la imaginación que demuestra un ansia irrefrenable de admiración, de excepcionalidad. Su carácter multiforme, su nacimiento, su sed de fama son características propias de los monstruos, y especialmente del mayor monstruo de todos: el artista mismo, el dios de la creación y la metamorfosis.

A Cervantes no le interesa hacer explícita su monstruosa teoría sobre la escritura: finge presentar a un loco, y consigue, paradójicamente, crear al personaje occidental probablemente más influyente después de la figura de Cristo. Al relegar a Quijano a un segundo plano, el escritor mismo toma distancia de su obra, urde sus monstruosidades desde la sombra. Al fin y al cabo, todo arte requiere un proceso de interpretación, una decodificación de los signos que el monstruo transmite en un orden único y, por lo tanto, admirable. El éxito de don Quijote depende en ese sentido de la desaparición de Quijano: el creador queda en un segundo plano mientras que el guerrero pasa al primero. A las numerosas derrotas militares de uno se le superpone la permanente victoria del otro, el que mantiene siempre la atención en vilo de cuantos entran en contacto con él. Quijano/Quijote y Cervantes, hasta cierto punto, utilizan la misma estrategia para lograr su objetivo último de alcanzar la fama.

Cuando me refiero al carácter monstruoso de don Quijote, por lo tanto, estoy describiendo a un ser extraordinario cuya identidad múltiple, proteica, cambiante le permite mostrarse, ganar una visibilidad social que no tendría de otra forma (al respecto, Forcione, *Cervantes, Aristotle*, "The Triumph of Proteus" 319-338). Por encima de todo Quijano es un artista, un creador que lleva a sus últimas consecuencias no el escaso poder militar de un fingido caballero andante, sino el inmenso poder de la imaginación de un lector obsesivo. Más que una aventura de caballerías, el libro cervantino presenta una aventura literaria, un experimento por el cual un lector decide crear una obra caballeresca en su propia persona. El verdadero protagonista del *Quijote* es ese ser prodigioso, múltiple, a veces contradictorio, que consigue ante todo satisfacer su insaciable sed de "mostrarse."

La metamorfosis de Quijano en un ser extraordinario no se limita a un vano ejercicio literario o de auto-promoción a la manera de la asesoría de imagen que tiraniza la vida de políticos y famosos hoy en día. No pretendo en ese sentido limitar mi lectura de la obra cervantina a una simple afirmación como, por ejemplo, "don Quijote es un monstruo." No busco la controversia que conlleva la connotación negativa del término, ni enfadar a los devotos del personaje cervantino que acabamos de celebrar en el 2005 como el mejor embajador cultural de las culturas hispánicas. Más preciso, más útil y menos polémico me parece afirmar que la novela *Don Quijote de la Mancha* de Miguel de Cervantes articula, mediante su prodigioso protagonista, un discurso de la monstruosidad cuyas implicaciones marcan en mi opinión el paso de la época antigua a la moderna, y que prevalecen incluso en el mundo posmoderno de hoy. Nunca he topado antes con un discurso, el de la monstruosidad, que condense mejor las características de la época barroca y que, al mismo tiempo, explique de una forma sofisticada y totalizadora la extraordinaria relevancia del *Quijote* hoy en día.

En el 2006, quinto año de la guerra global contra el terrorismo, en esta época de guerras renovadas entre el bien y el mal, de enemigos raros de ver y peligros tan apocalípticos como impredecibles, el discurso de la monstruosidad domina la vida política y económica de un mundo globalizado, pero bajo continua amenaza (el terrorismo, la gripe aviar, las catástrofes naturales, los virus informáticos) y en crisis permanente. Justo 400 años después de la obra maestra cervantina, la España imperial y el imperio estadounidense libran similares batallas a medio camino entre el fanatismo religioso-político-económico y la legítima defensa, y sufren a nivel interno de relativamente similares desigualdades socio-económicas y raciales. Como atestiguan el éxito de los monstruos en el imaginario popular (en el siglo XVII español y en el XXI norteamericano) y las innumerables recurrencias del monstruo en estudios académicos y entre las élites culturales, el discurso de la monstruosidad parece venir de la mano de los imperios. Quizás la monstruosidad sea su reverso, su negativo, y de ahí que a veces se convierta también en el único recurso de los insatisfechos y los marginados para subvertir los órdenes sociales, su única moneda de cambio en un sistema, por utilizar una imagen capitalista y neoliberal, que tiende a ocultar sus pérdidas.

A esa actualización del discurso de la monstruosidad que domina en mi opinión los inicios del siglo XXI, formulado quizás por primera vez de manera totalizadora en el *Quijote*, le dedicaré mi próximo libro. A manera de conclusión al presente estudio, dedico las páginas que siguen a resumir y elaborar el discurso ideológico subversivo que Cervantes articula, de manera particularmente completa en el *Quijote*, en torno a la monstruosidad.

Conclusión

EL DISCURSO DE LA MONSTRUOSIDAD EN CERVANTES

*sin sospechar siquiera demasiado tarde que
la única vida visible era la de mostrar*
Gabriel García Márquez, *El otoño del patriarca*

EL 19 de enero del 2006, hace apenas unos días (escribo estas páginas en febrero), el segundo periódico español de más tirada, *El Mundo*, traía dos titulares que interesan a mi conclusión. En uno, se recogían unas declaraciones del periodista británico Robert Fisk sobre la actual guerra global contra el terrorismo: "Occidente crea a sus monstruos para controlar Oriente Próximo" (26). Fisk denuncia que Occidente entrena y financia a monstruos "útiles," como el Saddam Hussein de la guerra contra Irán y el Osama bin Laden de la resistencia contra la invasión soviética de Afganistán en los ochenta, que cuando dejan de servir a los intereses occidentales deben ser exterminados. En el segundo titular del mismo periódico, en las páginas de cultura, se reseña la actuación en Madrid de los bailarines Tamara Rojo y Julio Bocca: "La suerte de ver a dos monstruos disfrutando." Estrellas del Royal Ballet y el American Ballet respectivamente, la española y el argentino bailaron en Madrid "en una actuación llena de maestría" (62).

Estos dos monstruos, los de Fisk y los bailarines, representan los extremos opuestos y la maleabilidad de un concepto que se utiliza para hablar de y hacer hablar sobre lo extraordinario. Del ambivalente uso político de los monstruos de Oriente Próximo hasta la maestría desplegada por dos monstruos disfrutando de su arte, el discurso de la monstruosidad se articula, complejo y contradictorio, en torno a lo que Judith Halberstam ha llamado "totalizing monster" (29). Esta figura extrema cuestiona el principio mismo de la identidad y del significado al tiempo que provoca un discurso urgente y continuo, un deseo de entender, domesticar y categorizar lo extraordinario. ¿Qué es un monstruo, quién decide quién lo es, cuáles son sus características, cómo es su discurso, puede reproducirse, supone una amenaza, puede ser explicado o categorizado, se puede fijar su identidad?

Todas estas preguntas han ido emergiendo a lo largo de este libro a partir del análisis de las conexiones entre monstruosidad y ficción, y de tres personajes emblemáticos en la obra de Cervantes: los perros parlantes de "El coloquio," el Lugo/Cruz de *El rufián dichoso*, y el hidalgo/caballero de *Don Quijote de la Mancha*. Todos estos personajes comparten una serie de características que voy a resumir en los próximos párrafos, sin entrar en detalles que ya ofrecí en los capítulos correspondientes. Voy a exponer primero las características del monstruo cervantino, para terminar con las implicaciones del discurso de la monstruosidad ("one of the most intriguing and least understood discourses of the period," Burnett 4) que las obras citadas formulan de forma tan innovadora como actual.

Primero, el monstruo se caracteriza por ser extraordinario; queda fuera de lo normal, se salta las reglas, amenaza en algún sentido el orden y la lógica. Por su intrínseca excepcionalidad, el prodigio violenta la normalidad y crea violencia a su alrededor, pues nadie queda indiferente ante él. Bien sean los perros parlantes que hacen dudar a Peralta de la cordura de Campuzano; o el peligroso rufián convertido en monstruoso santo a quien el pueblo enfervorizado desgarra la ropa después de muerto; o el hidalgo/caballero andante que va retando por los campos de España el orden establecido, la figura extrema del monstruo concita violencia, tanto física como intelectual, religiosa o política.

Segundo, el monstruo cervantino nace de algún tipo de hibridez extraña, surge de una concepción anti-natural que mezcla elementos diferentes y que termina en sí mismo. Es único porque no se reproduce de forma biológica. Ni los perros parlantes tienen descendencia, ni la tuvo fray Cristóbal de la Cruz siquiera cuando era rufián Lugo, ni la tiene Quijano/Quijote. El origen de su naturaleza asombrosa no puede ser reproducido, porque al desviarse de la normalidad se convirtió en un accidente irrepetible. Cipión y Berganza desconocen el origen exacto de su monstruosidad; Lugo se convierte en fray Cristóbal en una transformación que Cervantes omite y de la que no provee ningún detalle solvente; y del hidalgo Quijano no conocemos su linaje, ni su origen, ni entendemos por qué nace de sus entrañas un caballero andante de nombre ridículo y apariencia descompuesta. Sólo vemos el resultado: un ser en todos estos casos híbrido, mezcla de perro y hombre, de rufián y santo, y de hidalgo y caballero. La identidad de todos estos protagonistas cervantinos es múltiple, se ha quebrado de forma misteriosa y sin motivo aparente para penetrar en un terreno de lo extremo desde el que exponer significados también múltiples, como el "baciyelmo" de Sancho, mezcla de bacía y yelmo. Si las palabras son ambivalentes, maleables, carecen de un significado fijo y estable, entonces la interpretación del mundo es una necesidad ineludible que contradice y anula los presupuestos más básicos de una sociedad autoritaria: la credulidad sin crítica, sin reflexión, sin interpretación. Si el mundo es híbrido, entonces la pureza, la autoridad y binomios como el mal y el bien son sólo mitos utilizados por algunos para ejercer el control sobre los demás. La hibridez violenta las categorías homogéneas y estables, desde las sexuales a las económicas o religiosas, e incluso amenaza la misma línea divisoria que separa al ser humano de la bestia.

Tercero, de la raíz etimológica de la palabra (*monere* y *monstrare*) surge uno de los condicionantes del monstruo que más determinan su agitada existencia. Tanto si debe ser interpretado como aviso o señal de algo (*monere*), como si debe ser mostrado por su excepcionalidad (*monstrare*), el monstruo está condicionado por un juego de esconderse y mostrarse que provoca sentimientos diversos y generalmente extremos: terror, pánico, admiración, curiosidad, agitación, violencia, compasión. Cuando la bruja-monstruo que es Cañizares queda al descubierto, el pueblo persigue al perro-monstruo al que antes llamaban sabio y ahora Satanás; el rufián-santo, convertido por la lepra en "espectáculo horrendo," regresa tras la muerte a su rostro original, y ese cúmulo de milagros lleva al enfervorizado populacho, literalmente, a desgarrar su cuerpo; y don Quijote sacia su sed de fama cuando ya todos le conocen, le esperan, le urden trampas y bromas pesadas, y finalmente le derrotan con la condición de que se esconda durante un año. El monstruo "will always be 'captured' by the gaze eventually," advierte Andrew Hock-soon Ng (12); su (in)visibilidad es su arma más eficaz y más (auto)destructiva al mismo tiempo.

Cuarto, en el espacio público donde habita, siempre en boca y en la mirada de todos, siempre provocando discurso y concitando violencia, el monstruo reconoce que su identidad no viene establecida de antemano, sino que es fijada mayoritariamente por otros, por aquellos que le miran asombrados y le persiguen fuera de sí mismos. La identidad extrema tanto de los perros en "El coloquio," como del rufián/santo y Quijano/Quijote, viene determinada sobre todo por las reacciones que los monstruos provocan en otros. Los "normales" necesitan confirmar, acotar la existencia del ser anormal, porque su carácter único violenta el sentido común y fuerza a negociar un significado nuevo para el "nuevo" ser. Es cierto que "the monster is both being gazed at *and* gazing back" (Hock-soon Ng 12), por lo que retiene algo de poder (*agency* en inglés) a la hora de contribuir de manera activa al ejercicio de interpretación que su anormalidad requiere. Por su resistencia a ser encasillado, el monstruo "often signals its spectator's complete disempowerment because it remains stubbornly irredeemable" (13), pero en último término no me cabe duda que su significado e identidad se negocian colectivamente. Nunca visto antes, sólo una escritura colectiva puede intentar la categorización y desciframiento de quien se define por su rareza. El ejemplo más obvio de este flujo discursivo que provoca la excepcionalidad del monstruo es el caso de don Quijote. Especialmente en la segunda parte, numerosos personajes participan en la escritura colectiva de su historia de caballero andante, una historia que exige la creación de una identidad e incluso un mundo nuevos sobre los que Quijano/Quijote deja de tener control. Ahora son personajes como Sansón Carrasco, el propio Sancho, el cura (ya desde la primera parte), los duques, o don Antonio Moreno, quienes participan, planifican, desarrollan la historia del caballero andante a su placer. El monstruo ha perdido el control sobre su propia identidad, hasta que decide morirse en la cama como Alonso Quijano el Bueno; sólo como hidalgo recupera el poder legal de dictar su última palabra en forma de testamento.

Y quinto y último, el monstruo es, siguiendo el sentido etimológico de *monere*, un signo que hay que interpretar, al igual que las mentiras de la ficción deben ser interpretadas para encontrar sus verdades universales ocultas, en la fórmula aristotélica. Debido a su a-normalidad, el monstruo crea una sensación de desconocimiento que muchos traducen en peligro y miedo. Por ello, el monstruo no deja indiferente: reclama una reacción inmediata, nadie aplaza su interpretación de un monstruo, no se dialoga con él y se le pide una explicación de quién es o de dónde viene. Envuelto en misterio, posible amenaza física, rareza digna de ser categorizada por y mostrada a la colectividad, el monstruo activa violentamente los mecanismos de la interpretación. En "El coloquio," Peralta cuestiona la credibilidad y sanidad de Campuzano, el testigo-narrador de los prodigiosos perros parlantes; en *El rufián dichoso*, la iglesia interpreta la monstruosidad de fray Cristóbal Lugo como un milagro, pero podría haberla entendido como una manipulación satánica, y en ese caso el destino del nuevo "santo" habría sido muy diferente; y don Quijote colisiona con todo tipo de jerarquía (eclesiástica, legal, social, literaria) durante toda su existencia. Al requerir un proceso extremo y urgente de interpretación, el monstruo hace emerger a la superficie las configuraciones de poder inherentes a toda sociedad jerarquizada. ¿Quién se enfrenta al monstruo, con qué medios, quién representa a la ley frente al caos, quién encarna la normalidad frente a la desviación? ¿Quién se define como "yo" frente a ese deformado "otro"? ¿Quién ostenta la autoridad frente a la amenaza de la anarquía de lo excepcional?

Más allá de una definición de la figura del monstruo *per se*, no obstante, me interesa, como pide Andrew Curran, "to envision the history of monstrosity discursively, as a discourse or series of discourses that one must access through institutional and/or ideological analysis" (235). En el epicentro de toda una revolución cultural y filosófica, el discurso de la monstruosidad consigue la atención de las masas mediante su carácter extremo y su juego entre el encubrimiento y el descubrimiento. Afirma Rosemarie Garland Thomson que ese discurso de lo anormal ("freak discourse") se puede entender como "a single gauge registering a historical shift from the ancient to the modern era" en el momento en que los cuerpos extraordinarios se politizan al construirse como "meditations on individual as well as national values, identity, and direction" (2). A caballo entre la época antigua y la moderna, el monstruo deja de convertirse en una cifra del lenguaje divino para ser engullido por las instituciones científicas, económicas y sociales que reconocen la amenaza al orden y la normalidad. En este sentido, y siguiendo a Julia Kristeva, el monstruo adquiere un papel similar a la literatura, pues "all literature is probably a version of the apocalypse that seems to me rooted ... on the fragile border where identities do not exist or only barely so –double, fuzzy, heterogeneous, animal, metamorphosed, altered, abject" (207). Cuando Lope formula su "monstruo cómico" en el *Arte nuevo*, Gracián razona sobre las monstruosidades de la vida y Cervantes se sirve de protagonistas monstruosos en obras de marcado carácter metaliterario, todos ellos apuntan a que la ficción y la monstruosidad son discursos similares en su artificialidad, excepcionalidad, amenaza y cuestionamiento del mundo y de la identidad. En las fronteras de lo normal, de la verdad, del acatamiento al orden, la obra ficcional monstruosa materializa "the Crisis of the Word" (208) que según Julia Kristeva caracteriza a la literatura tanto como a lo que ella llama lo abyecto. En un momento de crisis, de transición, la literatura monstruosa del Siglo de Oro propone un discurso heterogéneo, admirable, extremo, híbrido y violento, bien sea a nivel lingüístico (el gongorismo de la *Fábula de Polifemo y Galatea*, por ejemplo) y/o ideológico (las transgresiones de un Quijano que decide vivir en su piel los sueños literarios que desbordan su imaginación y transgreden los órdenes sociales).

Concluyendo, el monstruo cervantino se caracteriza por su carácter discursivo y pragmático, cuya identidad fluida e inestable se negocia de manera colectiva mediante un discurso incesante, inmediato, polifónico, urgido por la extrañeza de un ser extraordinario que, fuera de la normalidad, amenaza el orden establecido. Producto de una crisis de la palabra, de una desestabilización absoluta de los significados y las identidades, la monstruosidad se utiliza como símbolo central de la literatura cervantina y de otros autores esenciales del Siglo de Oro hispano, pues comparte su naturaleza y su objetivo –ser mostrado e interpretado– con la emergente ficción moderna, todavía asediada por moralistas, neoplatónicos y jerarquías absolutistas. En última instancia, el discurso de la monstruosidad es inherentemente metadiscursivo y autorreferencial. Dado que necesita ser interpretado, puesto que cae fuera de lo conocido y normal, el monstruo expone las relaciones de poder y los medios de producción y representación cultural que se activan a la hora de "leer" o dar significado al mundo. Se necesita una autoridad representativa de la normalidad y el orden para señalar y domesticar o categorizar lo monstruoso. "Yo" estoy por encima del "otro," el deforme, el anormal, el desviado; "yo" determino la frontera a la otra parte de la cual se encuentra el monstruo, opuesto a mí. Cuando se mira al monstruo, su mirada nos es devuelta: ¿cómo reacciono "yo" ante el "diferente"?

Cada vez que se activa el discurso de la monstruosidad, no sólo debemos interpretar al "otro" que tenemos enfrente, sino también al ojo que mira, al intérprete que desde la "normalidad" decide cómo reaccionar, con qué violencia, cómo atribuir significados, intenciones, qué criterios científicos, religiosos, morales, políticos, económicos o sexuales aplicar. La monstruosidad no es sólo un discurso que empieza y acaba en la figura del monstruo. Queramos o no, se extiende hasta nosotros mismos, nos invade, se queda en nuestra mente curiosa. Reconoce Joseph D. Adriano que por mucho tiempo se vio al ser prodigioso como "the monstrous Other we feared yet found fascinating"; desde Freud, no obstante, le vemos "as a projection of some repressed part of the Self" (XI). La monstruosidad comienza en la mirada que intenta determinar la identidad del "otro" y, por oposición, se encuentra con su propio "yo." No supone sólo una metáfora del enfrentamiento entre bestialidad y humanidad o bien y mal, sino que actúa igualmente como una metonimia, una extensión quizás indeseable de nuestro propio "yo," una parte de nosotros que representa el todo (Andriano XIV). Andrew Hock-soon Ng ha descrito en este sentido al monstruo como "an 'intimate stranger'" (4), un ser paradójico porque es lo opuesto a nuestra humanidad y al mismo tiempo forma parte de nosotros, "it is within the self" (5).

Más allá de nociones binarias como "bien" y "mal," el monstruo amenaza siempre nuestra identidad al exponer la necesidad de la interpretación y sus jerarquías. Los monstruos hablan, utilizan un código enigmático que provoca un discurso urgente y extremo en los demás. Se infiltran en el lenguaje, desestabilizan significados, nos abren los ojos, obligan a mirar, categorizar, interpretar. Y si yo interpreto al "otro," si yo leo y escribo su identidad, ¿quién me está escribiendo y leyendo a mí? En esta pregunta quijotesca por excelencia, obsesionado siempre don Quijote por saber quién le escribe y cómo le leen, se condensa en mi opinión el misterio y la amenaza máximos planteados por el discurso de la monstruosidad y por la literatura de ficción en general. Al fin y al cabo, nadie puede eludir la vida que García Márquez plantea como la única posible: "la de mostrar." Y una vez mostrados, expuestos, quedamos ya a merced de la interpretación de los demás.

OBRAS CITADAS

Alatorre, Antonio. *Los 1001 años de la lengua española*. México: Tezontle, 2001.
Alonso, Santos. "Introducción." Baltasar Gracián. *El Criticón*. Madrid: Cátedra, 1984. 1-58.
Allen, John Jay. *Don Quixote: Hero or Fool? A Study in Narrative Technique*. Gainesville: U of Florida P, 1969.
Andriano, Joseph D. *Immortal Monster: The Mythological Evolution of the Fantastic Beast in Modern Fiction and Film*. Westport: Greenwood Press, 1999.
Arboleda, Carlos Alberto. *Teoría y formas del metateatro en Cervantes*. Salamanca: Universidad de Salamanca, 1991.
Aristóteles. Horacio. *Artes poéticas*. Ed. bilingüe de Aníbal González. Madrid: Taurus, 1987.
Avellaneda, Alonso Fernández de. *Segundo tomo del ingenioso hidalgo don Quijote de la Mancha*. Ed. Martín de Riquer. 3 vols. Madrid: Espasa-Calpe, 1972.
Aylward, E.T. *The Crucible Concept: Thematic and Narrative Patterns in Cervantes's Novelas ejemplares*. Madison: Fairleigh Dickinson UP, 1999.
Bajtin, Mijail. *La cultura popular de la Edad Media y del Renacimiento*. Trad. J. Forcat y C. Conroy. Barcelona: Barral, 1974.
Baker, Edward. *Las bibliotecas del* Quijote. Madrid: Marcial Pons, 1997.
Barthes, Roland. "The Death of the Author." *Image, Music, Text*. Trans Stephen Hall. New York: Hill and Wang, 1977.
Bartolomé Pons, Esther. "El desafío lúcido de don Alonso Quijano." *Ínsula* 38 (1983): 10.
Bartra, Roger. *Cultura y melancolía. Las enfermedades del alma en la España del Siglo de Oro*. Barcelona: Anagrama, 2001.
Batllori, Miguel. *Gracián y el Barroco*. Roma: Edizioni di Storia e Letteratura, 1958.
Benedict, Barbara M. *Curiosity: A Cultural History of Early Modern Inquiry*. Chicago: U of Chicago P, 2001.
Beverley, John R. "On the Concept of Spanish Literary Baroque." *Culture and Control in Counter-Reformation Spain*. Ed. Anne J. Cruz and Mary Elizabeth Perry. Minneapolis: U of Minnesota P, 1992. 216-30.
Biblia de Jerusalén. Bilbao: Desclée de Brouwer, 1975.
Blasco, Javier. *Cervantes, raro inventor*. Alcalá de Henares: Centro de Estudios Cervantinos, 2005.
Bompiani, Ginevra. "The Monster as a Refugee." *Monsters in the Italian Literary Imagination* 265-78.

Botting, Fred. *Making Monstrous. Frankenstein, Criticism, Theory*. Manchester/ New York: Manchester UP, 1991.
Burgos, Jean. "Le monstre, même et autre." *Présence du monstre* 11-24.
Burke, James F. *Structures from the Trivium in the* Cantar de Mio Cid. Toronto: U of Toronto P, 1991.
Burnett, Mark Thornton. *Constructing "Monsters" in Shakespearean Drama and Early Modern Culture*. New York: Palgrave-MacMillan, 2002.
Calderón de la Barca, Pedro. *La vida es sueño*. Ed. José María Ruano de la Haza. Madrid: Castalia, 1994.
Canavaggio, Jean. *Cervantès dramaturge. Un théâtre à naître*. Paris: Presses Universitaires de France, 1977.
———. *Un mundo abreviado. Aproximaciones al teatro áureo*. Madrid-Frankfurt: Universidad de Navarra-Iberoamericana-Vervuert, 2000.
———. "Para la génesis del *Rufián dichoso*: el *Consuelo de penitentes* de fray Alfonso de San Román." *Nueva Revista de Filología Hispánica* 38.2 (1990): 461-76.
———. "De un Lope a otro Lope: Cervantes ante el teatro de su tiempo." *Anuario Lope de Vega* 6 (2000): 51-59.
Canepa, Nancy L. "Ogres and Fools: On the Cultural Margins of the Seicento." *Monsters in the Italian Literary Imagination* 222-46.
Canguilhem, Georges. "La monstruosité et le monstrueux." *Diogène* 40 (1962): 29-43.
Carranza, Paul. "Cipión, Berganza, and the Aesopic Tradition." *Cervantes* 23:1 (2003): 141-63.
Carrión, María M. "Don Quijote's *ingenio*: Marriage, Errantry, and Queerness in Early Modern Spain." *Don Quixote Across the Centuries: Actas del Congreso celebrado en el College of Wooster (Ohio, EEUU) del 7 al 9 de abril de 2005*. Madrid: Iberoamericana-Vervuert, 2005. 93-104.
Carvallo, Luis Alfonso de. *Cisne de Apolo* (1602). Ed. Alberto Porqueras Mayo. 2 vols. Madrid: CSIC, 1958.
Casalduero, Joaquín. *Sentido y forma de las* Novelas ejemplares. Madrid: Gredos, 1962.
———. *Sentido y forma del teatro de Cervantes*. Madrid: Gredos, 1974.
Cascales, Francisco de. *Tablas poéticas* (1617). Ed. Benito Brancaforte. Madrid: Espasa-Calpe, 1975.
Castro, Américo. *Cervantes y los casticismos españoles*. Madrid: Alfaguara, 1966.
Cervantes, Miguel de. *Don Quijote de la Mancha*. Ed. Francisco Rico. Madrid: Real Academia Española-Asociación de Academias de la Lengua Española-Alfaguara, 2005.
———. *Don Quijote de la Mancha*. Ed. Martín de Riquer. Barcelona: Planeta, 1980.
———. *Don Quijote de la Mancha*. Ed. John J. Allen. 2 tomos. Madrid: Cátedra, 1991.
———. *Novelas ejemplares*. Ed. H. Sieber. 2 vols. Madrid: Cátedra, 1992.
———. *El rufián dichoso. Pedro de Urdemalas*. Ed. Jenaro Talens y Nicholas Spadaccini. Madrid: Cátedra, 1986.
———. *El rufián dichoso*. Ed. Edward Nagy. Madrid: Cátedra, 1976.
———. *Teatro completo*. Ed. Florencio Sevilla Arroyo y Antonio Rey Hazas. Barcelona: Planeta, 1987.
———. *Los trabajos de Persiles y Sigismunda*. Ed. J.B. Avalle-Arce. Madrid: Castalia, 1969.
Chambers, Ross. *Loiterature*. Lincoln: U of Nebraska P, 1999.
Chartier, Roger. "Del libro a la lectura. Lectores 'populares' en el Renacimiento." *Bulletin Hispanique* 99 (1997): 309-24.

Checa, Jorge. "Gracián and the Ciphers of the World." *Rhetoric and Politics* 170-87.
Clamurro, William H. *Beneath the Fiction: the Contrary Worlds of Cervantes's Novelas ejemplares*. New York: Peter Lang, 1997.
Close, Anthony. "Cervantes' Arte Nuevo de Hazer Fábulas Cómicas en este Tiempo." *Cervantes* 2 (1982): 3-22.
———. *The Romantic Approach to* Don Quixote. *A Critical History of the Romantic Tradition in* Quixote *Criticism*. Cambridge: Cambridge UP, 1977.
Cohen, Jeffrey J. "Monster Culture (Seven Theses)." *Monster Theory* 3-25.
Corominas, Joan y José Antonio Pascual. *Diccionario crítico etimológico castellano e hispánico*. Vol. IV, ME-RE. Madrid: Gredos, 1981.
Cotarelo y Valledor, Armando. *El teatro de Cervantes. Estudio crítico*. Madrid: Revista de Archivos y Bibliotecas, 1915.
Covarrubias, Sebastián de. *Tesoro de la lengua castellana*. Ed. Martí de Riquer. Madrid: Turner, 1977.
Creed, Barbara. *The Monstrous-Feminine: Film, Feminism, Psychoanalysis*. London: Routledge, 1993.
Cruz, Anne J. "*Don Quixote*, the Picaresque, and the 'Rise' of the Modern Novel." Don Quixote *Across the Centuries: Actas del Congreso celebrado en el College of Wooster (Ohio, EEUU) del 7 al 9 de abril de 2005*. Madrid: Iberoamericana-Vervuert, 2005. 15-28.
Curran, Andrew. "Afterword: Anatomical Readings in the Early Modern Era." *Monstrous Bodies* 227-46.
Daston, Lorraine and Katharine Park. *Wonders and the Order of Nature (1150-1750)*. New York: Zone Books, 2001.
De Armas, Frederick A. "*Oikoumene*: La geografía híbrida de *El rey Galllinato* de Andrés de Claramonte." *América en el teatro español del Siglo de Oro*. Monográfico coord. por Héctor Brioso Santos. *Teatro* 15 (2001): 37-48.
———. *Quixotic Frescoes: Cervantes and Italian Renaissance Art*. Toronto: U of Toronto P, 2006.
———. "Teresa Scott Soufas. *Melancholy and the Secular Mind in Spanish Golden Age Literature* (Columbia, 1990)." *Comparative Literature Studies* 30 (1993): 212-15.
Diccionario de Autoridades. Real Academia Española. 6 vols. Madrid: Gredos, 1969.
Donahue, Darcy y Alfred Rodríguez. "Sobre un dato de la biografía de Alonso Quijano, el Bueno." *Hispanic Journal* 9 (1987): 41-44.
Dopico Black, Georgina. "Canons Afire: Libraries, Books, and Bodies in *Don Quixote*'s Spain." *Cervantes' Don Quixote: A Casebook*. Ed. Roberto González Echevarría. New York: Oxford UP, 2005. 95-124.
Doren, Mark Van. *La profesión de don Quijote*. Trad. Pilar de Madariaga. México: FCE, 1962.
Dunn, Peter. "Las *Novelas ejemplares*." *Suma cervantina*. Eds. J.B. Avalle-Arce y E.C. Riley. London-Madrid: Tamesis Books, 1973. 81-118.
Egginton, William. "Gracián and the Emergence of the Modern Subject." *Rhetoric and Politics* 151-69.
Eisenberg, Daniel. *La interpretación cervantina del* Quijote. Trad. Isabel Verdaguer, rev. por el autor. Madrid: Compañía Literaria, 1995.
——— y María del Carmen Marín Pina. *Bibliografía de los libros de caballerías castellanos*. Zaragoza: Prensas Universitarias de Zaragoza, 2000.
El Saffar, Ruth S. *Cervantes: "El casamiento engañoso" and "El coloquio de los perros."* London: Grant and Cutler, 1976.

Erasmo de Rotterdam. *Elogio de la locura.* Trad. Pedro Voltes Bou. Madrid: Espasa-Calpe, 1987.
Fernández-Morera, Darío. "Una dialéctica del yo: Don Quijote II, XVI-XVIII." *Cervantes and the Pastoral.* Ed. José J. Labrador Herraiz y Juan Fernández Jiménez. Cleveland: Cleveland State UP, 1986. 101-13.
Flores, R.M. "¿Qué hay en los apellidos Quijada, Quesada y Quijana? Fuentes históricas, teoría narratológica y bibliografía analítica en la crítica literaria." *Bulletin Hispanique* 99 (1997): 409-22.
Fogelquist, James Donald. *El Amadís y el género de la historia fingida.* Madrid: José Porrúa, 1982.
Forcione, Alban K. "At the Threshold of Modernity: Gracián's *El Criticón.*" *Rhetoric and Politics* 3-70.
———. *Cervantes, Aristotle, and the Persiles.* Princeton: Princeton UP, 1970.
———. *Cervantes and the Mystery of Lawlessness. A Study of "El casamiento engañoso" and "El coloquio de los perros."* Princeton: Princeton UP, 1984.
Foucault, Michel. *Abnormal. Lectures at the Collège de France (1974-75).* Ed. Valerio Marchetti and Antonella Salomoni. Trans. Graham Burchell. New York: Picador, 2003.
———. *La Bibliothèque fantastique. À propos de* La Tentation de saint Antoine *de Gustave Flaubert.* Bruxelles: Le Seuil, 1983.
———. *The Order of Things: An Archaeology of the Human Sciences.* New York: Pantheon, 1971. Chapter 3, "Representing" 46-77.
Freakery. Cultural Spectacles of the Extraordinary Body. Ed. Rosemarie G. Thomson. New York: New York UP, 1996.
Friedman, Edward H. "Constructing Gracián." *Rhetoric and Politics* 355-72.
———. "Dramatic Structure in Cervantes and Lope: the Two *Pedro de Urdemalas* plays." *Hispania* 60 (1977): 486-97.
———. "Resisting Theory: Rhetoric and Reason in Lope de Vega's 'Arte Nuevo.'" *Neophilologus* 75 (1991): 86-93.
———. *The Unifying Concept: Approaches to the Structure of Cervantes' Comedias.* York, SC: Spanish Literature Publications, 1981.
Friedman, John Block. *The Monstrous Races in Medieval Art and Thought.* Syracuse: Syracuse UP, 2000.
Froldi, Rinaldo. *Lope de Vega y la formación de la comedia; en torno a la tradición dramática valenciana y al primer teatro de Lope.* 2ª ed., rev. y ampliada. Salamanca: Anaya, 1968.
Fuentes, Carlos. *Cervantes o la crítica de la lectura.* México: Joaquín Mortiz, 1976.
Garcés, María Antonia. "Berganza and the Abject: The Desecration of the Mother." *Quixotic Desire: Psychoanalytic Perspectives on Cervantes.* Eds. Ruth Anthony El Saffar and Diana de Armas Wilson. Ithaca: Cornell UP, 1993.
García Berrio, Antonio. *Formación de la teoría literaria moderna. II. Teoría poética del Siglo de Oro. Poética manierista. Siglo de Oro.* Murcia: Universidad, 1980.
Gerli, Michael E. "*El retablo de las maravillas*: Cervantes' 'Arte nuevo de deshacer comedias.'" *Hispanic Review* 57 (1989): 477-92.
———. *Refiguring Authority.* Lexington: The UP of Kentucky, 1995.
Gilmore, David D. *Monsters. Evil Beings, Mythical Beasts, and All Manner of Imaginary Terrors.* Philadelphia, U of Pennsylvania P, 2003.
González Echevarría, Roberto. "El 'monstruo de una especie y otra': *La vida es sueño,* III, 2, 725." Ed. Javier Herrero. *Calderón: Códigos, Monstruo, Iconos. Co-Textos* 3 (1982): 27-58.

González Echevarría, Roberto. "*Don Quixote*: Crossed Eyes and Vision." *Cervantes' Don Quixote: A Casebook*. Ed. Roberto González Echevarría. New York: Oxford UP, 2005. 217-40.
Gossy, Mary. *The Untold Story: Women and Theory in Golden Age Texts*. Ann Arbor: U of Michigan P, 1989.
Gracián, Baltasar. *Agudeza y arte de ingenio*. Ed. Evaristo Correa Calderón. 2 vols. Madrid: Castalia, 1987.
Gracián, Baltasar. *El Criticón*. Ed. Santos Alonso. Madrid: Cátedra, 1984.
Grant, Patrick. *Images and Ideas in Literature of the English Renaissance*. Amherst: The U of Massachusetts P, 1979.
Green, Otis. "El 'ingenioso' hidalgo." *Hispanic Review* 25 (1957): 175-93.
Halberstam, Judith. *Skin Shows. Gothic Horror and the Technology of Monsters*. Durham: Duke UP, 1995.
Hampton, Timothy. "Signs of Monstrosity: The Rhetoric of Description and the Limits of Allegory in Rabelais and Montaigne." *Monstrous Bodies* 179-99.
Herra, Rafael Ángel. *Lo monstruoso y lo bello*. San José: U de Costa Rica, 1988.
Hock-soon Ng, Andrew. *Dimensions of Monstrosity in Contemporary Narratives. Theory, Psychoanalysis, Postmodernism*. New York: Palgrave-MacMillan, 2004.
Hofman, Werner. "Unending Shipwreck." *Goya: Truth and Fantasy. The Small Paintings*. Ed. Juliet Wilson-Bareau and Manuela B. Mena Marqués. New Haven: Yale UP, 1994. 43-66.
Holloway, Vance. "Monstruos paganos, primitivos y populares en el teatro de Ramón del Valle Inclán." *Hecho Teatral* 1 (2001): 77-94.
Horacio. Aristóteles. *Artes poéticas*. Ed. bilingüe de Aníbal González. Madrid: Taurus, 1987.
Huet, Marie-Hélène. *Monstrous Imagination*. Cambridge: Harvard UP, 1993.
Ife, Barry W. *Lectura y ficción en el Siglo de Oro. Las razones de la picaresca*. Trad. J. Ainaud. Barcelona: Crítica, 1992.
———. *Reading and Fiction in Golden-Age Spain*. New York: Cambridge UP, 1985.
Ingebretsen, Edward. *At Stake: Monsters and the Rhetoric of Fear in Public Culture*. U of Chicago P, 2001.
Izzi, Massimo. *Diccionario ilustrado de los monstruos*. Trad. Marcel·lí Salat y Borja Folch. Palma de Mallorca: Alejandría, 2000.
Jewell, Keala. "Introduction: Monsters and Discourse on the Human." *Monsters in the Italian Literary Imagination* 9-26.
Jewiss, Virginia. "Monstrous Movements and Metaphors in Dante's *Divine Comedy*." *Monsters in the Italian Literary Imagination* 179-90.
Johnson, Carroll B. "Dressing Don Quixote: Of Quixotes and Quixotes." *Cervantes* 24 (2004): 11-21.
———. "Of Witches and Bitches: Gender, Marginality and Discourse in 'El casamiento engañoso y Coloquio de los perros.'" *Cervantes* 11 (1991): 7-25.
José Prades, Juana de. *El arte nuevo de hacer comedias en este tiempo*. Madrid: Consejo Superior de Investigaciones Científicas, 1971.
Kallendorf, Hilaire. *Exorcism and Its Texts: Subjectivity in Early Modern Literature of England and Spain*. Toronto: U of Toronto P, 2003.
Kappler, Claude-Claire. *Monstres, démons et merveilles à la fin du Moyen Âge*. Nouvelle édition corrigée et augmentée. Paris: Éditions Payot et Rivages, 1999.
Knoppers, Laura L. and Joan B. Landes. "Introduction." *Monstrous Bodies*. 1-24.
Kristeva, Julia. *The Power of Horror. An Essay on Abjection*. Trans. Leon S. Roudiez. New York: Columbia UP, 1982.
Larrosa, Jorge. *La experiencia de la lectura. Estudios sobre Literatura y Formación*. Barcelona: Editorial Laertes, 1996.

Lathrop, Thomas. "Avellaneda y Cervantes: el nombre de don Quijote." *Journal of Hispanic Philology* 10 (1986): 203-09.
Lausberg, Heinrich. *Manual de retórica literaria. Fundamentos de una ciencia de la literatura.* Madrid: Gredos, 1966.
López Estrada, Francisco. "La función de la biblioteca en el *Quijote*." *De libros y bibliotecas. Homenaje a Rocío Caracuel.* Sevilla: U de Sevilla, 1994. 193-200.
López Pinciano, Alonso. *Philosophia Antigua Poetica* (1596). Ed. Alfredo Carballo Picazo. 3 vols. Madrid: CSIC, 1973.
Maestro, Jesús G. *La escena imaginaria. Poética del teatro de Miguel de Cervantes.* Madrid-Frankfurt: Iberoamericana-Vervuert, 2000.
Magnanini, Suzanne. "Girolamo Parabosco's *L'Hermafrodito*: An Irregular Commedia Regolare." *Monsters in the Italian Literary Imagination* 203-21.
Mancing, Howard. "Alonso Quijano y sus amigos." *Cervantes: Su obra y su mundo.* Ed. Manuel Criado del Val. Madrid: Edi-6, 1981. 737-41.
Martin, Vincent. "Cervantes's Critique of Verisimilitude as Intertext for the 'New Comedy.'" *Bulletin of the Comediantes* 52:2 (2000): 53-66.
Martín Morán, José Manuel. "Don Quijote en la encrucijada: oralidad y escritura." *Nueva Revista de Filología Hispánica* 45 (1997): 337-68.
Marvels, Monsters, and Miracles. Studies in the Medieval and Early Modern Imaginations. Ed. Timothy S. Jones and David A. Sprunger. Kalamazoo: Western Michigan UP, 2002.
Mendoza, Mario. *Satanás.* Barcelona: Seix Barral, 2002.
Mills, Robert. "Jesus as Monster." *The Monstrous Middle Ages* 28-54.
Miñana, Rogelio. "Cómo hacer verosímil la maravilla: 'El coloquio de los perros' de Cervantes." *Loca ficta: Espacios de la maravilla en la España medieval y del Siglo de Oro.* Ed. Ignacio Arellano. Pamplona: Universidad de Navarra-Iberoamericana-Vervuert, 2003. 321-32.
———. *La verosimilitud en el Siglo de Oro: Cervantes y la novela corta.* Delaware: Juan de la Cuesta, 2002.
Mirollo, James V. "The Aesthetics of the Marvelous: The Wondrous Work of Art in a Wondrous World." *Wonders, Marvels* 24-44.
Moll, Jaime. "Libro y sociedad en la España moderna." *Bulletin Hispanique* 99 (1997): 7-18.
Monster Theory: Reading Culture. Ed. Jeffrey J. Cohen. Minneapolis: U of Minnesota P, 1996.
Monsters in the Italian Literary Imagination. Ed. Keala Jewell. Detroit: Wayne State UP, 2001.
Monstrous Bodies/Political Monstrosities in Early Modern Europe. Ed. Laura L. Knoppers and Joan B. Landes. Ithaca: Cornell UP, 2004.
Monstrous Middle Ages, The. Ed. Bettina Bildhauer and Robert Mills. Toronto: U of Toronto P, 2003.
Morán Turina, José Miguel y Fernando Checa Cremades. *El coleccionismo en España: de la cámara de maravillas a la galería de pinturas.* Madrid: Cátedra, 1985
Müller, Cristina. "Individuation, Ekphrasis, and Death in Don Quixote." *Ekphrasis in the Age of Cervantes.* Ed. Frederick A. de Armas. Lewisburg: Bucknell UP, 2005. 156-71.
———. *Ingenio y melancolía. Una lectura de Huarte de San Juan.* Trad. Manuel Talens y María Pérez Harguindey. Madrid: Biblioteca Nueva, 2002.
Murillo, Louis Andrew. *A Critical Introduction to* Don Quixote. New York: Peter Lang, 1990.
Nagy, Edward. "Introducción." Miguel de Cervantes. *El rufián dichoso.* Madrid: Cátedra, 1976. 1-32.

Nieremberg, Juan E. *Curiosa y oculta filosofía* (versión definitiva de 1643). Alcalá: M. Fernández, 1649.
Oriol-Boyer, Claudette. "Les monstres de la mythologie grecque – Réflexion sur la dynamique de l'ambigu." *Présence du monstre* 25-51.
Orozco Díaz, Emilio. *¿Qué es el "arte nuevo" de Lope de Vega?: Anotación previa a una reconsideración crítica*. Salamanca: Universidad de Salamanca, 1978.
Paré, Ambroise. *Des monstres et prodiges*. Éd. Jean Céard. Genève: Librairie Droz, 1971.
Parodi, Alicia. *Las* Ejemplares*: una sola novela*. Buenos Aires: Eudeba, 2002.
Paz Gago, José María. "Texto y representación en el teatro español del último cuarto del siglo XVI: Cervantes y Lope. Una perspectiva comparada." *Bulletin of the Comediantes* 45.2 (1993): 255-75.
Percas de Ponseti, Helena. "Cervantes y Lope de Vega: Postrimerías de un duelo literario y una hipótesis." *Cervantes* 23.1 (2003): 63-115.
———. *Cervantes y su concepto del arte. Estudio crítico de algunos aspectos y episodios del* Quijote. 2 vols. Madrid: Gredos, 1975.
———. *Cervantes, the Writer and Painter of Don Quixote*. Columbia: U of Missouri P, 1988.
Pozuelo Yvancos, José María. "Enunciación y recepción en el 'Casamiento'-'Coloquio.'" *Cervantes: Su obra y su mundo. Actas del I Congreso Internacional sobre Cervantes*. Ed. M. Criado del Val. Madrid: Edi-6, 1981. 423-35.
Presberg, Charles D. *Adventures in Paradox. Don Quixote and the Western Tradition*. University Park: The Pennsylvania State UP, 2001.
———. "'Yo sé quién soy': Don Quixote, Don Diego de Miranda and the Paradox of Self-Knowledge." *Cervantes* 14 (1994): 41-69.
Présence du monstre: Mythe et réalité. Ed. Jean Burgos. Paris: Lettres modernes, 1975.
Redondo, Augustin. "Nuevas consideraciones sobre el personaje del 'Caballero del Verde Gabán' (Don Quijote II, 16-18)." *Actas del II Congreso Internacional de la Asociación de Cervantistas*. Ed. Giuseppe Grilli. Nápoles: Istituto Universitario Orientale, 1995. 513-33.
———. *Otra manera de leer el* Quijote*. Historia, tradiciones culturales y literatura*. Madrid: Castalia, 1998.
Rey Hazas, Antonio. "Género y estructura de 'El coloquio de los perros,' o cómo se hace una novela." *Lenguaje, ideología y organización textual en las* Novelas Ejemplares*. Actas del Coloquio celebrado en la Universidad Complutense. Mayo 1982*. Coord. J.J. de Bustos Tovar. Madrid: Universidad Complutense-Université de Toulouse-Le Mirail, 1983. 119-43.
Reyes, Matías de los. *El Menandro* (1636; escrita en 1624 o antes). Ed. Emilio Cotarelo y Mori. CSANE X. Madrid: Librería de los Bibliófilos españoles, 1909.
Rhetoric and Politics: Baltasar Gracián and the New World Order. Ed. Nicholas Spadaccini and Jenaro Talens. Minneapolis: U of Minnesota P, 1997.
Ricapito, Joseph V. "Cervantes y la consciencia: 'Yo sé quién soy,' el Caballero de los Leones y Ricote el Moro." *Cervantes y su mundo III*. Ed. Robert A. Lauer y Kurt Reichenberger. Kassel: Reichenberger, 2005. 505-17.
Rico, Francisco. "El título del *Quijote*." 16 abril, 2004. http://seneca.uab.es/gould.ceccee/quijote.htm
Riley, Edward C. "The Antecedents of the 'Coloquio de los perros.'" *Negotiating Past and Present: Studies in Spanish Literature for Javier Herrero*. Ed. David T. Gies. Charlottesville: Rookwood, 1997. 161-75.

Riley, Edward C. "Aspectos del concepto de *admiratio* en la teoría literaria del Siglo de Oro." *Studia Philologica. Homenaje ofrecido a Dámaso Alonso por sus amigos y discípulos con ocasión de su 60° aniversario.* Madrid: Gredos, 1963. III: 173-83.
―――. "La singularidad de la fama de Don Quijote." *Cervantes* 22 (2002): 27-41.
―――. "Teoría literaria." *Suma cervantina.* Eds. Juan Bautista Avalle-Arce y Edward C. Riley. London: Tamesis, 1973. 293-322.
―――. *Teoría de la novela en Cervantes.* Trad. C. Sahagún. Madrid: Taurus, 1989.
―――. "Tradición e innovación en la novelística cervantina." *Cervantes* 17:1 (1997): 46-61.
Río Parra, Elena del. *Una era de monstruos. Representaciones de lo deforme en el Siglo de Oro español.* Madrid: Universidad de Navarra / Iberoamericana / Vervuert, 2003.
Riva, Massimo. "Per Speculum Melancholiae: The Awakening of Reason Engenders Monsters." *Monsters in the Italian Literary Imagination* 279-96.
Rivilla Bonet y Pueyo, José. *Desvíos de la naturaleza o tratado del origen de los monstruos.* Lima: José de Contreras y Alvarado, 1695.
Rodríguez, Alfred y Tomás Ruiz Fábrega. "Las últimas páginas: ¿Don Quijote o Alonso Quijano?" *Anales Cervantinos* 20 (1982): 215-17.
Rozas, Juan Manuel. *Significado y doctrina del "Arte nuevo" de Lope de Vega.* Madrid: SGEL, 1976.
Sánchez, Alberto. "Los rufianes en el teatro de Cervantes." *Teatro del Siglo de Oro. Homenaje a Alberto Navarro González.* Kassel: Reichenberger, 1990. 597-616.
Sánchez Escribano, Federico y Alberto Porqueras Mayo, eds. *Preceptiva dramática española del Renacimiento y el Barroco.* 2ª ed. muy ampliada. Madrid: Gredos, 1972.
Sevilla, Florencio. "Del *Quijote* al *Rufián dichoso*: capítulos de dramática cervantina." *Edad de Oro* 5 (1986): 217-46.
―――― y Antonio Rey Hazas. "Introducción." Miguel de Cervantes. *Teatro completo.* Barcelona: Planeta, 1987. 1-73.
Smith, Paul Julian. *Writing in the Margin. Spanish Literature of the Golden Age.* Oxford: Clarendon, 1988.
Soufas, Teresa S. *Melancholy and the Secular Mind in Spanish Golden Age Literature.* Columbia and London: U of Missouri P, 1990.
Spadaccini, Nicholas and Jenaro Talens. *Through the Shattering Glass: Cervantes and the Self-Made World.* Minneapolis: U of Minnesota P, 1993.
Sprunger, David A. "Depicting the Insane: A Thirteenth-Century Case Study." *Marvels, Monsters* 223-46.
Stapp, William. "Dichoso por confiado." *Anales Cervantinos* 25-26 (1987-88): 413-52.
Talens, Jenaro y Nicholas Spadaccini. "Introducción." Miguel de Cervantes. *El rufián dichoso. Pedro de Urdemalas.* Ed. Madrid: Cátedra, 1986. 11-97.
Thomson, Rosemarie Garland. "Introduction: From Wonder to Error – A Genealogy of Freak Discourse in Modernity." *Freakery* 1-22.
Torrente Ballester, Gonzalo. *El* Quijote *como juego.* Madrid: Guadarrama, 1975.
Urbina, Eduardo. "Don Quijote, *puer-senex*: Un tópico y su transformación paródica en el *Quijote.*" *Journal of Hispanic Philology* 12 (1988): 127-38.
Valton, Edmond. *Les monstres dans l'art.* Paris: Flammarion, 1905.
Van Doren, Mark. *La profesión de don Quijote.* Trad. Pilar de Madariaga. México: FCE, 1962.
Vargas Llosa, Mario. *García Márquez: Historia de un deicidio.* Barcelona: Barral, 1971.

Vega, Lope de. "Arte nuevo de hacer comedias." Juan Manuel Rozas. *Significado y doctrina del "Arte nuevo" de Lope de Vega*. Madrid: SGEL, 1976.
Vélez-Quiñones, Harry. *Monstrous Displays. Representation and Perversion in Spanish Literature*. New Orleans: UP of the South, 1999.
Verner, Lisa. *The Epistemology of the Monstrous in the Middle Ages*. New York: Routledge, 2005.
Vitse, Marc. *Éléments pour une théorie du théâtre espagnol du XVIIe siècle*. Toulouse: Université de Toulouse-Le Mirail, 1998.
Vives, Juan Luis. *Obras completas*. Ed. y trad. Lorenzo Riber. 2 vols. Madrid: Aguilar, 1947.
Waley, Pamela. "The Unity of the 'Casamiento engañoso' and the 'Coloquio de los perros.'" *Bulletin of Hispanic Studies* 34 (1957): 201-12.
Wardropper, Bruce W. "Cervantes' Theory of the Drama." *Modern Philology* 54.2 (1955): 217-21.
———. "Comedias." *Suma cervantina*. Eds. Juan Bautista Avalle-Arce y Edward C. Riley. London: Tamesis, 1973. 147-69.
———. "*Don Quixote*: Story or History?" *Modern Philology* 63 (1965): 1-11.
Weiger, John. *In the Margins of Cervantes*. Hanover: UP of New England, 1988.
Williams, David. *Deformed Discourse: The Function of the Monster in Mediaeval Thought and Literature*. Montréal: McGill-Queen's UP, 1996.
Wilson, Diana de Armas. *Cervantes, the Novel, and the New World*. Oxford: Oxford UP, 2000.
Wilson, Dudley. *Signs and Portents. Monstrous Births from the Middle Ages to the Enlightenment*. London and New York: Routledge, 1993.
Wonders, Marvels, and Monsters in Early Modern Culture. Ed. Peter G. Platt. Newark: U of Delaware P, 1999.
Woodward, L.J. "'El casamiento engañoso' y 'El coloquio de los perros.'" *Bulletin of Hispanic Studies* 36 (1959): 80-87.
Youngquist, Paul. *Monstrosities: Bodies and British Romanticism*. Minneapolis: U of Minnesota P, 2003.
Zayas, María de. *Desengaños amorosos*. Ed. Alicia Yllera. Madrid: Cátedra, 1989.
Zimic, Stanislav. "La caridad 'jamás imaginada' de Cristóbal Lugo (estudio de *El rufián dichoso* de Cervantes)." *Boletín de la Biblioteca de Menéndez Pelayo* 56 (1980): 85-171.
———. "'El casamiento engañoso' y 'Coloquio de los perros.'" *Boletín de la Biblioteca de Menéndez Pelayo* 70 (1994): 55-125.
———. "Cervantes frente a Lope y a la Comedia nueva (Observaciones sobre *La Entretenida*)." *Anales Cervantinos* 15 (1976): 19-119.
Ziolkowsky, Eric. *The Sanctification of Don Quixote: From Hidalgo to Priest*. University Park: Penn State UP, 1991.

ÍNDICE TEMÁTICO Y ONOMÁSTICO

Agustín, San (*Ciudad de Dios*), 62, 85, 180
Alatorre, 58, 115, 186
Alighieri, Dante (*Divina Comedia*), 180
Allen, John Jay, 143
Alonso, Santos, 23
Amadís de Gaula, 42, 44, 138, 143, 145, 164, 166, 189-90
Andriano, Joseph D., 64, 210
Arboleda, Carlos, 118-19
Argensola, Lupercio Leonardo de, 119
Aristóteles (*Poética*), 26, 57, 62, 64, 67, 80, 89-90, 105-06, 109, 119, 123, 202, 207; y *Sobre los animales*, 165-66, 168-69
Aubrun, Charles, 116
Avalle-Arce, Juan Bautista, 160
Avellaneda, Alonso Fernández de (*Quijote apócrifo*), 112, 118-19, 135, 142, 146, 191, 195
Aylward, E.T., 82, 89

Bacon, Francis, 63
Bajtin, Mijail, 67-68
Baltrusaitis, 181
Barthes, Roland, 179
Bartolomé Pons, Esther, 144
Bartra, Roger, 161
Bataillon, Marcel, 32
Batllori, Miguel, 13
Baudelaire, Charles (*Les Fleurs du Mal*), 161
Beaudet, Denyse, 180
Belianís de Grecia, 42, 171
Benedict, Barbara M., 55

Beowulf, 181-82
Beverly, John, 20, 199
Blasco, Javier, 45, 95-96, 143
Boaistuau, Pierre (*Historias prodigiosas y maravillosas*), 163
Bompiani, Ginevra, 65
Botting, Fred, 55, 153
Bruno, Giordano, 181
Burgos, Jean, 55
Burke, James F., 42
Burnett, Mark Thornton, 66, 205

Calderón de la Barca, Pedro (*La vida es sueño*), 14, 25, 27, 49, 73, 96, 112, 117
Calvino, Jean, 66
Campbell, Joseph, 63, 180
Canavaggio, Jean, 113, 117-19, 122, 125, 134
Canepa, Nancy L., 51
Canguilhem, Georges, 55
Carrión, María Mercedes, 160
Casalduero, Joaquín, 83, 116, 126
"Casamiento engañoso, El," 71, 75, 79, 83, 88-90, 93, 95-96, 98; y alférez Campuzano, 75, 79, 88-91, 95-96, 98-100, 102, 205, 208; y licenciado Peralta, 88-91, 95-96, 98-100, 205, 208
Cascales, Francisco de (*Tablas poéticas*), 106
Castro, Américo, 32, 170
Cervantes, Miguel, 13, 25-30, 69, 71, 80, 83, 89-92, 94, 99-101, 103-210; y *La entretenida*, 117; y "La gitanilla," 61; y el licenciado Vidriera, 27; y Mo-

nipodio, 27, 79; y *Novelas ejemplares* 27, 61, 71, 79-80; y *Ocho comedias*, 112, 114, 135; y *Pedro de Urdemalas*, 117, 134; y el *Persiles*, 27, 54, 122, 201; y *El retablo de las maravillas*, 117, 122; y "Rinconete y Cortadillo," 79; y *Viaje del Parnaso*, 122, 135; *ver también* "El casamiento engañoso"; "El coloquio de los perros"; *Don Quijote*; *El rufián dichoso*;
Chambers, Ross, 72
Chartier, Roger, 52, 55
Chaucer, Geoffrey, 68
Checa, Jorge, 24
Checa Cremades, Fernando, 51
Chevaliers au lion, Li, 42
Cicerón (*De oratore*), 62, 79
Don Cirongilio de Tracia, 44, 66
Claramonte, Andrés de, 112
Close, Anthony, 118, 142, 172
Cohen, Jeffrey Jerome, 64, 152
"coloquio de los perros, El," 27, 54, 71-102, 122, 205; y Berganza, 71-102, 204-08; y Camacha (bruja), 76-78, 86-88, 91-93; y Cañizares (bruja), 76-78, 82, 86-88, 91-94, 96-97, 101-102, 206; y Cipión, 71-102, 204-08; y Montiela (bruja), 77-78, 87-88, 91, 93; y el poeta, 100-101; y pulpo, 27, 82, 86, 90, 96, 101; y sueño, 95-96; y tropelía, 92-93, 95
Corominas, Joan, 75
Cotarelo y Valedor, Armando, 122
Covarrubias, Sebastián de (*Tesoro de la lengua castellana o española*), 74-75, 111, 125
credibilidad, *ver* verosimilitud
credulidad (y receptor crédulo), 26, 31, 44-50, 60, 69, 78, 88, 94, 99, 141, 197, 206
Creed, Barbara, 65
Criticón, El, 13-24, 30, 73; y Andrenio 15-23; y Artemia 18-20, 22, 25; y Circe 18-19; y Critilo 15-23; y el Engaño 15-16, 19-20, 22; y Jano 20-22; y la Muerte 17-19, 22; y Vejecia, 21-22
Cruz, Anne J., 154
Curran, Andrew, 63, 208

Daston, Lorraine, 63
Dávila Padilla, fray Agustín, 125
De Armas, Frederick A., 112, 161
Díaz del Castillo, Bernal, 45

Diccionario de Autoridades, 75, 104, 197
Diderot, Denis (*Éléments de physiologie*), 163, 169; y *Le rêve de D'Alembert*, 169
Donahue, Darcy, 145
Dopico Black, Georgina, 140
Doré, Gustavo, 69, 137-39, 141, 175
Doren, Mark Van, 144
Douglas, Mary, 63
Drácula, 64
Dunn, Peter, 71

Edelman, Lee, 160
Egginton, William, 13, 24
Eisenberg, Daniel, 148, 151
El Saffar, Ruth, 83, 89
enargeia, 141
endriagos, 39-40, 46, 182-84
Escoto Erígena, 85
Esopo (también Isopo), 72, 91

Felixmarte de Hircania, El, 44, 66
Fernández-Morera, Darío, 32
Ficinio, Marsilio (*Los tres libros de la vida*), 161
Fisk, Robert, 204
Flores, R.M., 146
Fogelquist, James Donald, 94
Forcione, Alban K., 25, 27, 73, 81-84, 96, 134, 164, 202
Foucault, Michel, 31, 44, 54, 65, 157, 165, 194
Frankenstein, 55, 63-64, 67, 138, 140, 153, 168
Freud, Sigmund, 210
Friedman, Edward H., 13, 111, 117-18, 133-35
Friedman, John B., 67, 85, 181
Froldi, Rinaldo, 105

Garcés, María Antonia, 73
García Berrio, Antonio, 109
García Márquez, Gabriel, 153, 204, 210
García de Paredes, don Diego, 45, 66
Gerli, Michael, 71, 117-19, 122, 153
Gilmore, David, 53, 63-65, 152, 162, 180, 182
Goethe, Johann Wolfgang (*Afinidades electivas*), 67
Góngora y Argote, Luis de (*Fábula de Polifemo y Galatea*), 40, 209
González Echevarría, Roberto, 73, 101, 112, 143, 187

ÍNDICE TEMÁTICO Y ONOMÁSTICO 223

Gossy, Mary, 73
Goya y Lucientes, Francisco de, 55, 59, 69, 137-39, 141, 165, 175
Gracián, Baltasar, 13-25, 27, 29-30, 49, 73, 184, 195, 208-09; y *Agudeza y arte de ingenio*, 18, 24; y *El comulgatorio* 24; y *El discreto* 24; y *El héroe* 24; y *El político* 24; y *Oráculo manual y arte de prudencia* 24; ver también *El Criticón*
Gracián, Diego (*Historia de la entrada de Ciro Menor en Asia*), 45
Grant, Patrick, 162
Green, Otis, 160
Grendel, 181-82

Halberstam, Judith, 64-65, 138, 140, 204
Hampton, Timothy, 59, 65
Haraway, Donna, 65
Hartzenbusch, Juan Eugenio, 197
Hércules, 152
Herra, Rafael Ángel, 53-54,
Historia del Gran Capitán, 44-45
Historia y ficción, 44-49, 56-57, 60, 141
Hock-soon Ng, Andrew, 33, 64-65, 195, 206-07, 210
Hofman, Werner, 165
Holloway, Vance, 67
Homero, 34, 165
Horacio (*Epístola a los Pisones* o *Poética*), 23, 34, 73, 96, 105-06, 108-11
Huarte de San Juan, Juan (*Examen de ingenios*), 160-61
Huet, Marie-Hélène, 66-67, 163-69

Ife, Barry W., 20, 50, 94
Ingebretsen, Edward, 53, 65
Isidoro, San (*Etimologías*), 62, 85, 180
Izzi, Massimo, 74, 77

Jewell, Keala, 64-65, 152
Jewiss, Virginia, 180
Johnson, Carroll B., 73, 77, 94, 146
José Prades, Juana de, 104-05, 109

Kallendorf, Hilaire, 161-62, 165
Kappler, Claude, 75, 85, 115-16, 162-64, 187
Knoppers, Laura L., 52, 58, 63, 139, 150
Kristeva, Julia, 50-51, 64, 196, 208-09

La Fontaine, Jean de, 114, 181
Landes, Joan B., 52, 58, 63, 139, 150
Larrosa, Jorge, 54-55, 69, 86, 111
Lathrop, Tom, 146
Lausberg, Heinrich, 87
Leach, Edmund, 63
Licetis, 62
López Estrada, Francisco, 199
López de Gómara, Francisco, 45
López Pinciano, Alonso (*Philosophía antigua poética*), 106
López de Vega, Antonio (*Heráclito y Demócrito de nuestro siglo*), 106
Lynch, David (*The Elephant Man*), 188

Maestro, Jesús, 109, 116-18, 122-23, 134
Magnanini, Suzanne, 58, 108
Malebranche, 162
Mancing, Howard, 142, 145
Mandeville, John de, 162
Marín Pina, María del Carmen, 151
Márquez Villanueva, Francisco, 32
Martin, Vincent, 120
Martín Morán, José Manuel, 143
Menéndez y Pelayo, Marcelino, 108
Mills, Robert, 181
Minotauro, 81, 86, 104, 110, 121, 126, 132
Miñana, Rogelio, 48-51, 68, 89, 92, 97
Mio Cid, Cantar del, 42
Mirollo, James V., 67
Mode, Heinz, 64, 152
Moll, Jaime, 69
monstruo o monstruosidad,
 y lo abyecto, 51, 209
 y admiración, *ver* maravilla
 y arte, *ver* ficción
 y autorreflexividad, *ver* metaficción
 y ficción (y arte, poesía), 18-20, 25-27, 29-30, 34-35, 48-50, 55-69, 76, 91, 94, 97, 100-02, 111, 153, 157, 162, 173, 193, 195-96, 208-10
 y el bien y el mal, 30, 69, 206, 210
 y definición, 14, 24-26, 29, 48-49, 51-53, 57-67, 74-75, 104, 162, 172, 205-10
 y demonio (y diablo, Satanás, Lucifer), 14, 16, 20, 28, 30, 36, 78, 86-87, 92-94, 97, 101, 121, 124, 130, 137, 153-54, 164-65, 174-80, 206
 y diablo, *ver* demonio
 y Dios (y religión), 22, 24-25, 29, 34-35, 62, 67, 84-86, 92, 94, 96, 101,

114-15, 129, 133, 139, 153-54, 157, 163-65, 169-70, 175-81, 195, 201, 206, 208
y discurso (y lenguaje, nombrar), 14, 16, 22-23, 25-29, 38-51, 55-61, 68-102, 129, 153-81, 183-86, 190, 192-210
y enigma, *ver* signo
y espectáculo, 28-29, 37, 52, 103, 107, 115-16, 131-32, 134, 136, 184, 186-89, 206
y lo extraordinario, *ver* lo extremo
y lo extremo (y lo extraordinario), 33, 36, 38-41, 43, 48, 50-51, 54-55, 60, 65, 70, 74, 89-91, 98, 101, 104, 120-21, 124, 139-40, 182-86, 204-05, 210
y fama, 29, 31, 35, 37, 39, 43, 58, 75-78, 118, 126-27, 129, 133, 147, 163, 166, 171-74, 189-92, 197, 201, 206
y *freak shows*, 64, 76, 186, 188, 208
y hermafrodita, 107-08, 115,
y héroe, 31, 39, 48, 55, 60, 74, 138-45, 150, 171, 181-86, 189-90, 201
e hibridez, *ver* identidad
e identidad (híbrida, dual, múltiple), 14-30, 43, 48-49, 51-54, 60-62, 73-74, 81, 84, 86, 99, 101, 104-22, 133, 136, 140-50, 160, 169-72, 185, 192-93, 198-202, 205-10
e imaginación, 26, 28, 43-44, 49-50, 57, 60, 67, 100, 115, 120, 140-41, 152-71, 179, 195, 200, 202
y lenguaje, *ver* discurso
y maravilla (y admiración, portento, prodigio, visibilidad), 19, 22, 26, 28, 33, 39, 43, 49-51, 59, 62, 67-70, 73, 76, 80, 87-90, 96, 98-104, 107, 115-16, 139-40, 172, 180, 185-89, 192, 195, 197, 199-202, 206
y metaficción (y autorreflexividad), 14, 18-20, 22, 25-29, 55-61, 66-102, 122, 191, 195, 210
y metamorfosis (y transformación), 26, 28, 31, 41, 67, 77-78, 88, 93, 95, 111, 120-24, 128, 131, 133, 139, 141, 151-72, 179, 185-86, 191-92, 196-98, 202
y modernidad 13, 25-29, 137, 154, 188, 194, 198, 200, 202-03, 208-09
de *monere* (advertir, señalar), 55, 57-59, 75, 115, 125, 162, 206-07
de *monstrare* (mostrar), 28, 57-59, 66, 75-76, 98, 100, 104, 115, 119, 125-28, 130-31, 133-34, 162, 186, 189, 200-202, 204, 206, 208-10
de naturaleza, 16, 112-13
y nombrar, *ver* discurso
y el otro 24-25, 32, 43, 55, 64-65, 67, 69-70, 138, 152, 171, 197, 207-10
y poesía, *ver* ficción
y política, 65, 67, 111, 150, 179, 202-05, 208-10
y portento, *ver* maravilla
y prodigio, *ver* maravilla
y religión, *ver* Dios
como signo (y enigma), 14, 22, 24-26, 29, 42-43, 57-59, 62, 70, 75, 85, 102, 125, 141, 180, 200-01, 207-08, 210
y teratología, 26, 62, 85, 162
y transformación, *ver* metamorfosis
y visibilidad, *ver* maravilla
Morán Turina, José Miguel, 51
Müller, Cristina, 143, 161, 164
Murillo, Louis Andrew, 161

Nagy, Edward, 119, 133
Nieremberg, Juan (*Curiosa y oculta filosofía*), 51-52

Orcus, 152
Orfeo, 152
Oriol-Boyer, Claudette, 31, 41, 138, 182
Orlando, 138
Orozco Díaz, Emilio, 105
Ovidio, 35, 157

Palmerín de Oliva, 42
Pan, 152
Parabosco, Girolamo (*L'Hermafrodito*), 108
Paré, Ambroise (*Des monstres et prodiges*), 62, 67, 85, 101, 115, 162, 164, 186
Park, Katharine, 63
Parodi, Alicia, 83
Pascual, José Antonio, 75
Pasífae, 110
Paz, Octavio, 101
Paz Gago, José María, 116
Percas de Ponseti, Helena, 32, 113, 170
Piaget, Jean, 162
Pico della Mirandola, Giovanni (*Oratio de dignitate hominis*), 114, 181
Platón, 111, 164
Plinio, 62

Pope, Randolph, 32
Porqueras Mayo, Alberto, 106
Pozuelo Yvancos, José María, 71
Presberg, Charles, 32-33, 170
Primaleón, 42
Proteo, 134, 152, 171-72, 201-02
Pseudo-Dionisio, 85

Quevedo, Francisco de, 27, 49,

Don Quijote, 13, 26, 28, 31-52, 61, 66, 74, 79, 81, 83, 89-90, 106, 113, 117-19, 122, 132, 137-203, 205
y Abindarráez, 163, 170-71
y agüeros, 176-77
y Alonso, Pedro, 46, 145, 170-71, 195
y Altisidora, 47, 72, 151, 156, 175, 179, 184, 191
y el ama, 46, 139, 174, 177
y Andrés, 173, 199
y don Antonio Moreno, 72, 156, 174, 187, 207
y aventura de los batanes, 170, 175, 185
y aventura de los frailes de San Benito, 175, 178
y aventura de los leones, 26, 32-44, 173, 182
y aventura de los mercaderes toledanos, 170, 173
y aventura de los rebaños, 154-55, 157, 173
y aventura de los rebuznos, 184-85, 187
y el baciyelmo (o yelmo de Mambrino, bacía), 173, 175, 177, 194, 206
y el barbero, 41-42, 144, 163, 190, 192, 196
y Basilio, 143
y Belerma, 159
y el Caballero de la Blanca Luna, 47, 155-56, 173, 189, 191, 193
y el Caballero de los Espejos, 47, 72, 155, 158
y el Caballero de los Leones, 26, 29, 32-44, 60, 158
y el Caballero de la Triste Figura, 29, 33, 35, 41, 44, 157-58, 161
y el Caballero del Verde Gabán (don Diego Miranda), 32-43, 61, 160, 184, 186-87, 193
y el cabrero Pedro, 83
y el canónigo, 41-42, 49-50, 79, 81, 106, 117-18, 122, 182

y Cardenio, 183, 185, 194
y el cautivo, 186
y Cecial, Tomé, 158, 195
y Cide Hamete Benengeli, 38, 160, 189, 191, 200
y doña Clara, 194
y el conde de Lemos, 119, 135
y la condesa Trifaldi (o dueña Dolorida), 151, 156, 183
y las Cortes de la Muerte, 72,
y cristiano (viejo o nuevo), 176-77
y la cueva de Montesinos, 157, 159
y el cura, 44-46, 49-50, 66, 118, 139, 144, 156, 163, 174, 187, 192-93, 196, 207
y "El curioso impertinente," 151, 194
y los Doce Pares de Francia, 141, 163, 170-71, 201
y Dorotea (o princesa Micomicona), 113, 156, 177, 183, 185, 189
y Dulcinea (o Aldonza Lorenzo), 36, 38, 41, 150-51, 154, 158, 160, 163, 176-77, 179, 193, 196
y los duques, 47-48, 66, 142, 145, 148, 151, 160, 173, 175, 179, 182-83, 186, 192, 207
y encantadores, 36, 155-59, 174-75, 177, 179, 195
y excomunión, *ver* herejía
y don Fernando, 46, 194
y Ginés de Pasamonte, *ver* maese Pedro
y Grisóstomo, 46, 83, 147, 176, 183
y Guinart, Roque, 191
y Haldudo, Juan, 199
y herejía (y excomunión), 174-79
y el leonero, 36-40, 42,
y don Luis, 190, 194
y Luscinda, 46, 185
y maese Pedro (o Ginés de Pasamonte), 72, 83, 118, 155
y Marcela, 46, 83, 143, 147, 176, 183, 185
y Maritornes, 44, 151, 173-74
y marqués de Mantua, 170
y Melisendra (el retablo de), 83, 118
y doña Molinera (prostituta), 148-49
y Narváez, Rodrigo de, 170
y los Nueve de la Fama, 163, 170, 201
y la pastora Torralba, 83
y Petrarca, 159
y Quesada, 146, 200

y Quijada, 200
y Quijada, Alonso (de Esquivias), 146
y Quijada, Gutierre, 147
y Quijada, Martín, 146
y Quijana, 145-46, 200
y Quijano, Alonso, 26, 28-29, 31-52, 60, 61, 66, 69-70, 94-95, 137-203, 205-07, 209
y Quijano en contraste con don Quijote, 142-55
y don Quijote (el personaje), 28-29, 31-52, 53, 60, 61, 66, 69-70, 94, 118, 136-203, 205-08, 210
y Quijotiz (pastor), 155, 171
y la dueña Rodríguez, 47, 143, 151, 178, 184, 187
y Sancho Panza, 34, 36-42, 46-47, 83, 113, 132, 136, 141-43, 145-50, 154, 156-59, 163, 171, 173-79, 183, 185, 189-94, 196, 206-07
y Sansón Carrasco, 47, 141, 149, 155-56, 163, 174, 191-93, 207
y sobrina, 139, 149, 174, 179
y Tarfe, don Álvaro de, 191, 193
y Teresa Panza (o Cascajo), 83, 149, 183
y títulos, 142, 151
y doña Tolosa (prostituta), 148-49
y Tosilos, 47, 156, 178
y Valdovinos, 46, 141, 163, 170-71
y el ventero (en Sierra Morena), 44-46, 48-49, 66, 173, 178, 194
y violencia, 172-79, 199, 207
y Vivaldo, 147, 176
y yelmo de Mambrino, *ver* baciyelmo

Rabelais, François, 66
receptor crédulo, *ver* credulidad
Redondo, Augustin, 32, 143
Reichenberger, Eva, 134
Rey Hazas, Antonio, 71, 89, 117-19, 135
Reyes, Matías de los (*El Menandro*), 99
Ribera, José de, 51
Ricapito, Joseph V., 171
Rico, Francisco, 26, 31, 35, 142, 146
Riley, Edward C., 32, 68, 81-82, 90, 118, 120, 122, 190
Río Parra, Elena del, 13, 51, 62, 108, 163, 186
Riquer, Martín de, 42, 45, 161
Riva, Massimo, 53-54, 59, 114, 138, 150, 152, 161, 167, 171, 181, 185

Rivilla Bonet, José (*Desvíos de la naturaleza*), 59, 61, 68, 114
Rodríguez, Alfred, 143-45
Roldán, 138
Rozas, Juan Manuel, 104
Rueda, Lope de, 135
Rufián dichoso, El, 28, 103-04, 113-36, 189, 205, 208; y doña Ana, 28, 103, 114, 123-24, 130; y Antonia (prostituta), 120, 126; y Carrascosa, 127; y Comedia y Curiosidad, 28, 117, 122-23, 133; y Cristóbal de la Cruz (o Lugo), 28, 103-04, 113, 120-36, 205, 208; y dama, 120, 125-26; y Lagartija (o fray Antonio), 121, 124, 129-31; y el prior, 131-32; y Tello (inquisidor), 121
Rufo, Juan, 18
Ruiz Fábrega, Tomás, 143-44

San Román, fray Antonio de, 125
Sánchez, Alberto, 125, 129
Sánchez, Alfonso (*Expostulatio Spongiae*), 108-09
Sánchez Escribano, Federico, 106
Segismundo, 187-88
Sevilla, Florencio, 116-19, 122, 135
Shakespeare, William, 117
Shelley, Mary, 55, 63, 67, 140, 153, 168
Sigüenza y Góngora, Carlos, 186
Silva, Feliciano de, 194
Smith, Paul Julian, 74, 90
Soufas, Teresa S., 160-61
Spadaccini, Nicholas, 28, 114, 117-19, 125, 135
Sprunger, David, 137, 139
Stapp, William, 122, 129
Strickland, Debra Higgs, 180
Suárez de Figueroa, Cristóbal (*El pasajero*), 106

Talens, Jenaro, 28, 114, 117-19, 125, 135
Tasso, Torquato, 92
Thomson, Rosemarie Garland, 50, 53, 55, 64, 186, 188, 208
Tirso de Molina (*Cigarrales de Toledo*), 107, 109
Torrente Ballester, Gonzalo, 144-45, 149, 170-71, 197
Turia, Ricardo de (*Apologético de las comedias españolas*), 107, 109

Urbina, Eduardo, 145

Valéry, Paul, 54
Valton, Edmond, 48
Vargas Llosa, Mario, 153-54, 179, 195, 197
Vega, Félix Lope de ("Arte nuevo de hacer comedias"), 14, 25, 28-29, 49, 52, 66, 69, 73, 80-81, 86, 103-14, 116-36, 208; y el monstruo cómico, 28, 66, 80, 103-22, 134-36, 192, 208; y *Pedro de Urdemalas*, 117, 134;
Velázquez, Diego de Silva y, 51
Vélez-Quiñones, Harry, 14, 24, 112
Verner, Lisa, 62
verosimilitud (y credibilidad), 48-51, 68, 73, 80, 89-102, 197
vestiglos, 39-40, 46, 158, 179, 182-84
Vico, Giambattista (*La nueva ciencia*), 59, 138, 181
Villena, Enrique de, 115, 186
Villiers de l'Isle-Adam, Jean Marie, Comte de, 164
Virgilio, 34

Vitse, Marc, 20, 50
Vives, Juan Luis, 31, 80-81
Voltaire (*Diccionario filosófico*), 130

Waley, Pamela, 83
Wardropper, Bruce W., 44, 116, 122, 126, 129
Weiger, John, 146, 171
Williams, David, 27, 66-67, 75, 84-86, 115, 128-29, 180-81
Wilson, Diana de Armas, 172
Wilson, Dudley, 51, 62-63
Wolff, Étienne, 63
Woodward, L.J., 71
Woolf, Virginia, 169

Youngquist, Paul, 64

Zabaleta, Juan de, 27
Zayas, María de, 27, 151
Zimic, Stanislav, 83, 117, 126, 133
Ziolkowsky, Eric, 173

NORTH CAROLINA STUDIES IN THE ROMANCE LANGUAGES AND LITERATURES

I.S.B.N. Prefix 0-8078-

Recent Titles

FORGED GENEALOGIES: SAINT-JOHN PERSE'S CONVERSATIONS WITH CULTURE, by Carol Rigolot. 2001. (No. 271). *-9275-0.*
VISIONES DE ESTEREOSCOPIO (PARADIGMA DE HIBRIDACIÓN EN EL ARTE Y LA NARRATIVA DE LA VANGUARDIA ESPAÑOLA), por María Soledad Fernández Utrera. 2001. (No. 272). *-9276-9.*
TRANSPOSING ART INTO TEXTS IN FRENCH ROMANTIC LITERATURE, by Henry F. Majewski. 2002. (No. 273). *-9277-7.*
IMAGES IN MIND: LOVESICKNESS, SPANISH SENTIMENTAL FICTION AND *DON QUIJOTE*, by Robert Folger. 2002. (No. 274). *-9278-5.*
INDISCERNIBLE COUNTERPARTS: THE INVENTION OF THE TEXT IN FRENCH CLASSICAL DRAMA, by Christopher Braider. 2002. (No. 275). *-9279-3.*
SAVAGE SIGHT/CONSTRUCTED NOISE. POETIC ADAPTATIONS OF PAINTERLY TECHNIQUES IN THE FRENCH AND AMERICAN AVANT-GARDES, by David LeHardy Sweet. 2003. (No. 276). *-9281-5.*
AN EARLY BOURGEOIS LITERATURE IN GOLDEN AGE SPAIN. *LAZARILLO DE TORMES, GUZMÁN DE ALFARACHE* AND BALTASAR GRACIÁN, by Francisco J. Sánchez. 2003. (No. 277). *-9280-7.*
METAFACT: ESSAYISTIC SCIENCE IN EIGHTEENTH-CENTURY FRANCE, by Lars O. Erickson. 2004. (No. 278). *-9282-3.*
THE INVENTION OF THE EYEWITNESS. A HISTORY OF TESTIMONY IN FRANCE, by Andrea Frisch. 2004. (No. 279). *-9283-1.*
SUBJECT TO CHANGE: THE LESSONS OF LATIN AMERICAN WOMEN'S *TESTIMONIO* FOR TRUTH, FICTION, AND THEORY, by Joanna R. Bartow. 2005. (No. 280). *-9284-X.*
QUESTIONING RACINIAN TRAGEDY, by John Campbell. 2005. (No. 281). *-9285-8.*
THE POLITICS OF FARCE IN CONTEMPORARY SPANISH AMERICAN THEATRE, by Priscilla Meléndez. 2006. (No. 282). *-9286-6.*
MODERATING MASCULINITY IN EARLY MODERN CULTURE, by Todd W. Reeser. 2006. (No. 283). *-9287-4.*
PORNOBOSCODIDASCALUS LATINUS (1624). KASPAR BARTH'S NEO-LATIN TRANSLATION OF *CELESTINA*, by Enrique Fernández. 2006. (No. 284). *-9288-2.*
JACQUES ROUBAUD AND THE INVENTION OF MEMORY, by Jean-Jacques F. Poucel. 2006. (No. 285). *-9289-0.*
THE "I" OF HISTORY. SELF-FASHIONING AND NATIONAL CONSCIOUSNESS IN JULES MICHELET, by Vivian Kogan. 2006. (No. 286). *-9290-4.*
BUCOLIC METAPHORS: HISTORY, SUBJECTIVITY, AND GENDER IN THE EARLY MODERN SPANISH PASTORAL, by Rosilie Hernández-Pecoraro. 2006. (No. 287). *-9291-2.*
UNA ARMONÍA DE CAPRICHOS: EL DISCURSO DE RESPUESTA EN LA PROSA DE RUBÉN DARÍO, por Francisco Solares-Larrave. 2007. (No. 288). *-9292-0.*
READING THE *EXEMPLUM* RIGHT: FIXING THE MEANING OF *EL CONDE LUCANOR*, by Jonathan Burgoyne. 2007. (No. 289). *-9293-9.*
MONSTRUOS QUE HABLAN: EL DISCURSO DE LA MONSTRUOSIDAD EN CERVANTES, por Rogelio Miñana. 2007. (No. 290). *-9294-7.*

When ordering please cite the *ISBN Prefix* plus the last four digits for each title.

Send orders to: University of North Carolina Press
P.O. Box 2288
Chapel Hill, NC 27515-2288
U.S.A.
www.uncpress.unc.edu
FAX: 919 966-3829

The Department of Romance Studies Digital Arts and Collaboration Lab at the University of North Carolina at Chapel Hill is proud to support the digitization of the North Carolina Studies in the Romance Languages and Literatures series.

www.ingramcontent.com/pod-product-compliance
Lightning Source LLC
Chambersburg PA
CBHW020652230426
43665CB00008B/409